EL IMPACTO PSICOLÓGICO DE LAS REDES SOCIALES EN LOS JÓVENES

¿CÓMO PODEMOS MITIGAR LOS RIESGOS Y FOMENTAR UN USO SALUDABLE?

DAVID SANDUA

"Las redes sociales pueden crear una ilusión de amistad y conexión, pero a menudo carecen de la profundidad e intimidad de las relaciones en persona".

Sherry Turkle

ÍNDICE

8

INTRODUCCIÓN

En los últimos años, las redes sociales se han convertido en un tema ampliamente debatido. Redes sociales como Facebook, Instagram o Twitter (X) se han convertido en parte de la vida cotidiana de los adolescentes. Sirven para diferentes propósitos, desde mantener el contacto con los amigos hasta buscar entretenimiento informativo y expresarse. Además, cada vez preocupa más el impacto negativo de las redes sociales en la salud mental de los adolescentes. Los estudios han relacionado el uso de las redes sociales con un mayor nivel de depresión y ansiedad estrés poco sueño baja autoestima y ansiedad. El objetivo de este documento es investigar El impacto psicológico de las redes sociales en los jóvenes y sugerir formas de mitigar los riesgos y promover un uso saludable de las redes sociales entre los jóvenes adultos. Cada vez es más difícil para los jóvenes proteger su salud mental debido al auge de las plataformas online. Los padres, tutores y educadores no pueden ver lo que ven y hacen los jóvenes en las redes sociales. Por tanto, es esencial educar a los adolescentes sobre el uso de los medios sociales y su impacto en la salud mental. El diseño de la investigación se basará principalmente en estudios cualitativos y cuantitativos de análisis crítico que permitirán comprender en profundidad El impacto de las redes sociales en la salud mental de los jóvenes.

INFORMACIÓN GENERAL SOBRE LAS REDES SOCIALES

Las redes sociales han sido un fenómeno cada vez más popular en los últimos años, con millones de personas en todo el mundo que utilizan plataformas como Facebook, Instagram y Twitter para conectarse y relacionarse con otras personas. El desarrollo y crecimiento de estas plataformas se ha visto facilitado por los avances tecnológicos, que han hecho posible que las personas accedan a las redes sociales desde cualquier lugar, en cualquier momento y utilizando cualquier dispositivo. Con las redes sociales, las personas pueden participar en actividades como compartir fotos, vídeos, opiniones e intereses con otras personas. Las redes sociales se han convertido en un aspecto clave de la vida moderna de los jóvenes, y han sido tanto elogiadas por su capacidad para crear oportunidades de socialización, como criticadas por sus posibles efectos negativos sobre la salud mental. Una de las preocupaciones más comunes sobre las redes sociales es el potencial de ciberacoso, donde las personas pueden ser objeto de acoso, abuso o insultos en línea. Otras preocupaciones son el potencial de adicción, el uso excesivo y los efectos negativos sobre la capacidad de atención, debido a la necesidad constante de compromiso e interacción. Es importante reconocer que las redes sociales también tienen sus beneficios, como fomentar el apoyo social y la conectividad, mejorar las habilidades sociales y facilitar el acceso a los recursos de salud mental. Para comprender el impacto de las redes sociales en la salud mental de los jóvenes, debemos analizar tanto los efectos positivos como los negativos. Este análisis debería llevarnos a encontrar formas de mitigar los riesgos potenciales al tiempo que promovemos un uso saludable.

LA PREVALENCIA ACTUAL DE LAS REDES SOCIALES ENTRE LOS JÓVENES

Las redes sociales se han convertido en un aspecto importante de la vida cotidiana, y los jóvenes han abrazado este fenómeno con entusiasmo. Según Kaiser Family Foundation, el adolescente estadounidense medio pasa aproximadamente 9 horas al día en plataformas de medios sociales. Las redes sociales se han convertido en una parte intrínseca de su vida social, con amigos y conocidos que comparten sus experiencias diarias e información en sus diversas cuentas. La prevalencia de las redes sociales entre los jóvenes es motivo de preocupación, ya que se ha asociado a diversos efectos psicológicos perjudiciales. Un efecto significativo de esta prevalencia es la sensación de ansiedad o depresión. La naturaleza curada de las redes sociales y el énfasis en proyectar una versión editada o alterada de la vida hace que a menudo los jóvenes se sientan inadecuados e indignos. No es raro que los individuos se comparen con sus compañeros y se sientan relativamente inferiores, lo que puede derivar en sentimientos de soledad y depresión. La investigación ha demostrado que existe una correlación significativa entre el uso de las redes sociales y los problemas de salud mental. Un estudio de la Universidad de Pensilvania descubrió una relación directa entre el uso de las redes sociales y la depresión al comparar dos grupos de personas que limitaban su uso de las redes sociales. El primer grupo mostró un aumento positivo del estado de ánimo, la sensación de bienestar y la autoestima, mientras que el segundo grupo no mostró tal mejora. Las redes sociales tienen el poder de afectar negativamente a la salud mental de los jóvenes y deben controlarse estrictamente. Aunque las redes sociales pueden afectar negativamente a la salud mental de los jóvenes, algunos factores curativos podrían promover hábitos de uso saludables. Uno de los factores que podrían ayudar a los jóvenes a crear una relación sana con los medios sociales es limitar la duración del tiempo que pasan en estas plataformas. Los padres o tutores deben ser conscientes del uso que hacen los jóvenes de las redes sociales y deben orientarles sobre las dosis adecuadas. Además, sería útil realizar actividades que no requieran el uso de las redes sociales, como dar un paseo, leer un libro o hacer deporte. Estas actividades pueden resultar beneficiosas para promover una vida sana y reducir los niveles de ansiedad. Otra estrategia útil es limitar el contenido negativo en las redes sociales. Las noticias negativas pueden tener un efecto perjudicial en el estado de ánimo general de una persona y pueden provocar sentimientos de desesperanza o desesperación. Por lo tanto, sería útil filtrar las noticias destacadas en los medios de comunicación y darse de baja de las cuentas de medios vergonzosos. Los individuos podrían ser páginas o grupos de cualidades alentadoras que afirmen las prácticas positivas u ofrezcan apoyo en los momentos difíciles. Además, construir una imagen positiva de uno mismo puede ayudar a reducir los sentimientos de inadecuación o envidia. Sería beneficioso fomentar prácticas de autoafirmación como un diario de gratitud en el que los individuos puedan celebrar sus logros y expresar gratitud por las experiencias positivas. En conclusión, un hábito de uso saludable podría afectar positivamente a la salud mental de los jóvenes y mitigar los riesgos de la adicción a las redes sociales. Una estrategia de mitigación similar sería eficaz para promover un espacio mediático social seguro y de aceptación. Las plataformas de los medios sociales podrían ayudar en este proceso creando sistemas que controlen el lenguaje abusivo o tóxico. Aumentar las normas de revelación y divulgación podría ayudar a reducir el ciberacoso. El uso de mayores medidas de seguridad en línea animaría a los jóvenes a tomar medidas positivas con los medios sociales, lo que podría afectar positivamente a su salud mental. En el pasado, Instagram ha implementado algoritmos que detectan el uso de pies de foto y comentarios con lenguaje negativo. La plataforma también ha realizado importantes esfuerzos para garantizar la privacidad y la seguridad. Podrían adoptarse estrategias similares en otras plataformas de redes sociales para garantizar la salud mental y el bienestar de los jóvenes. El impacto negativo de las redes sociales en la salud mental de los jóvenes puede mitigarse practicando hábitos de uso saludables y creando un buen entorno en línea. Ayudar a los padres a reducir el tiempo que pasan en las redes sociales, promover actividades alternativas no relacionadas con las redes sociales y fomentar una imagen positiva de sí mismos pueden ser prácticas eficaces. Las plataformas de medios sociales podrían introducir medidas de seguridad más estrictas, reglamentos y sistemas de supervisión para garantizar un diálogo respetuoso y un buen entorno en línea. ¿Es importante reconocer los retos del impacto de los medios sociales en la salud mental de los jóvenes y avanzar hacia modelos que promuevan experiencias digitales positivas? En la era digital, la juventud debe estar equipada con recursos de conocimiento y mecanismos de afrontamiento que ayuden a desarrollar una relación sana con los medios sociales que fomente el crecimiento y el bienestar.

OBJETIVO DEL ENSAYO

La tesis de este ensayo es que las redes sociales tienen un impacto significativo en la salud mental de los jóvenes que no puede ignorarse. El objetivo de este ensayo es examinar Las diferentes formas en que las redes sociales tienen un efecto en la salud mental de los jóvenes. Cabe destacar que los trastornos de salud mental por el uso de las redes sociales no se manifiestan ahora y sus efectos pueden tardar meses o incluso años en manifestarse. Es importante destacar que este ensayo también intentará encontrar formas de mitigar los riesgos asociados al uso de las redes sociales y promover un uso saludable de las mismas. Con este ensayo pretendemos animar a las personas a utilizar las plataformas de las redes sociales de forma responsable, cultivar hábitos saludables y tomar decisiones bien informadas capaces de reducir los posibles daños asociados. Creemos que las personas, especialmente los jóvenes, deben comprender los efectos negativos de las redes sociales para que puedan tomar las precauciones necesarias y ser conscientes de los riesgos que conlleva su uso prolongado. El objetivo central es ofrecer una visión de El impacto psicológico de las redes sociales en la juventud y desarrollar formas en las que podamos fomentar prácticas saludables y beneficiosas en las redes sociales. En última instancia, el ensayo ofrecerá a los lectores una visión global sobre el uso de las redes sociales para que puedan tomar decisiones informadas y promover la concienciación sobre la salud mental. En resumen, el ensayo abordará el enunciado de la tesis proporcionando un análisis del impacto que tienen las redes sociales en la salud mental de los jóvenes, destacando los riesgos que conllevan y proporcionando formas en las que podemos fomentar prácticas saludables en medio de las redes sociales. Las redes sociales pueden tener un impacto significativo en la salud mental de los jóvenes. Los estudios demuestran que el uso de las redes sociales puede aumentar los niveles de aislamiento social y depresión. Uno de los mayores peligros de las redes sociales es que se comparan constantemente con otros usuarios. Los jóvenes tienden a retratar sus vidas en los medios sociales de forma que parezcan ideales y esto puede hacer que otros se sientan inadecuados y ansiosos en algunas de sus vidas. Además, los medios sociales pueden conducir al ciberacoso, que puede afectar gravemente a la salud mental. Es esencial reconocer estos efectos negativos y trabajar para promover un uso saludable de los medios sociales. Una de las formas de mitigar los riesgos y promover un uso sano de los medios sociales es poner en marcha programas de alfabetización digital en las escuelas. En estos programas se aprendería a navegar por los medios sociales de forma responsable y se proporcionaría a los alumnos las herramientas para identificar y responder al ciberacoso. Los estudiantes también podrían asumir los peligros de compararse con los demás en las redes sociales y se les animaría a mantener sus propios rasgos únicos en lugar de intentar emular a sus compañeros. La aplicación de estos programas sería beneficiosa para la salud mental y el bienestar de los jóvenes y les proporcionaría las habilidades necesarias para utilizar los medios sociales de forma responsable y saludable. Otra forma de promover un uso sano de los medios sociales es animar a los padres a que supervisen las actividades de sus hijos en los medios sociales. Esto no significa que los padres deban invadir la intimidad de sus hijos o comprometer su independencia, sino que deben ser conscientes de los tipos de contenidos a los que están expuestos sus hijos y de las formas en que pueden afectarles. Los padres deben hacerles saber a sus hijos que están a su disposición para hablar de todos los medios sociales y ayudarles a tomar decisiones responsables. Los padres deben ser capaces de modelar un uso saludable de los medios sociales. Los jóvenes admiran a sus padres y es más probable que sigan su ejemplo, así que los padres deberían aprovechar la oportunidad para poner uno sencillo. Esto puede incluir no utilizar las redes sociales hasta más tarde, en familia, o hacer o participar en comportamientos en línea que no les gustaría que siguieran sus hijos. También es importante tomarse descansos de los medios sociales. Los medios sociales pueden ser especialmente perjudiciales para la salud mental cuando se utilizan en exceso, por lo que es crucial que los jóvenes se tomen un tiempo de descanso de sus pantallas. Animar a los jóvenes a realizar actividades que no requieran el uso de las redes sociales, como tomar algo o pasar tiempo al aire libre, puede ayudar a promover un uso saludable de las redes sociales. Tomándose un descanso de los medios sociales y relacionándose con el mundo, algunos jóvenes pueden tener una perspectiva más amplia y reducir su dependencia de los medios sociales para alcanzar sus objetivos. Es necesario promover comunidades online positivas. Una comunidad online positiva es un grupo de personas que comparten intereses, valores o aficiones similares y utilizan los medios sociales para fomentar conexiones significativas. Las comunidades online positivas proporcionan un sentimiento de pertenencia crucial para la salud mental y pueden mitigar el impacto negativo de los medios sociales. Animar a los jóvenes a unirse a comunidades online positivas, como clubes de lectura o equipos deportivos, puede ayudarles a establecer conexiones con otros jóvenes que comparten sus intereses. Las escuelas y los grupos comunitarios también pueden crear comunidades online positivas para sus alumnos, proporcionándoles un entorno bueno y de apoyo. Los medios sociales pueden tener un impacto significativo en la salud mental de los jóvenes, ya que los estudios indican que el uso de los medios sociales aumenta la ansiedad, la depresión y el aislamiento social. Para mitigar los riesgos del uso de los medios sociales podemos poner en marcha programas de alfabetización digital en las escuelas animar a los padres a controlar las actividades de sus hijos en los medios sociales promover comunidades online positivas y animar a los jóvenes a tomarse descansos de los medios sociales. Es importante reconocer el impacto de los medios sociales en la salud mental y trabajar para promover un uso sano y responsable de los medios sociales. Podemos ayudar a los jóvenes a superar los retos de las redes sociales y fomentar una relación positiva más sana con la tecnología.

II. BENEFICIOS DE LAS REDES SOCIALES PARA LA JUVENTUD

Aunque existen preocupaciones válidas sobre el impacto de las redes sociales en la salud mental de los jóvenes, cada vez más investigaciones apuntan a los beneficios de las redes sociales para los jóvenes. Las redes sociales pueden tener un impacto positivo en el bienestar psicológico de los jóvenes y pueden ayudarles a aprender importantes habilidades sociales. Para muchos jóvenes, las redes sociales se han convertido en una forma de conectar con sus iguales, expresarse y sentirse conectados. Uno de los principales beneficios de las redes sociales para los jóvenes es que pueden ayudarles a mantenerse conectados con sus iguales. Muchos jóvenes se sienten desconectados de los demás en el acelerado mundo actual. Las redes sociales les ofrecen una forma de mantenerse en contacto con sus amigos, crear nuevas relaciones y compartir intereses comunes. El 68 de los adolescentes indicaron en un estudio realizado por el centro Pew Research que utilizan las redes sociales para mantener el contacto con personas que ya conocen (Lenhart, 2015). Además, las redes sociales permiten a los jóvenes ampliar sus redes sociales más allá de la escuela y las comunidades locales. Pueden intercambiar ideas e información con compañeros de distintas partes del mundo y aprender de diversas perspectivas. Otra ventaja de las redes sociales para los jóvenes es que les proporcionan una plataforma para expresarse. La adolescencia es una época en la que los jóvenes tratan de comprenderse a sí mismos y lo que representan. Las redes sociales permiten a las personas expresar sus pensamientos, sentimientos y opiniones. Al compartir sus pensamientos y experiencias en Facebook y Twitter, los jóvenes pueden obtener opiniones de los demás, lo que puede aumentar su confianza y autoestima. En una encuesta realizada por Common Sense Media, 2018, el 44% de los adolescentes afirmaron sentir que las redes sociales les han ayudado a expresarse de forma creativa. Las redes sociales también pueden ayudar a los jóvenes a desarrollar habilidades sociales. Las conversaciones cara a cara son cada vez menos habituales en la era digital actual. Las redes sociales ofrecen a los jóvenes una forma de comunicarse con los demás utilizando habilidades comunicativas y aprendiendo a desenvolverse en situaciones sociales. Los jóvenes pueden aprender a iniciar y expresar empatía y a resolver conflictos en línea, por ejemplo. Las redes sociales también exponen a los jóvenes a diversas culturas y perspectivas, lo que puede ayudarles a empatizar con los demás. Las redes sociales pueden potenciar estos beneficios para los jóvenes con el acceso a recursos e información. Los jóvenes pueden utilizar las redes sociales para investigar y aprender sobre temas que les interesen conectarse con otros Jóvenes que tengan intereses similares y acceder a recursos y servicios de apoyo que. Por ejemplo, los jóvenes que luchan con problemas de salud mental pueden utilizar las redes sociales para conectar con otros que estén pasando por experiencias similares aprender estrategias de afrontamiento y acceder a recursos y apoyo de salud mental. En general, las redes sociales son atractivas para los jóvenes. Pueden ayudarles a mantener el contacto con sus compañeros expresarse desarrollar importantes habilidades sociales y acceder a recursos e información. Sin embargo, es importante saber que estos beneficios no están garantizados y que el impacto de las redes sociales en la salud mental de los jóvenes es complejo y polifacético. Es importante que los padres, educadores y profesionales de la salud mental promuevan un uso saludable de las redes sociales. Esto puede incluir enseñar a los jóvenes un comportamiento responsable en la red, establecer límites adecuados en torno al uso de las redes sociales y animarles a realizar actividades fuera de la red, como aficiones y pasar tiempo con la familia y los amigos. Sin embargo, es importante vigilar el uso que hacen los jóvenes de las redes sociales y ser conscientes de los posibles riesgos y consecuencias negativas. En conclusión, las redes sociales tienen un impacto significativo, tanto positivo como negativo, en la salud mental de los jóvenes. Aunque las redes sociales pueden aportar importantes beneficios como la conexión la autoexpresión las habilidades sociales y el acceso a recursos un uso excesivo o inadecuado puede tener efectos negativos como la ansiedad y la depresión. Por tanto, es importante que los padres, educadores y profesionales de la salud mental promuevan un uso saludable y reduzcan los riesgos asociados a las redes sociales. Podemos ayudar a los jóvenes a aprovechar los beneficios de las redes sociales protegiendo al mismo tiempo su bienestar psicológico.

INTERACCIÓN Y CONEXIÓN SOCIAL

Una de las mayores ventajas de las redes sociales para los jóvenes son las oportunidades que ofrecen de interacción y conexión social. Facebook, Twitter o Instagram permiten a los jóvenes mantenerse en contacto con sus amigos y familiares aunque se encuentren lejos. Esto puede ayudar a contrarrestar algunos de los efectos negativos del aislamiento social y la soledad, que pueden ser especialmente difíciles para los jóvenes que pueden estar luchando por navegar en la compleja sociedad. Las redes sociales pueden fomentar un sentimiento de pertenencia y conexión que puede ser fundamental para la salud mental de los jóvenes, al proporcionar una plataforma para la comunicación y la interacción. La investigación ha demostrado que los jóvenes que están socialmente conectados tienden a obtener mejores resultados en salud mental que los que están socialmente aislados o desconectados. Los estudios han descubierto que el apoyo social de amigos y familiares puede amortiguar el impacto del estrés y fomentar la resiliencia, mientras que el aislamiento social se ha relacionado con un mayor riesgo de depresión, ansiedad y otros problemas de salud mental. Esto puede ayudar a los jóvenes a conseguir y mantener conexiones sociales saludables que, a su vez, pueden beneficiar su salud mental y su bienestar. Sin embargo, es importante tener en cuenta que no todas las interacciones en las redes sociales se crean si son. Algunos usos de las redes sociales, como la navegación pasiva excesiva o el ciberacoso, se han asociado a resultados negativos para la salud mental. En este sentido, es esencial fomentar hábitos saludables y positivos en las redes sociales, como el uso de plataformas como Skype para mantener relaciones significativas y conectar con personas solidarias y afines. A continuación, es crucial promover canales de comunicación abiertos y de apoyo para garantizar que los jóvenes se sientan cómodos hablando de algunas de las preocupaciones o retos a los que pueden enfrentarse tanto online como offline. Creando un entorno digital positivo y de apoyo podemos mitigar los riesgos de las redes sociales y promover un uso sano y eficaz de estas poderosas herramientas.

PERSPECTIVAS E IDEAS DIVERSAS

Otro beneficio de las redes sociales es su exposición a múltiples perspectivas e ideas. Las redes sociales se están convirtiendo en un centro en el que personas de distintas partes del mundo se conectan y comparten sus pensamientos y experiencias. Por tanto, los usuarios de las redes sociales pueden exponerse a diversos puntos de vista que les permiten ampliar su comprensión del mundo. Los usuarios también pueden obtener información sobre diferentes culturas y creencias. Crecer en un mundo diverso es importante para el desarrollo de los jóvenes y las redes sociales ofrecen la oportunidad de salvar estas diferencias y aprender unos de otros de una forma que las generaciones anteriores no podían. Los jóvenes, al estar expuestos a las tradiciones y creencias de diferentes culturas, están expuestos a un cambio más amplio en sus estilos de vida y formas de pensar. Por tanto, las redes sociales pueden ayudar a los jóvenes a desarrollar la comprensión empática y una visión más amplia de la vida. Además, la exposición a la diversidad a través de las plataformas de redes sociales puede fomentar la apertura mental y enseñar a los jóvenes a apreciar la diversidad y a tener a los demás por lo que son, independientemente de sus orígenes. Esta exposición a la diversidad puede ayudar a reducir los prejuicios y la discriminación, creando una sociedad más humana. Sin embargo, es importante señalar que no toda exposición a perspectivas e ideas diferentes en las redes sociales es positiva. Aunque las plataformas de redes sociales pueden ser útiles para que los usuarios se comuniquen con personas de distintas partes del mundo, algunos usuarios con malas intenciones pueden aprovechar esta exposición para difundir información errónea o puntos de vista sesgados. Algunos usuarios también utilizan estas plataformas para promover ideologías extremistas que conducen a la radicalización de jóvenes impresionables. Por eso es esencial enseñar a los jóvenes a distinguir las fuentes de información de las redes sociales y a conocer la propaganda de información falsa y las ideologías que podrían ser perjudiciales para su salud mental y emocional. Las redes sociales se han convertido en una parte vital de la experiencia juvenil en el mundo actual. Dan a los jóvenes la oportunidad de conectar con amigos y familiares, expresarse y aprender de los demás. Las redes sociales también pueden tener efectos negativos en la salud mental, como el aumento de la ansiedad, la depresión y la disminución de la autoestima. Para mitigar los riesgos y fomentar un uso saludable, los adultos deben enseñar a los jóvenes a utilizar las redes sociales de forma responsable, a reconocer los signos de comportamiento problemático y a pedir ayuda cuando la necesiten. A pesar de los riesgos que entrañan las redes sociales, es crucial que los jóvenes sigan utilizando estas plataformas para exponerse a diversas perspectivas e ideas. Hacerlo puede ampliar su comprensión del mundo, fomentar la apertura mental y enseñarles a apreciar y aceptar a los demás por lo que son. Tomando medidas para reducir los efectos negativos de las redes sociales y maximizar sus beneficios, podemos ayudar a los jóvenes a tener una experiencia positiva en estas plataformas y a llevar una vida más sana en general.

APRENDIZAJE Y COMPROMISO ACADÉMICO

A pesar de los riesgos asociados a las redes sociales, también existe un potencial de aprendizaje y compromiso académico. Las redes sociales pueden proporcionar una plataforma de oportunidades de aprendizaje, ya que los alumnos pueden conectar con compañeros de su propio centro o de otras partes del mundo. Se ha informado de que el 70 % de los usuarios de Facebook tienen amigos de otros países, una gran oportunidad para conocer nuevas culturas (Boyd, 2014, p. 30). Las plataformas de medios sociales también ofrecen a los alumnos la oportunidad de participar en discusiones y debates en línea aportando sus pensamientos e ideas a las conversaciones globales. Los profesionales de la educación han utilizado las redes sociales con fines académicos, como proporcionar evaluaciones en línea, enviar notificaciones y diseñar materiales de aprendizaje digitales. Mediante el uso de estas plataformas de medios sociales, alumnos y profesores pueden comunicarse de forma más eficaz y los estudiantes pueden mantenerse al día sobre su trabajo en el curso y obtener comentarios inmediatos. Además, se ha descubierto que el uso de las redes sociales en el aula ayuda a mejorar el éxito académico, ya que facilita la colaboración y el aprendizaje entre iguales. Los medios sociales ofrecen importantes ventajas educativas a los alumnos con discapacidad. Los alumnos con discapacidad auditiva pueden utilizar vídeos en lengua de signos en YouTube, mientras que las personas con discapacidad visual pueden acceder a libros de texto y recursos educativos a través de las redes sociales. Aunque las redes sociales tienen potencial para el aprendizaje y el compromiso académico, es importante protegerse contra los comportamientos negativos en línea, como el ciberacoso, la adicción a Internet y la sobrecarga de información. Los profesores y los alumnos deben trabajar juntos para establecer normas y directrices seguras de comunicación en línea, y las escuelas deben desarrollar políticas que promuevan un comportamiento positivo en línea. Las escuelas deben proporcionar una formación adecuada en ciudadanía digital para enseñar a los alumnos un comportamiento responsable en línea, cuestiones de privacidad, medidas básicas de seguridad en Internet y principios rectores para las interacciones en línea. Del mismo modo, los profesores y los administradores escolares pueden desempeñar un papel crucial ayudando a los alumnos a reconocer y abordar los problemas relacionados con la adicción a Internet, como establecer límites en el uso de las redes sociales y emplear intervenciones cuando sea necesario. Los educadores pueden ayudar a los alumnos a mitigar el riesgo de sobrecarga de información enseñándoles a investigar y a distinguir la credibilidad de las fuentes en línea. Esto puede hacerse integrando cursos de alfabetización informacional en las escuelas y enseñando habilidades fundamentales de investigación, como la búsqueda en bases de datos, la investigación en línea y el pensamiento crítico. Las redes sociales pueden tener efectos tanto positivos como negativos en la salud psicológica de los jóvenes. Aunque las redes sociales pueden ser una fuente de conexión social y apoyo emocional para los jóvenes, la prevalencia del ciberacoso y del acoso en línea ha aumentado con el desarrollo de las redes sociales. Los profesores, los padres y los responsables políticos deben poner en marcha intervenciones adecuadas para mitigar estos riesgos y promover un comportamiento en línea saludable. El potencial de aprendizaje y compromiso académico a través de las redes sociales es significativo y las escuelas deben proporcionar una formación adecuada en ciudadanía digital, crear políticas que regulen el comportamiento en línea e integrar la alfabetización informacional para promover un comportamiento responsable en línea y facilitar el éxito académico. Las plataformas de redes sociales pueden ser herramientas poderosas para el aprendizaje positivo de la salud mental y el compromiso académico de nuestros jóvenes si se toman las medidas adecuadas. Uno de los efectos más preocupantes de las redes sociales sobre la salud mental de los jóvenes es el intenso escrutinio y la presión que se ejerce sobre ellos para que den al mundo una imagen ideal de sí mismos. Las plataformas de redes sociales como Instagram, en las que los usuarios pueden crear sus propios perfiles personales, pueden alimentar el deseo de autopromoción constante y de comparación con los compañeros. Esto puede dar lugar a un fenómeno conocido como FOMO o Miedo a perderse algo, en el que los individuos se vuelven muy ansiosos, probablemente por no asistir a eventos sociales o no ser incluidos en las actualizaciones de las redes sociales. Esta presión puede provocar sentimientos de inadecuación, baja autoestima e incluso depresión y ansiedad. Sin embargo, hay formas de reducir estos riesgos y promover un uso saludable de los medios sociales entre los jóvenes. Un enfoque consiste en educar a los jóvenes sobre los peligros de los medios sociales y animarles a practicar una autoestima y una autopercepción sanas. Esto puede hacerse mediante programas escolares de salud mental en los que los adolescentes pueden recibir una serie de clases para afrontar los pensamientos negativos relacionados con los medios sociales. Los padres también pueden participar en la promoción del uso de los medios sociales entre sus hijos. Los padres pueden controlar el uso que hacen sus hijos de los medios sociales y hablarles de los efectos nocivos de compararse con los demás en los medios sociales. Los padres y cuidadores pueden crear un entorno en línea bueno y más positivo para sus hijos implicando activamente a los jóvenes en los medios sociales y su impacto en la salud mental. Otra forma de reducir los riesgos asociados a los medios sociales y promover un uso saludable es limitar el tiempo que se pasa en estas plataformas. Esto puede hacerse estableciendo límites claros en torno al uso de los medios sociales y creando zonas designadas sin teléfono u horas sin medios sociales dentro del sitio. En un estudio se descubrió que los adolescentes a los que se indicó que utilizaran los medios sociales con menos frecuencia informaron de una mayor mejora del estado de ánimo y el bienestar que los que siguieron utilizándolos. Esto subraya la importancia de limitar el uso de los medios sociales entre los jóvenes. Hay que animar a los jóvenes a que aprendan a utilizar los medios sociales de forma constructiva. Los jóvenes también pueden utilizar los medios sociales para compararse con los demás y entablar conversaciones sanas en torno a intereses comunes. Asimismo, los medios sociales pueden utilizarse como herramienta para el activismo y la justicia social, proporcionando a los jóvenes una forma de concienciar sobre causas importantes y conectar con otras personas que comparten sus valores y pasiones. Las propias empresas de medios sociales tienen la responsabilidad de promover un uso sano y seguro de sus plataformas entre los jóvenes. Esto incluye incorporar funciones que fomenten las interacciones positivas y desalienten el acoso, así como proporcionar directrices más claras sobre el comportamiento adecuado y herramientas de denuncia de contenidos perjudiciales. Las empresas de medios sociales pueden adoptar un enfoque proactivo de la salud mental asociándose con organizaciones y expertos en salud mental para desarrollar recursos y orientaciones para los jóvenes sobre cómo promover una salud mental y un bienestar positivos en la era digital. Las redes sociales, en particular, pueden tener un impacto significativo en la salud mental de los jóvenes al potenciar los sentimientos de inadecuación, baja autoestima y ansiedad. Sin embargo, hay formas de mitigar estos riesgos y promover un uso saludable de las redes sociales entre los jóvenes. Esto incluye educar a los jóvenes sobre los efectos de los medios sociales en la salud mental practicando una autoestima y una autopercepción sanas limitando el tiempo que pasan en los medios sociales buscando usos positivos y constructivos de la plataforma y animando a las empresas de medios sociales a que los promuevan. Podemos ver que nuestros jóvenes pueden integrarse en el mundo digital de forma positiva y buena adoptando un enfoque proactivo respecto al uso de los medios sociales.

III. LOS RIESGOS POTENCIALES DE LAS REDES SOCIALES PARA LOS JÓVENES

Una de las mayores preocupaciones de los jóvenes y su uso de las redes sociales son los riesgos potenciales que conllevan. Estos riesgos pueden afectar a los jóvenes de diversas maneras, incluida la salud mental, emocional y física. Algunos de los riesgos más comunes asociados a las redes sociales para los jóvenes son el ciberacoso, la adicción, la disminución de la autoestima, la exposición a contenidos nocivos y la desconexión de la realidad. El ciberacoso es un problema frecuente en la sociedad actual, y las plataformas de las redes sociales proporcionan la plataforma perfecta para que los acosadores ataquen a sus víctimas de forma anónima. La exposición constante a comentarios negativos y al acoso puede ser emocionalmente traumatizante para los jóvenes y devastadora para su salud mental. El uso excesivo de las redes sociales puede llevar a la adicción, que puede afectar negativamente a la salud mental y emocional. La adicción a los medios sociales se ha relacionado con la ansiedad, la depresión y los trastornos del sueño, y puede disminuir el bienestar general de las personas. El uso de las redes sociales también puede conducir a una disminución de la autoestima, ya que las personas pueden compararse con otras en la plataforma, lo que conduce a percepciones negativas de sí mismas y a sentimientos de inadecuación. Esta disminución de la autoestima también puede traducirse en problemas de salud física, ya que las personas pueden adoptar comportamientos poco saludables para intentar encajar con la imagen "perfecta" que se muestra en las redes sociales. La exposición a contenidos nocivos es otro riesgo del uso de las redes sociales, ya que los jóvenes pueden estar expuestos a contenidos inapropiados en las plataformas. Este contenido puede incluir violencia, contenido sexual o incitación al odio, lo que puede provocar traumas o malestar emocional. El uso de las redes sociales puede acabar provocando una desconexión de la realidad, ya que los individuos pueden dar prioridad a su presencia en Internet sobre sus relaciones en la vida real. Esta desconexión puede provocar sentimientos de soledad y aislamiento del mundo real. Es esencial que promovamos un uso saludable de los medios sociales Para mitigar los riesgos asociados a su uso. Una estrategia es limitar el uso de los medios sociales, ya que una exposición excesiva puede aumentar la adicción y otras consecuencias negativas. Los padres pueden poner límites de tiempo al uso de los medios sociales y animar a sus hijos a realizar otras actividades que promuevan la salud mental y física, como tomar o ejemplo. La educación sobre el uso adecuado de los medios sociales puede ser otra estrategia, ya que los jóvenes deben comprender que los medios sociales no son una representación exacta de la realidad y que el ciberacoso y los contenidos perjudiciales no son aceptables. Fomentar un comportamiento saludable en Internet, como ser respetuoso con los demás y denunciar cualquier comportamiento negativo, también puede ayudar a prevenir las consecuencias negativas del uso de los medios sociales. También es necesario enseñar a los jóvenes la importancia del autocuidado y el amor propio, ya que los medios sociales suelen promover una autopercepción negativa. Educar a los jóvenes sobre la importancia de hacer pausas en las redes sociales, establecer expectativas realistas sobre sí mismos y fomentar una imagen corporal positiva puede fomentar el autocuidado y el uso saludable de las redes sociales. Aunque las redes sociales tienen sus ventajas, como conectar a personas de todo el mundo y proporcionar una plataforma para la autoexpresión, también tienen sus riesgos, sobre todo para los jóvenes. Los riesgos potenciales de las redes sociales para los jóvenes incluyen el ciberacoso, la adicción, la disminución de la autoestima, la exposición a contenidos nocivos y la desconexión de la realidad. Para mitigar los riesgos asociados al uso de las redes sociales, las personas deben promover hábitos de uso saludables, como limitar el tiempo dedicado, educar sobre el uso adecuado, fomentar un comportamiento en línea saludable y enseñar prácticas de autocuidado. Con estas estrategias, los jóvenes pueden aprovechar las ventajas de las redes sociales y evitar al mismo tiempo las posibles consecuencias negativas.

EL RIESGO DE CIBERACOSO Y HOSTIGAMIENTO

Uno de los riesgos más importantes asociados a las plataformas de redes sociales es la prevalencia del ciberacoso y el hostigamiento. El ciberacoso consiste en utilizar tecnologías de comunicación electrónica, como las redes sociales, para infligir daño a otra persona de forma deliberada y repetida. Los efectos del ciberacoso pueden ser graves y duraderos, y provocar una serie de consecuencias negativas, como disminución del rendimiento académico, baja autoestima, depresión, ansiedad e incluso suicidio. El ciberacoso puede adoptar muchas formas, como la vergüenza pública, la humillación, la exclusión y la difusión de rumores o información falsa. Puede ocurrir en cualquier momento y lugar, lo que hace difícil que los jóvenes escapen a sus efectos negativos. El ciberacoso es notoriamente difícil de controlar y regular, ya que algunas de estas plataformas permiten interacciones anónimas o seudónimas, lo que facilita a los autores ocultar su identidad y evitar ser detectados. Como tal, el ciberacoso representa un riesgo importante para la salud mental y el bienestar de los jóvenes que utilizan plataformas de redes sociales. Hay varias formas de mitigar el riesgo de ciberacoso y hostigamiento entre los jóvenes. En primer lugar, los padres y cuidadores deben comprender los peligros potenciales de las redes sociales y ser proactivos a la hora de educar a sus hijos sobre un comportamiento en línea responsable y respetuoso. Pueden animar a sus hijos a utilizar la configuración de privacidad y denunciar los contenidos inapropiados o perjudiciales a los moderadores de la plataforma. Las escuelas y los centros educativos también pueden desempeñar un papel fundamental en la lucha contra el ciberacoso aplicando políticas que promuevan un comportamiento respetuoso e integrador en Internet. Los profesores pueden educar a sus alumnos sobre las consecuencias del ciberacoso e incorporar la ciudadanía digital al plan de estudios. Los programas de intervención entre iguales, que animan a los jóvenes a denunciar el ciberacoso y a apoyar a quienes se ven afectados por él, también pueden ser eficaces para mitigar el riesgo de ciberacoso. Además de estas medidas, las redes sociales deberían hacer más para prevenir el ciberacoso y el hostigamiento. Muchas plataformas, como Facebook y Twitter, han puesto en marcha mecanismos de denuncia y políticas destinadas a combatir el ciberacoso. Sin embargo, la eficacia de estas medidas es muy limitada, ya que dependen de la autodenuncia de los usuarios y requieren una moderación que lleva mucho tiempo para funcionar. Algunas plataformas también han experimentado con algoritmos de inteligencia artificial y aprendizaje automático para detectar y eliminar automáticamente contenidos nocivos. Sin embargo, estas medidas no son infalibles, ya que pueden eliminar inadvertidamente contenido legítimo o no detectar formas más matizadas de ciberacoso, como las microagresiones sutiles o el lenguaje de silbato para perros. La forma más eficaz de mitigar el riesgo de ciberacoso y hostigamiento es cultivar una cultura de respeto y empatía en Internet. Los jóvenes deben comprender que sus palabras y acciones en Internet tienen consecuencias en la vida real y que pueden afectar positiva o negativamente a la vida de otras personas. Esto requiere un cambio en las normas sociales, que puede llevar tiempo y un esfuerzo concertado. Es esencial promover un comportamiento en línea sano y positivo y animar a los jóvenes a tratarse con amabilidad, compasión y empatía. Enseñar ciudadanía digital y alfabetización digital también es crucial en este sentido, ya que ayuda a los jóvenes a comprender las complejidades y los riesgos de las interacciones en línea y les dota de las habilidades necesarias para afrontar estos retos de forma segura y responsable. Las plataformas de redes sociales se han convertido en parte de nuestra vida cotidiana, especialmente entre los jóvenes. Aunque estas plataformas ofrecen muchas ventajas, como conectar con otras personas, compartir ideas y crear comunidades, también plantean varios riesgos, como el ciberacoso y el hostigamiento, para la salud mental de los jóvenes. Los padres, los profesores, los educadores y las plataformas de redes sociales deben tomar medidas proactivas para prevenir el ciberacoso, como promover un comportamiento en línea responsable y respetuoso, educar a los jóvenes sobre las consecuencias de sus acciones en línea, implementar mecanismos y políticas de denuncia para combatir el ciberacoso y el acoso. También debemos tener en cuenta que las redes sociales son un fenómeno relativamente nuevo y que aún estamos conociendo algunos de sus efectos a largo plazo sobre la salud mental de los jóvenes. Es esencial seguir investigando, ya que esto ayuda a informar y explicar estas cuestiones y a desarrollar estrategias eficaces para fomentar unas redes sociales sanas y buenas.

ADICCIÓN A LAS REDES SOCIALES

Una de las tendencias más preocupantes asociadas a las redes sociales es la adicción. La adicción a las redes sociales es un problema persistente entre la juventud actual y sus efectos no pueden ignorarse. A mí personalmente me cuesta desconectarme de mi cuenta en las redes sociales aunque lo sé. Puede requerir un uso excesivo que, a su vez, puede influir en la propia salud mental. Las redes sociales pueden interferir en la capacidad de gestionar nuestros estados de ánimo y emociones, lo que puede repercutir negativamente en nuestro bienestar psicológico. Las investigaciones han demostrado que quienes pasan demasiado tiempo en las redes sociales tienden a sentir soledad, depresión y ansiedad. La adicción a las redes sociales también puede afectar a la capacidad de una persona para entablar relaciones y establecer vínculos significativos con los demás. Al distraerse y perder el tiempo en las redes sociales, una persona puede obstaculizar su vida personal y profesional. Para mitigar los riesgos asociados a la adicción debe haber medidas que promuevan un uso saludable. Debe destacarse la necesidad de Estrategias que animen a las personas a desconectar de sus dispositivos para mantener un equilibrio en su relación con las plataformas de redes sociales. Por ejemplo, las personas deberían limitar el tiempo que pasan en las redes sociales, programar momentos del día libres de tecnología y restablecer las interacciones cara a cara con los demás. Promoviendo estas estrategias podemos fomentar un uso saludable de las redes sociales, reducir su impacto negativo y mejorar los resultados de salud mental entre nuestros jóvenes.

EXPOSICIÓN A CONTENIDOS INAPROPIADOS

Otro riesgo al que se enfrentan los jóvenes al utilizar las redes sociales es la exposición a contenidos inapropiados. Este fenómeno puede presentarse de varias formas, como el ciberacoso, el contenido explícito y los mensajes dañinos. El ciberacoso se define como una forma de acoso en línea que se dirige a las personas mediante un comportamiento dañino y persistente. Las víctimas del ciberacoso suelen sentirse aisladas, humilladas y vulnerables. Este tipo de comportamiento puede causar importantes problemas de salud mental, como ansiedad, depresión e incluso ideación suicida. El contenido explícito, por otra parte, se refiere a cualquier material sexualmente explícito que pueda verse o compartirse en las redes sociales. Este tipo de contenido puede desencadenar sentimientos de vergüenza, culpa o ansiedad en los jóvenes. Las investigaciones han demostrado que la exposición a contenidos explícitos también puede provocar una imagen corporal negativa, una reducción de los comportamientos de salud sexual y resultados psicológicos adversos. Los mensajes nocivos pueden referirse a cualquier mensaje que promueva la violencia, la incitación al odio o el comportamiento discriminatorio. Los individuos jóvenes expuestos a tales mensajes corren el riesgo de interiorizar estas creencias, lo que conduce a prejuicios racistas, sexistas u homófobos. Estas exposiciones pueden conducir al desarrollo de problemas de salud mental, problemas de autoestima y odio hacia uno mismo. Hay varias formas de mitigar los riesgos de la exposición a contenidos inapropiados en las redes sociales. En primer lugar, los padres y educadores deben educar a los jóvenes sobre la ciberseguridad y la importancia de un uso responsable. Hay que enseñar a los jóvenes a identificar y responder a las conductas de acoso, a proteger su información personal en Internet y a evitar situaciones peligrosas. Las empresas de medios sociales deben responsabilizarse del contenido que se comparte en sus plataformas. Las empresas pueden aplicar medidas como restricciones de edad, moderación de contenidos y mecanismos de denuncia que permitan a los usuarios señalar contenidos inapropiados. Esto garantizaría que los jóvenes no estén expuestos a contenidos perjudiciales que puedan afectar a su salud mental. La terapia y el asesoramiento pueden ayudar a los jóvenes a afrontar los efectos negativos de la exposición a contenidos inapropiados. La terapia puede enseñar a los jóvenes mecanismos de afrontamiento, capacitarlos para enfrentarse a experiencias negativas y ofrecerles un espacio seguro y confidencial para expresar sus sentimientos y luchas. Como sociedad, debemos promover una cultura de aceptación, diversidad e inclusión. Esto reduciría la probabilidad de que se compartieran mensajes perjudiciales y garantizaría que los jóvenes se sintieran seguros y apoyados en las redes sociales. Las redes sociales pueden tener efectos significativos en la salud mental de los jóvenes. Las redes sociales tienen muchos beneficios, pero también pueden ser útiles para abordar problemas de salud mental como la depresión y la ansiedad. Además, la exposición a contenidos inapropiados, como el ciberacoso, contenidos explícitos y mensajes dañinos, puede tener graves consecuencias negativas para la salud mental. Mitigar los riesgos asociados a las redes sociales requiere un esfuerzo colectivo en el que participen los padres, los educadores, los terapeutas de las empresas de medios sociales y la población en general. Educando a los jóvenes sobre ciberseguridad, implantando mecanismos de moderación de contenidos en las redes sociales, promoviendo la terapia para abordar los efectos negativos y fomentando una cultura de aceptación y diversidad, podemos conseguir que los jóvenes utilicen las redes sociales de forma saludable y segura al mismo tiempo. En los últimos años, el impacto de las redes sociales en la salud mental de los jóvenes ha sido un tema de creciente preocupación. Las investigaciones han sugerido una serie de efectos negativos asociados a las redes sociales, como un mayor índice de ansiedad depresión soledad y ciberacoso. Uno de los principales riesgos asociados a las redes sociales es el potencial de comparación social o la tendencia de los individuos a compararse con otros basándose en sus perfiles en las redes sociales. Esto puede provocar sentimientos de inadecuación o baja autoestima, sobre todo si la persona se compara con una representación poco realista o muy elaborada de la vida de otra persona. Las redes sociales también pueden exacerbar los sentimientos de FOMO o miedo a perderse algo, ya que las personas se sienten excluidas de los acontecimientos sociales si no están siempre consultando sus cuentas en las redes sociales. Otro riesgo asociado a las redes sociales es la posibilidad de ciberacoso. Las plataformas de medios sociales proporcionan una plataforma anónima y de fácil acceso para que los individuos acosen a otros, lo que puede provocar sentimientos de estrés, vergüenza y aislamiento social. Los jóvenes que sufren ciberacoso también pueden experimentar efectos negativos en su salud mental, como ansiedad, depresión e ideación suicida. Las redes sociales también pueden provocar una disminución de las interacciones cara a cara, lo que puede repercutir negativamente en las habilidades sociales y la regulación emocional. A pesar de estos riesgos, hay formas de mitigar el impacto negativo de las redes sociales en la salud mental de los jóvenes. Un enfoque consiste en fomentar un uso saludable de las redes sociales promoviendo el autocuidado, los límites saludables y haciendo hincapié en la importancia del apoyo social. Animar a los jóvenes a ser conscientes de su uso de las redes sociales, por ejemplo limitando el tiempo que pasan en ellas, participando en actividades que fomenten las emociones positivas y buscando el apoyo de amigos o familiares de confianza cuando se sientan angustiados, puede ayudar a mitigar algunos de los efectos negativos de las redes sociales. Es esencial que enseñemos a los jóvenes a utilizar los medios sociales de forma segura para evitar situaciones peligrosas como el ciberacoso o el acoso en línea. Educar a los jóvenes sobre estos riesgos y las posibles consecuencias de un uso inadecuado de los medios sociales puede ayudar a prevenir el ciberacoso y promover un entorno en línea más seguro y saludable. Los jóvenes también pueden beneficiarse del aprendizaje de la etiqueta en los medios sociales, que puede ayudarles a desenvolverse en situaciones sociales y evitar posibles conflictos o malentendidos. Los padres y los profesores pueden contribuir aún más a promover un uso bueno y saludable de los medios sociales. Esto puede incluir limitar el tiempo frente a la pantalla, controlar la actividad en los medios sociales y enseñar hábitos saludables en los medios sociales. Los padres también pueden ayudar a sus hijos a desarrollar habilidades sociales animándoles a unirse a clubes o a participar en otras actividades fuera de línea que puedan ayudarles a establecer conexiones significativas y a desarrollar resiliencia frente a la presión de los medios sociales. Por último, podemos avanzar hacia la promoción de una cultura online positiva a través de los medios sociales como herramienta para el cambio social. Esto puede incluir la promoción de comportamientos prosociales como la empatía, la amabilidad y la compasión a través de campañas o iniciativas en los medios sociales. Los jóvenes también pueden beneficiarse del uso de los medios sociales para compartir sus experiencias, crear redes de apoyo y relacionarse con otras personas que compartan sus valores e intereses. Las redes sociales pueden tener implicaciones negativas para la salud mental de los jóvenes, como el aumento de las tasas de ansiedad, depresión y ciberacoso. Hay formas de mitigar estos riesgos y promover un uso saludable de las redes sociales. Promoviendo el autocuidado, enseñando el uso seguro de las redes sociales, modelando hábitos saludables en las redes sociales y fomentando una cultura en línea positiva, podemos ayudar a los jóvenes a navegar por el complejo mundo de las redes sociales de forma segura y saludable. Al hacerlo, podemos ayudar a los jóvenes a desarrollar su resiliencia, a formar conexiones significativas y a liberar todo el potencial de los medios sociales para crear un cambio positivo en sus vidas y en el mundo que les rodea.

IV. REDES SOCIALES Y SALUD MENTAL

Las redes sociales han tenido un impacto significativo en la salud mental de los jóvenes, tanto positivo como negativo. Por un lado, las redes sociales proporcionan acceso a recursos de salud mental, grupos de apoyo y diversas formas de terapia. Sin embargo, los estudios han demostrado que las redes sociales están relacionadas con la ansiedad, la depresión y los problemas de imagen corporal en los jóvenes. Las pruebas sugieren que los medios sociales pueden conducir a la comunicación cara a cara, que es una parte importante de la formación de vínculos sociales y de la promoción de una salud mental positiva. Cuando las personas dependen únicamente de las redes sociales y la comunicación, pueden limitar el desarrollo de las habilidades sociales tradicionales y provocar sentimientos de aislamiento social, soledad y depresión. Las redes sociales también tienen un efecto negativo sobre la imagen corporal y la autoestima. Muchos usuarios de las redes sociales suelen compararse con los demás, lo que provoca sentimientos de inadecuación y baja autoestima. Puede desencadenar emociones negativas y causar problemas de salud mental como depresión y ansiedad. Es crucial mitigar los riesgos de las redes sociales y promover un uso saludable. Una forma de promover un uso saludable de las redes sociales es educar a los jóvenes sobre el impacto que las redes sociales pueden tener en su salud mental positiva y negativamente. Animarles a interactuar con personas en persona, por ejemplo asistiendo a actividades y eventos sociales, puede ser beneficioso para mejorar las habilidades sociales y cultivar relaciones sociales positivas. Es esencial educar a los jóvenes en el uso responsable de las redes sociales para que mantengan una presencia saludable en los medios sociales sin permitir que interfiera en su vida cotidiana. Supervisar la participación en las redes sociales puede ayudar a evitar un uso excesivo, que puede conducir a un deterioro de la salud mental. Practicar el Mindfulness puede ayudar a limitar el uso excesivo de las redes sociales y aliviar el estrés. Animar a las personas a "desconectar" y guardar sus dispositivos electrónicos durante determinados periodos del día puede ser un enfoque práctico para fomentar el autocuidado y la moderación. También es necesario abordar el ciberacoso y el acoso en línea, que pueden tener efectos devastadores en el bienestar mental. El ciberacoso es una forma de acoso que se produce electrónicamente mediante el uso de las redes sociales y otros medios electrónicos. Las víctimas del ciberacoso tienen más probabilidades de sufrir ansiedad, depresión e ideación suicida que quienes no han sido acosados. Educar a los jóvenes sobre la etiqueta y la conducta en línea adecuadas, así como aplicar consecuencias al acoso en línea, puede minimizar la aparición del ciberacoso. Es esencial promover una imagen corporal y una autoestima sanas. Animar a las personas a apreciar sus cualidades únicas puede reforzar la autoestima y reducir los pensamientos negativos sobre su aspecto físico. Proporcionar recursos, como servicios de asesoramiento o terapia de apoyo, también puede ser beneficioso para las personas que luchan contra problemas negativos de imagen corporal. Combinar formas tradicionales de apoyo, como el asesoramiento, con recursos en línea también puede ser eficaz para fomentar prácticas saludables de salud mental. Los foros y grupos de apoyo en línea pueden beneficiar a quienes viven en zonas donde los recursos de salud mental pueden ser limitados, permitiéndoles conectar con personas que experimentan luchas similares. Es crucial asegurarse de que los recursos en línea son creíbles y fiables y de que las personas comprenden que los recursos en línea nunca sustituyen al apoyo en persona. El impacto de las redes sociales en la salud mental de los jóvenes es complejo, con influencias tanto positivas como negativas. Aunque las redes sociales pueden proporcionar ventajas como grupos de apoyo y acceso a recursos de salud mental, también pueden contribuir al aislamiento social, desplazar la comunicación cara a cara e influir negativamente en la autoestima y la imagen corporal. Para promover un uso saludable de los medios sociales y mitigar los riesgos potenciales, es esencial educar a los jóvenes en el uso responsable de las redes sociales, subrayar la importancia de la comunicación cara a cara, abordar el ciberacoso y fomentar el autocuidado y la moderación. Utilizar tanto formas tradicionales de apoyo como recursos en línea, como foros y servicios de asesoramiento, también puede ser eficaz para promover prácticas saludables de salud mental. Aplicando estas estrategias, podemos garantizar que los medios sociales se utilicen positivamente en beneficio de la salud mental de los jóvenes, en lugar de contribuir a cualquier efecto secundario negativo.

EL IMPACTO DE LAS REDES SOCIALES EN LA AUTOESTIMA Y LA IMAGEN CORPORAL

El impacto de las redes sociales en la autoestima y la imagen corporal es una preocupación destacada para los investigadores que estudian los efectos de los medios sociales en la salud mental. Según diversos estudios, a menudo se culpa a los medios sociales de promover una cultura de comparación constante y de idealización de los cánones de belleza que puede conducir a una autoestima negativa y a problemas de imagen corporal (Holmberg y Holmes 178). Los estudios muestran, por ejemplo, que los adolescentes que utilizan con frecuencia los medios sociales tienden a tener una baja autoestima, mayores niveles de insatisfacción corporal y más síntomas de ansiedad y depresión. ¿Por qué promueven los medios sociales unos cánones de belleza poco realistas que pueden ser perjudiciales para la autoestima de los jóvenes? Varios investigadores sugieren que los medios sociales perpetúan las comparaciones sociales omnipresentes, que pueden provocar La esca. Además, las plataformas de los medios sociales pueden exacerbar los efectos de los mensajes de los medios de comunicación que enfatizan la toma de delgada, en forma y bella, lo que lleva a los jóvenes a hacer comparaciones que contribuyen a las emociones negativas (Fardouly, Diedrichs y Vartanian). Hay estrategias que pueden utilizarse para mitigar los riesgos y promover un uso saludable de los medios sociales a pesar de los posibles daños. Ejemplos de estas intervenciones son la educación para la alfabetización mediática, con el fin de ayudar a los jóvenes a identificar y criticar los cánones de belleza poco realistas. Tales intervenciones pueden diseñarse para ayudar a los jóvenes a desarrollar las habilidades necesarias para comprometerse críticamente con los mensajes de los medios de comunicación y comprender cómo éstos distorsionan sus percepciones de la realidad. La alfabetización mediática es una educación que puede permitir a los jóvenes cuestionar las definiciones estrechas y poco realistas de la belleza y el atractivo que impregnan los medios sociales y desarrollar percepciones positivas más equilibradas de sí mismos. También pueden ser beneficiosos los esfuerzos por mejorar la autoestima y la estima corporal de los jóvenes. La terapia cognitivo-conductual es un tipo de intervención psicológica que cuestiona los patrones de pensamiento negativos y puede ayudar a los jóvenes a desarrollar una autoestima y una imagen corporal más sanas (Lawler y Napolitano 205). Las intervenciones grupales que fomentan el apoyo entre iguales y el modelado de conductas saludables también pueden ayudar a los jóvenes a desarrollar autoconceptos positivos y redes de apoyo social. Además, también puede conseguirse mediante la orientación parental y las iniciativas escolares para promover un uso saludable de los medios sociales. Los padres y cuidadores pueden desempeñar un papel fundamental a la hora de influir en el uso que hacen sus hijos de los medios sociales, modelando un comportamiento saludable en línea, estableciendo límites razonables en el uso de los medios sociales y supervisándolos. Además, las escuelas pueden promover un uso saludable de los medios sociales creando programas de concienciación que eduquen a los jóvenes sobre los riesgos y beneficios de los medios sociales y aplicando políticas de medios sociales. Las plataformas de los medios sociales también pueden contribuir a un uso saludable desarrollando funciones que promuevan una imagen corporal positiva, como algoritmos que den prioridad a las publicaciones de usuarios que compartan mensajes saludables, y supervisando y eliminando activamente los contenidos que fomenten el "body shaming". El uso de las redes sociales es una preocupación importante para los profesionales de la salud mental, ya que contribuye al desarrollo de una autoestima negativa y de problemas de imagen corporal que a menudo desembocan en ansiedad, depresión y otros trastornos de salud mental relacionados. Los principales mecanismos de este impacto son los estándares de belleza poco realistas que promueven los medios sociales y las omnipresentes comparaciones sociales que perpetúan. Es posible mitigar estos riesgos y mejorar la salud mental de los jóvenes promoviendo un uso equilibrado y saludable de los medios sociales mediante diversas intervenciones. Pueden tomarse medidas preventivas que van desde programas de alfabetización mediática hasta intervenciones psicológicas que promuevan una autoestima y una imagen corporal sanas. Los padres, las escuelas y la industria de los medios sociales pueden desempeñar un papel importante en la mitigación de estos riesgos modelando, promoviendo y supervisando un uso sano de los medios sociales. La educación, la concienciación y un enfoque consciente de los medios sociales pueden contribuir a un uso sano de los medios sociales y a unos resultados positivos para la salud mental de los jóvenes.

COMPARACIÓN SOCIAL Y ENVIDIA

Uno de los efectos negativos más citados de las redes sociales en la salud mental de los jóvenes es el potencial de comparación social y envidia. Las redes sociales ofrecen a los usuarios la oportunidad de presentar una versión idealizada de su vida y su personalidad, lo que puede constituir un estándar poco realista con el que compararse. Dado el presente evolutivo en el que viven los Jóvenes, en el que definen sus propias identidades y su sentido de la autoestima, pueden ser especialmente vulnerables a esta dinámica. Las investigaciones han descubierto que las redes sociales se asocian a mayores niveles de depresión por envidia y ansiedad en los adolescentes (Verduyn et al., 2015). Esto puede conducir a una serie de resultados negativos, como una disminución de la autoestima y la satisfacción con la vida, una mayor conciencia de la desigualdad social y actitudes políticas más polarizadas (Derrick et al., 2009; Powell et al., 2018). Un factor clave del impacto de la comparación social en la salud mental es el grado en que la comparación social es descendente o ascendente (compararse con los que están peor) o (compararse con los que están justo). La comparación social ascendente puede provocar resultados psicológicos negativos, como la envidia, mientras que la comparación social descendente puede experimentar efectos positivos, como el aumento de la gratitud y la satisfacción (Wadhera y Zachary, 2018). Por tanto, es importante que los jóvenes aprendan a adoptar una comparación social ascendente saludable y limiten la exposición a fuentes de envidia y comparación social que puedan ser perjudiciales para la salud mental. Para mitigar el impacto de la comparación social y la envidia, una estrategia es promover la autoafirmación y la autoestima. Los jóvenes que se sienten más de sí mismos son menos vulnerables a los efectos psicológicos negativos de la comparación social. Animar a los jóvenes a centrarse en sus puntos fuertes, talentos y logros personales puede ayudarles a tener un sentimiento de identidad y autoestima menos dependiente de la validación externa. Además, los jóvenes pueden beneficiarse del desarrollo de amistades y relaciones basadas en intereses comunes y valores compartidos, y no en el estatus social o la popularidad. Esto puede ayudar a que el sentido de pertenencia y conexión dependa menos de la competición y la comparación social. Otra estrategia para reducir el impacto de la comparación social y la envidia es promover normas y valores sociales saludables. Las personas que valoran la amabilidad, la empatía y la armonía social tienen más probabilidades de adoptar comportamientos sociales positivos como la cooperación, el altruismo y el perdón. Por el contrario, los jóvenes socializados para valorar la competición, el éxito y el estatus tienen más probabilidades de adoptar comportamientos sociales negativos como el acoso y la exclusión. Por tanto, es importante que los padres, educadores y líderes comunitarios promuevan normas y valores sociales positivos que hagan hincapié en la importancia de la bondad, la empatía y la armonía social. Es importante que los jóvenes desarrollen habilidades de alfabetización mediática que puedan ayudarles a navegar por el complejo y muy engañoso público de los medios sociales. Esto incluye la capacidad de detectar contenidos sesgados o manipulados, la influencia de los algoritmos y las burbujas de filtros en sus feeds de medios sociales y la importancia de una cuidadosa configuración de la privacidad y la ciberseguridad. Los jóvenes pueden beneficiarse de las oportunidades de aprender habilidades de alfabetización mediática en escuelas, centros comunitarios y otros entornos de aprendizaje formales e informales. El impacto de las redes sociales en la salud mental de los jóvenes es complejo y polifacético. Aunque hay efectos claramente negativos asociados a las redes sociales, también hay muchos beneficios potenciales, desde una mayor conexión social y apoyo social hasta el desarrollo de importantes habilidades de alfabetización digital. Es importante que los padres, educadores y líderes comunitarios promuevan un uso saludable de las redes sociales y proporcionen a los jóvenes las herramientas y recursos que necesitan para mantenerse seguros y sanos en Internet. Trabajando juntos, podemos ayudar a los jóvenes a navegar por el mundo de las redes sociales de forma positiva y productiva, apoyando su salud mental y su bienestar.

EL EFECTO DE LAS REDES SOCIALES EN LA ANSIEDAD Y LA DEPRESIÓN DE LOS JÓVENES

El efecto de las redes sociales sobre la ansiedad y la depresión entre los jóvenes es un factor significativo del impacto psicológico general de estas plataformas. Las redes sociales se han relacionado con mayores niveles de ansiedad y depresión, sobre todo entre los jóvenes, que son más vulnerables a las consecuencias negativas de este tipo de tecnología. Los estudios sugieren que el uso de las redes sociales puede provocar sentimientos de soledad, aislamiento y baja autoestima, que a su vez contribuyen a aumentar la probabilidad de desarrollar ansiedad y depresión. Una de las razones por las que las redes sociales pueden tener un impacto tan negativo en los jóvenes es que hacen hincapié en la comparación y la competición. Plataformas como Instagram y Facebook suelen mostrar a personas que tienen vidas aparentemente perfectas y felices, con cuerpos perfectos, relaciones perfectas y experiencias perfectas. La inadecuación y la baja autoestima pueden causar Esto especialmente entre los jóvenes que han desarrollado un sentido de identidad. Las investigaciones han demostrado que incluso un poco de tiempo dedicado a navegar por los perfiles de otras personas en las redes sociales puede provocar un aumento de la ansiedad y la depresión. Otro factor que contribuye es la gran cantidad de tiempo que los jóvenes pasan en las redes sociales. El uso de la tecnología y las redes sociales por parte de la nueva generación se ha vuelto omnipresente, y la mayoría de los jóvenes pasan varias horas al día desplazándose por sus plataformas favoritas. Esta conectividad constante puede dar la sensación de estar siempre conectados, lo que puede causar ansiedad y depresión. Además, la exposición constante a noticias negativas y a problemas sociales también puede tener un efecto negativo en la salud mental, sobre todo en quienes ya son vulnerables. Las redes sociales también pueden verse exacerbadas por la falta de regulación y control sobre el contenido disponible en estas plataformas. Las redes sociales se utilizan a menudo para difundir noticias falsas, discursos de odio y contenidos violentos o gráficos que pueden ser especialmente desencadenantes para los jóvenes que luchan con problemas de salud mental. El ciberacoso es otra preocupación importante, ya que muchos jóvenes sufren acoso y abuso en las redes sociales, lo que puede afectar a sus sentimientos de depresión y ansiedad. A pesar de estos riesgos, hay medidas que los jóvenes y sus familias pueden tomar para mitigar el impacto negativo de las redes sociales en la salud mental. En primer lugar, es importante establecer límites claros en torno al uso de las redes sociales. Esto podría implicar limitar la cantidad de tiempo que se pasa en estas plataformas cada día, o incluso tomar descansos prolongados de las redes sociales por completo. En segundo lugar, es importante ser consciente del contenido que se consume en las redes sociales. Esto podría implicar dejar de seguir cuentas que promuevan estándares corporales negativos o poco realistas, o evitar leer secciones de comentarios o noticias que sean desencadenantes. Otra medida que puede adoptarse es promover un uso saludable de las redes sociales. Esto podría implicar utilizar las redes sociales para conectar con otras personas de forma positiva, como unirse a grupos o foros centrados en aficiones o intereses. También podría implicar el uso de las redes sociales

64

para difundir mensajes positivos o compartir información importante, en lugar de participar en comportamientos negativos o improductivos. Animar a los jóvenes a participar en actividades y aficiones fuera de línea también puede ayudar a aliviar los sentimientos de soledad y aislamiento, y a promover el bienestar mental general. Por último, es importante buscar ayuda profesional si persisten los sentimientos de depresión y ansiedad. A pesar del impacto negativo de las redes sociales en la salud mental, existen muchos tratamientos e intervenciones eficaces para ayudar a los jóvenes a afrontar estas afecciones. Pedir ayuda a un terapeuta o a un profesional de la salud mental puede proporcionar a los jóvenes las herramientas y los recursos que necesitan para afrontar los retos del uso de las redes sociales y desarrollar mecanismos de afrontamiento saludables. El impacto de las redes sociales en la salud mental de los jóvenes es una cuestión polifacética y compleja. Las redes sociales se han relacionado con mayores niveles de ansiedad y depresión, sobre todo entre los jóvenes, que son más vulnerables a las consecuencias negativas de este tipo de tecnología. Hay medidas que pueden adoptarse para mitigar los riesgos y promover un uso saludable de las redes sociales. Estableciendo límites claros, prestando atención a los contenidos, fomentando un uso saludable, participando en actividades fuera de línea y buscando ayuda profesional cuando sea necesario, los jóvenes pueden superar los retos del uso de las redes sociales con confianza y resiliencia. El uso de los medios de comunicación social y los sitios de redes sociales es un fenómeno relativamente nuevo, pero ha conseguido transformar la forma en que las personas se conectan e interactúan entre sí. Aunque las redes sociales han aportado importantes beneficios, existe una gran preocupación por sus efectos perjudiciales para la salud mental de los jóvenes. Un estudio realizado por el Centro de Investigación Pew en 2018 mostró que a dos tercios de los adolescentes les preocupa que las redes sociales afecten negativamente a su salud mental. Uno de los factores que contribuyen a tales hallazgos es el intenso escrutinio al que se enfrentan los adolescentes a través de las redes sociales, que provoca sentimientos de ansiedad y depresión. En este sentido, las redes sociales se han convertido en un arma de doble filo que a la vez facilita la conectividad y erosiona la salud mental. Las redes sociales pueden provocar celos, y plataformas como Instagram llevan la autoestima a mínimos históricos. Cuando los adolescentes exploran las redes sociales se encuentran con personas que perciben que tienen una vida perfecta. Ven a sus compañeros disfrutar de vacaciones exóticas o llevar un estilo de vida fastuoso e inevitablemente comparan aspectos de sus vidas con las de los demás. Sin embargo, lo que no muestran es que lo que ven en las redes sociales no es más que un carrete de lo más destacado. Esta comparación constante acaba por hacerles creer que son inferiores a los demás y, en consecuencia, reduce sus niveles de autoestima, lo que provoca malestar emocional. Por tanto, es probable que los usuarios de las redes sociales tengan un intenso miedo a perderse algo y permanezcan pegados a sus pantallas, lo que les lleva al agotamiento mental. Otra preocupación importante de las redes sociales es la falta de interacción en persona. La comunicación digital es una experiencia muy diferente de la comunicación tradicional, ya que ofrece una sensación de anonimato que permite a los individuos sentirse menos inhibidos. No es infrecuente que las personas se comporten y hablen de forma diferente en Internet que en la vida real, ya que no son responsables de sus actos. Como los individuos descuidan continuamente la comunicación en la vida real, se pierden los matices que conlleva, y no consiguen desarrollar sólidas habilidades de comunicación. Esta falta de habilidades comunicativas puede fomentar sentimientos de aislamiento y conducir a problemas de salud mental como la depresión y la ansiedad. Es esencial comprender los factores que conducen a los efectos negativos de los medios sociales en la juventud y mitigarlos para promover un uso saludable de los medios sociales. Crear una narrativa positiva en torno a los medios sociales puede ayudar a aliviar algunas de estas preocupaciones. Es crucial señalar que los medios sociales no son intrínsecamente negativos, sino que dependen de cómo se utilicen. Una forma de conseguirlo es asegurarse de que los jóvenes utilicen los medios sociales de forma consciente e intencionada. Hay que hacer hincapié en la importancia de tomarse descansos y limitar el uso de las redes sociales, básicamente desconectando de las pantallas al menos durante un rato. Es igualmente crucial enseñar a los jóvenes a utilizar las redes sociales con eficacia. Hay que enseñar a los jóvenes a cuidar sus feeds e individualizar sus experiencias en las redes sociales para reducir los sentimientos de envidia y celos. De este modo, los medios sociales les resultarán más amenos y divertidos, ya que establecerán conexiones más sólidas con personas que tengan intereses similares, reduciendo la monotonía y el aislamiento que conllevan las formas tradicionales de comunicación. Crear un reto en las redes sociales también puede fomentar una cultura positiva en torno a ellas. Un reto que anime a los usuarios a publicar algo positivo sobre sí mismos o sobre otra persona puede generar positividad y promover hábitos saludables en las redes sociales. La proactividad es necesaria para promover hábitos saludables en los medios sociales. Las plataformas de medios sociales deberían introducir características que promuevan un consumo saludable de medios sociales de forma proactiva. La función "take a give" de Instagram permite a los usuarios restringir el acceso a la aplicación y es una forma excelente de iniciar esta tendencia. Algunas aplicaciones tienen ventanas emergentes que recuerdan a los usuarios que tomen un regalo y animan a las personas a dar prioridad a su salud mental. Deberían implantarse controles parentales similares para vigilar lo que consumen los niños en las redes sociales y limitar la duración del tiempo que pasan en estas plataformas. No se puede subestimar el impacto de los medios sociales en la salud mental de los jóvenes. Es una cuestión compleja que requiere que las partes interesadas, incluidos los padres y la industria tecnológica, desempeñen un papel activo en la promoción de un uso saludable. Las investigaciones y recomendaciones actualizadas deben dirigirse a estas partes interesadas para garantizar que están bien informadas sobre los riesgos y beneficios potenciales de los medios sociales. Aunque los medios sociales tienen el poder de ser productivos, divertidos y atractivos, tienen un arma de doble filo que puede conducir a una disminución de la salud mental de las personas. Es crucial fomentar una cultura positiva de los medios sociales que alinee los usos de estas plataformas con hábitos saludables para promover la salud mental.

V. MITIGAR LOS RIESGOS DE LAS REDES SOCIALES

A medida que nos familiarizamos con los riesgos asociados a los medios sociales, es importante saber que podemos mitigarlos siendo conscientes de las posibles consecuencias de nuestro comportamiento en línea. Una de las cosas más importantes que podemos hacer para promover un uso saludable de los medios sociales es animar a los jóvenes a ser conscientes de sus actividades en línea y a limitar su uso de los medios sociales cuando. Otra estrategia clave para mitigar los riesgos asociados a los medios sociales es educar e informar a los jóvenes sobre los peligros específicos asociados a determinados tipos de comportamiento en línea, como el sexting. Dando a los jóvenes la información y el mantenimiento que necesitan para seguir siendo buenos mientras se relacionan con los medios sociales, podemos ver que pueden disfrutar de las ventajas de estas plataformas sin poner en peligro su salud mental. Una estrategia crucial para fomentar un uso saludable de los medios sociales es animar a los jóvenes a ser conscientes de sus actividades en línea. Esto puede hacerse limitando el uso de los medios sociales para ser conscientes de los tipos de contenido que consumen y de las interacciones que tienen con los demás. Los jóvenes pueden reducir el riesgo de desarrollar problemas de salud mental como la depresión o la ansiedad, que pueden agravarse por la exposición a contenidos negativos o estresantes en las redes sociales. Además de limitar las redes sociales, los jóvenes también pueden beneficiarse de desarrollar otras estrategias de afrontamiento que les ayuden a proteger su bienestar mental y emocional, como por ejemplo meditar o pasar tiempo en la naturaleza. Otra estrategia clave para mitigar los riesgos asociados a los medios sociales es educar a los jóvenes sobre los peligros específicos asociados a determinados tipos de comportamiento en línea. Los jóvenes pueden no ser conscientes de los riesgos asociados al sexting, que puede dar lugar a la exposición a contenidos e imágenes sexuales que pueden ser perjudiciales para su salud mental y su bienestar. Del mismo modo, los jóvenes pueden no ser conscientes de los riesgos asociados al ciberacoso, que puede provocar sentimientos de ansiedad, depresión y otros problemas de salud mental. Educando a los jóvenes sobre estos riesgos, podemos ayudarles a comprender las posibles consecuencias de sus acciones en Internet y a evitar comportamientos que puedan poner en peligro su salud mental. Es importante proporcionar a los jóvenes el apoyo y los recursos que necesitan para mantenerse seguros en Internet. Esto puede incluir el acceso a servicios de salud mental, recursos y herramientas online, y el apoyo de padres, profesores y otros cuidadores. Proporcionando a los jóvenes el apoyo que necesitan, podemos ayudarles a navegar por el complejo y a menudo abrumador mundo de las redes sociales y garantizar que puedan mantenerse seguros, sanos y felices mientras utilizan estas plataformas. Las redes sociales han tenido un profundo impacto en la vida de los jóvenes, tanto positivo como negativo. Aunque las plataformas de los medios sociales pueden ofrecer a los jóvenes una oportunidad inigualable de conectar con los demás, explorar nuevas ideas y expresarse creativamente, también pueden ser una fuente de estrés, ansiedad y depresión. Para mitigar los riesgos asociados al uso de las redes sociales, es importante animar a los jóvenes a ser conscientes de sus actividades en línea, educarles sobre los peligros específicos asociados a determinados tipos de comportamiento en línea y proporcionarles el apoyo y los recursos que necesitan para mantenerse seguros y sanos. Trabajando juntos, podemos garantizar que los jóvenes puedan experimentar todas las ventajas de las redes sociales, minimizando al mismo tiempo su exposición a los riesgos y consecuencias negativas que pueden conllevar.

EDUCACIÓN Y SENSIBILIZACIÓN SOBRE LA SEGURIDAD EN LÍNEA

Una de las formas más eficaces de mitigar los riesgos asociados al uso de los medios sociales entre los jóvenes es promover la educación y la sensibilización sobre la seguridad en línea. Mediante la educación, los jóvenes pueden conocer los riesgos potenciales del uso de los medios sociales y cómo protegerse contra ellos. Esto incluye aprender sobre los peligros del ciberacoso, los depredadores en línea y el robo de identidad. La educación sobre la seguridad en línea también puede promover un comportamiento responsable en línea, como no compartir información personal y ser consciente del contenido que se comparte y se ve. La concienciación sobre la seguridad en línea también puede ayudar a los jóvenes a comprender mejor el panorama digital y cómo navegar por él con seguridad. Esto incluye comprender la importancia de la configuración de la privacidad y cómo utilizarla, así como identificar los riesgos potenciales asociados a determinados tipos de contenidos o interacciones. La educación y la concienciación sobre la seguridad en línea pueden ayudar a capacitar a los jóvenes para actuar si se encuentran con situaciones perjudiciales o peligrosas en línea. Esto incluye saber cómo denunciar el acoso o el abuso en línea, y dónde acudir en busca de ayuda y apoyo. En resumen, promover la educación y la sensibilización sobre la seguridad en línea puede ayudar a mitigar los riesgos asociados al uso de los medios sociales y a fomentar un comportamiento en línea sano y responsable entre los jóvenes.

LIMITAR EL TIEMPO DE PANTALLA

Las investigaciones revelan que el tiempo excesivo frente a la pantalla contribuye a la adicción a la pantalla, que conduce a una mala salud mental entre los jóvenes. En consecuencia, limitar el tiempo de pantalla podría ayudar a garantizar que los jóvenes tengan la oportunidad de desarrollar hábitos más saludables. Según la Organización Mundial de la Salud, los jóvenes de entre 5 y 17 años sólo deberían tener hasta dos horas diarias de tiempo frente a la pantalla para gozar de una salud óptima. Los padres, los cuidadores y los centros escolares deben controlar y limitar el tiempo dedicado a las redes sociales creando zonas libres de dispositivos en la casa, animando a los niños a participar en actividades físicas y facilitando la socialización. Según la Academia Americana de Pediatría, aproximadamente el 75% de los adolescentes tienen teléfonos inteligentes, y suelen pasar una media de nueve horas al día con dispositivos electrónicos. Estas cifras indican que las plataformas de medios sociales se han convertido en una parte integral de la vida de los jóvenes, influyendo así en su desarrollo emocional y cognitivo. Limitar el tiempo de pantalla también es necesario para promover un compromiso social sano entre los jóvenes. Las redes sociales han perturbado las interacciones personales y han influido en la disposición de los jóvenes a relacionarse cara a cara con sus iguales. Las plataformas de medios sociales como Facebook, Instagram y Twitter promueven el aislamiento social que puede conducir a una mala salud mental entre los jóvenes. Varios estudios han hallado conexiones entre el uso de los medios sociales y síntomas depresivos, como baja autoestima, trastornos del sueño y ansiedad. Este resultado sugiere que el tiempo excesivo frente a la pantalla puede disminuir la cantidad de tiempo que los jóvenes dedican a relacionarse en persona, lo que da lugar a una mayor soledad y a interacciones sociales deficientes. Puede establecerse un vínculo entre el tiempo excesivo frente a la pantalla y la reducción de la actividad física, lo que podría provocar una disminución de los resultados de salud entre los adolescentes. Los jóvenes que utilizan excesivamente los medios sociales tienden a comer menos y a dormir menos. Por ejemplo, el uso del móvil durante el sueño podría alterar el ritmo circadiano y causar insomnio, mientras que el tiempo excesivo frente a la pantalla puede afectar a la forma física y podría conducir a la obesidad. Los estudios indican que la actividad física influye positivamente en la salud mental de niños y jóvenes, en el rendimiento académico y en los resultados de salud física. Por el contrario, una actividad física reducida puede tener un efecto perjudicial en la salud psicológica de los jóvenes, incluido un aumento de los síntomas de depresión y ansiedad. Afortunadamente, pueden tomarse algunas medidas para reducir el impacto de los medios sociales en la salud mental de los jóvenes. Una posible solución es promover la alfabetización digital en las escuelas y las familias. Esto puede proporcionar a los jóvenes la información y las habilidades necesarias para un uso responsable de la tecnología, promoviendo al mismo tiempo actividades de ocio saludables y ejercicio físico. Las escuelas deberían desarrollar cursos y talleres de ciudadanía digital para ayudar a los jóvenes a reconocer los posibles efectos negativos de las redes sociales y a tomar decisiones con conocimiento de causa. Los profesionales de la salud y los educadores también pueden promover un uso saludable de los medios sociales proporcionando a los jóvenes pautas prácticas sobre el tiempo que pasan frente a la pantalla y prácticas saludables de higiene del sueño. Otra posible solución es que los padres y cuidadores colaboren con los jóvenes en la creación de límites y pautas saludables para el uso de la tecnología. Cuando los jóvenes participan en la creación de normas sanas sobre el tiempo frente a la pantalla, es más probable que las respeten y que se hagan cargo de sus hábitos frente a la pantalla. Crear normas saludables sobre el tiempo frente a la pantalla y desarrollar habilidades para controlar los impulsos podría prevenir la adicción a la pantalla y mejorar los resultados de salud mental, garantizando un equilibrio saludable entre las actividades frente a la pantalla y otras actividades de ocio saludables. Los padres deben crear zonas designadas para interactuar sin dispositivos y fomentar la actividad física y la participación en actividades de ocio que promuevan la interacción cara a cara con los compañeros. El uso excesivo de plataformas de medios sociales entre los jóvenes tiene efectos devastadores para su salud mental y física. El tiempo de pantalla excesivo puede perturbar las interacciones sociales, provocar adicción a las pantallas y disminuir los niveles de actividad física y la calidad del sueño. Por tanto, es esencial que se tomen medidas para mitigar el impacto de los medios sociales en la salud mental de los jóvenes y promover un uso saludable del tiempo frente a la pantalla. Los responsables políticos, los padres, los educadores y los profesionales de la salud deben trabajar juntos para garantizar que los jóvenes utilicen la tecnología de forma responsable y saludable. Proporcionando a los jóvenes formación en alfabetización digital, creando normas saludables sobre el tiempo frente a la pantalla y fomentando las actividades físicas, los padres, los cuidadores y las escuelas pueden promover un uso saludable de la tecnología y minimizar el impacto negativo de las plataformas de medios sociales en la salud mental de los jóvenes.

PROMOVER HÁBITOS Y COMPORTAMIENTOS SALUDABLES EN LÍNEA

A medida que los adolescentes pasan más tiempo en sus dispositivos, es importante promover hábitos saludables en el uso de los medios digitales, como establecer límites al tiempo frente a la pantalla y fomentar las actividades fuera de línea. Además, las empresas de medios sociales y los responsables políticos pueden tomar medidas para mitigar los riesgos de los medios sociales para la salud mental de los jóvenes, como mejorar las medidas de prevención del ciberacoso y el grooming, reducir la exposición a contenidos nocivos y promover una educación saludable en ciudadanía digital. Algunas empresas han tomado medidas para frenar el mal comportamiento en sus plataformas. Actualmente Instagram utiliza inteligencia artificial para marcar los comentarios potencialmente ofensivos antes de que se publiquen. Además, algunas aplicaciones de redes sociales tienen ahora funciones que recuerdan a los usuarios que deben tomarse descansos. Como los padres pueden permitir que las restricciones de contenido supervisen las actividades, hablar abiertamente sobre el uso de algunos medios sociales y dar ejemplo de comportamiento digital positivo, los padres también pueden proporcionar apoyo adicional a los jóvenes cuando aprenden cosas nuevas. Aunque estas medidas pueden hacer que las plataformas de medios sociales sean más seguras y eficaces para los jóvenes, no son suficientes. Los responsables políticos también deben tener en cuenta cuestiones más profundas, como el papel de los medios sociales en la formación de normas culturales y sociales, el potencial de adicción a los medios sociales y la necesidad de abordar las desigualdades digitales que restringen el acceso. Por lo tanto, la promoción de hábitos y comportamientos saludables en Internet requiere un gran esfuerzo por parte de varias partes interesadas. Empieza por educar a los jóvenes sobre las consecuencias potenciales del uso excesivo de los medios sociales y cultivar su pensamiento crítico y sus habilidades de alfabetización mediática. Implica colaborar con las empresas tecnológicas para crear plataformas más fáciles de usar y protectoras. También implica reforzar los servicios de apoyo y asesoramiento entre iguales para intervenir y mitigar el daño causado por el ciberacoso y la captación de menores. Adoptando enfoques polifacéticos, podemos promover hábitos y comportamientos digitales saludables y apoyar la salud mental de los jóvenes en la era digital. El impacto de las redes sociales en la salud mental de los jóvenes es una cuestión polifacética que requiere un análisis exhaustivo. El uso de las plataformas de medios sociales ha aumentado exponencialmente, y con él, la preocupación por los posibles efectos negativos sobre el bienestar de los jóvenes. Los estudios han demostrado que el uso excesivo de los medios sociales está asociado a una serie de problemas de salud mental como la depresión, la ansiedad, la falta de sueño, la baja autoestima y la adicción. Una de las principales razones es la exposición constante a representaciones poco realistas e idealizadas de la vida de otras personas, que pueden crear sentimientos de inadecuación, aislamiento social y miedo a perderse algo. El ciberacoso, el acoso en línea y el trolling son problemas comunes a los que se enfrentan los jóvenes en las redes sociales, que pueden tener efectos devastadores en su salud mental y autoestima. Para mitigar los riesgos asociados a las redes sociales, es esencial promover un uso saludable y educar a los jóvenes sobre los peligros potenciales. Los padres, los profesores y los profesionales de la salud mental pueden desempeñar un papel esencial en la orientación y el apoyo a los jóvenes mientras navegan por la era digital. Fomentar la comunicación abierta y el diálogo sobre las consecuencias del uso excesivo de las redes sociales puede ayudar a los jóvenes a desarrollar habilidades de pensamiento crítico y una relación sana con la tecnología. Limitar el tiempo de pantalla y establecer límites en torno al uso de los medios sociales también puede ser útil para reducir los efectos negativos de los medios sociales en la salud mental. Además de los esfuerzos individuales, las plataformas de redes sociales también pueden tomar medidas para promover un uso saludable y mitigar los riesgos. Las empresas de redes sociales pueden ajustar los algoritmos para reducir la cantidad de contenido perjudicial que aparece en los feeds de los jóvenes, y dar prioridad al contenido que promueve la positividad y el bienestar. Proporcionar recursos y apoyo a los jóvenes que luchan contra problemas de salud mental también puede ser un paso útil hacia la creación de un entorno en línea más sano. En última instancia, las redes sociales en relación con la salud mental y la orientación escolar son una cuestión compleja que requiere un enfoque polifacético. Educar a los jóvenes en hábitos saludables en las redes sociales, promover el diálogo abierto y trabajar con las plataformas de redes sociales son pasos cruciales para mitigar los riesgos y garantizar que los jóvenes puedan cosechar los beneficios. Sin embargo, es importante señalar que las plataformas de redes sociales no son necesariamente malas: tienen el potencial de proporcionar a los jóvenes un sentimiento de pertenencia, una mayor conexión social y una plataforma para compartir sus experiencias y opiniones. Si las redes sociales se utilizan de forma inadecuada o excesiva, surgirán efectos negativos. Por ello, es importante asumir las redes sociales de forma equilibrada y matizada, reconociendo tanto los beneficios como los riesgos. El impacto de los medios sociales en la salud mental de los jóvenes es una cuestión compleja y en evolución que requiere atención e investigación continuas. Aunque muchos estudios sugieren que el uso excesivo de los medios sociales está asociado a una serie de problemas de salud mental, es esencial reconocer los beneficios potenciales de las redes sociales. Para promover un uso saludable y mitigar los riesgos, es crucial educar a los jóvenes en hábitos saludables en las redes sociales, fomentar el diálogo abierto, limitar el tiempo de pantalla y trabajar con las empresas de redes sociales para crear entornos en línea seguros y de apoyo. Adoptando un enfoque polifacético, podemos garantizar que los jóvenes puedan navegar eficazmente por la era digital y utilizar las plataformas de las redes sociales de forma que mejoren su salud mental y su bienestar.

VI. PROMOVER UN USO SALUDABLE DE LAS REDES SOCIALES

Muchas personas han expresado su preocupación por las redes sociales para jóvenes. Sin embargo, es importante pensar que las redes sociales tienen sus propios beneficios. Además de permitir a los jóvenes conectar con otros, proporciona apoyo y recursos a quienes de otro modo no tendrían acceso. Sin embargo, se pueden tomar medidas para mitigar los riesgos de las redes sociales y promover un uso saludable. Una forma de promover un uso saludable es educar a los jóvenes sobre los efectos perjudiciales de la adicción a las redes sociales y cómo evitarla. Muchos jóvenes se vuelven adictos a las redes sociales y pasan demasiado tiempo utilizándolas. Esto puede tener graves consecuencias, como la falta de éxito académico, el aislamiento social e incluso la depresión. Los educadores, los padres y los profesionales de la salud mental pueden ayudar concienciando sobre la adicción a los medios sociales y los peligros asociados a su uso excesivo. Otra forma de promover un uso saludable es enseñar a los jóvenes a practicar un uso seguro de las redes sociales. Esto incluye informarles de la importancia de la configuración de la privacidad y de qué tipo de información es mejor mantener en privado. No es infrecuente que los jóvenes compartan información personal como su nombre completo, su ubicación, su número de teléfono o incluso su dirección. Esta información puede ser utilizada por personas con intenciones dañinas para rastrearlos y perjudicarlos. Además, en el mundo actual hay muchas estafas y fraudes, y los jóvenes deben estar informados al respecto. Educar a los jóvenes sobre cómo estar ciberseguros es crucial hoy en día. Se les debe enseñar no sólo la seguridad fuera de línea, sino también la seguridad en línea. Deben ser informados sobre los fundamentos cibernéticos y sobre cómo mantener seguros sus perfiles en las redes sociales. Esto incluye también el uso adecuado de contenidos como fotos, vídeos e Información Personal Identificable (IPI). La enseñanza de los conceptos básicos cibernéticos y de la IIP debe ser un proceso continuo y debe revisarse con frecuencia. Es importante que los jóvenes comprendan los riesgos asociados a sus acciones en los medios sociales, y cómo comportarse responsablemente en línea. Los profesores y los padres pueden crear hábitos saludables relacionados con el uso de los medios sociales. Una de las cosas más sencillas que pueden hacer es poner límites al tiempo frente a la pantalla, controlando el tiempo que pasan en las redes sociales. Pueden predicar con el ejemplo y mostrar a los niños que las relaciones sociales en la vida real, las actividades al aire libre y la lectura son tan importantes (si no más) que las redes sociales. También pueden fomentar el uso de las redes sociales de forma positiva, sugiriendo a los niños que se conecten con comunidades online con intereses y aficiones similares. Por último, pero no por ello menos importante, es importante enseñar a los jóvenes la importancia de tomarse descansos y desconectar para su salud mental. El exceso de redes sociales puede causar depresión y soledad. Hay que enseñar a los jóvenes que a veces está bien ceder y desconectar de las redes sociales. Hay que animarles a dedicarse a otras aficiones, como los deportes, el arte, la música o la lectura, para evitar la adicción a las redes sociales o el síndrome de la luz digital. Las redes sociales se han convertido en una parte integral de la vida de los jóvenes. Aunque hay muchos aspectos positivos, no pueden ignorarse las repercusiones negativas. Como sociedad, tenemos que promover un uso saludable de las redes sociales educando a los jóvenes sobre la adicción a las redes sociales, enseñándoles ciberseguridad, animándoles a desarrollar hábitos que amplíen sus intereses y conexiones y a tomarse descansos y desconectar. El uso adecuado de los medios sociales eleva la calidad de vida de las personas, y debemos reforzar los buenos hábitos relacionados con el uso de los medios sociales. Quienes ocupan puestos de autoridad, como educadores y padres, tienen un papel fundamental que desempeñar en este proceso. Deben reconocer el valor de los medios sociales y promover su uso saludable para proteger el bienestar mental de nuestros jóvenes. Garantizando que los jóvenes puedan disfrutar de los beneficios de los medios sociales y minimizando sus riesgos, podemos ayudar a fomentar un mundo en el que los medios sociales sean una herramienta de apoyo y enriquecimiento.

FOMENTAR LA AUTOESTIMA POSITIVA Y LA CONFIANZA

Una forma crucial de mitigar los riesgos asociados a las redes sociales en la salud mental de los jóvenes es fomentar una autoestima y confianza positivas. A menudo, las redes sociales pueden exacerbar las inseguridades existentes, provocando comparaciones malsanas y sentimientos de inadecuación. Promover una autoestima positiva mediante diversas intervenciones puede ayudar a mitigar estos efectos negativos y fomentar la resiliencia. Una de estas estrategias de intervención es la terapia cognitivo-conductual (TCC), que se centra en cuestionar los patrones negativos de autoconversación y sustituirlos por afirmaciones positivas que fomenten la autoestima y la autoaceptación. Fomentar la autoconversación positiva y la autorreflexión, crear redes de apoyo social y practicar técnicas de relajación también pueden promover una autoestima y una confianza positivas. Además, promover una imagen corporal positiva es vital, ya que los medios sociales pueden afectar significativamente a la forma en que los jóvenes ven su cuerpo. La investigación indica que la exposición a imágenes idealizadas en los medios sociales puede causar una imagen corporal negativa, una baja autoestima y un mayor riesgo de trastornos alimentarios. Las escuelas y los padres deben promover una imagen corporal sana fomentando hábitos alimentarios saludables, incluso el ejercicio, y abordando los problemas psicológicos subyacentes que pueden tener una imagen negativa del propio cuerpo. Además, las escuelas y los padres pueden apoyar y celebrar todos los tipos de cuerpo y desafiar los cánones de belleza de la sociedad. Las personas influyentes en las redes sociales pueden desempeñar un papel vital en la promoción de una imagen corporal positiva y de la confianza en uno mismo compartiendo representaciones honestas de sus cuerpos y proporcionando mensajes positivos en lugar de promocionarlos. La importancia de apoyar las redes sociales también es crucial. Las redes sociales pueden aislar e incluso fomentar la soledad. Por tanto, es crucial promover relaciones sanas y positivas fuera de línea. Para desarrollar habilidades sociales sanas, los jóvenes necesitan interacciones cara a cara que también podrían traducirse en un uso positivo de los medios sociales. Los adultos y los compañeros deben animar y alentar a los jóvenes a participar en clubes deportivos y actividades de servicio a la comunidad. Estas actividades fomentan el sentido de pertenencia, proporcionan oportunidades para adquirir y adquirir habilidades sociales y refuerzan el comportamiento positivo que conduce a una imagen positiva de uno mismo. ¿Es útil utilizar técnicas de relajación como el yoga y la meditación para reducir el impacto negativo del uso de los medios sociales? Los beneficios de estas prácticas para promover el Mindfulness reducen el estrés y la ansiedad y mejoran la regulación de las emociones están bien documentados. Además, el autocuidado, como dormir lo suficiente, comer alimentos nutritivos y participar en actividades físicas, puede promover una salud mental y una autoestima positivas. Por último, los padres y educadores deben proporcionar orientación y apoyo para fomentar el uso de los medios sociales y la ciudadanía digital. Los padres deben supervisar el uso que hacen sus hijos de las redes sociales y comunicarles de forma coherente las expectativas y directrices, como la configuración de la privacidad, el comportamiento aceptable y el ciberacoso.

Además, una universidad podría incorporar clases de ciudadanía digital en su plan de estudios, en las que los estudiantes puedan aprender a utilizar la tecnología de forma adecuada y segura y modelar un uso saludable de los medios sociales. Aunque los medios sociales pueden tener efectos negativos en la salud mental, cada vez hay más conciencia del papel que podemos desempeñar en la promoción de un uso saludable. Promover una imagen corporal saludable Fomentar las redes de apoyo social incorporar prácticas de relajación y orientar hacia un uso saludable de los medios sociales son vías cruciales para reducir los riesgos y promover un uso saludable de. Es necesario reconocer el valor del uso saludable de los medios sociales, que puede mejorar la comunicación, promover la participación cívica y facilitar las conexiones sociales. Además, promover la confianza y la autoestima positiva puede contribuir a una buena salud mental general de los jóvenes.

ESTABLECER CONEXIONES CON COMUNIDADES DE APOYO

Las conexiones que los jóvenes establecen a través de las comunidades online pueden ser fundamentales para su salud mental y su bienestar. Estas comunidades pueden proporcionar apoyo, ánimo y recursos que pueden ayudar a los jóvenes a superar los retos de crecer en la era digital actual. Una de las claves para establecer conexiones con comunidades de apoyo es animar a los jóvenes a que busquen en Internet espacios positivos, inclusivos y seguros. Esto puede incluir encontrar grupos o comunidades online que coincidan con sus intereses o aficiones, o conectar con compañeros que puedan estar experimentando retos o luchas similares. Es importante destacar la importancia de crear conexiones comunitarias en Internet que apoyen la autoestima positiva y el bienestar mental. Las relaciones e interacciones positivas en Internet pueden proporcionar apoyo social y ayudar a los jóvenes a sentir que no están solos. Este apoyo social suele ser fundamental para los jóvenes que pueden estar luchando contra problemas de salud mental o acontecimientos vitales difíciles, como el acoso entre iguales, la ansiedad social o el estrés familiar. Los jóvenes que se sienten conectados y apoyados a través de las comunidades online pueden ser más propensos a buscar ayuda cuando la necesiten y a desarrollar resiliencia para hacer frente a las situaciones difíciles que surjan. Es importante reconocer el papel de los adultos, padres y cuidadores de confianza a la hora de guiar a los jóvenes en la creación de conexiones sanas y de apoyo en las comunidades online. Los adultos deben fomentar y facilitar estas conexiones en línea, al tiempo que enseñan a los jóvenes a navegar por los espacios digitales con seguridad y confianza. Los adultos pueden ayudar a los jóvenes a identificar fuentes de confianza, plataformas seguras y normas comunitarias, que pueden contribuir a mitigar los riesgos potenciales asociados a las conexiones en línea. Los padres y cuidadores pueden desempeñar un papel importante a la hora de proporcionar a los jóvenes la educación y los recursos necesarios para acercarse a las redes sociales de forma sana y positiva. Otra forma de mitigar los riesgos y promover un uso saludable de las redes sociales es educar a los jóvenes sobre cómo discernir las influencias nocivas o tóxicas en las comunidades online. Es importante que los jóvenes sean conscientes de los peligros potenciales del acceso y la exposición a contenidos o conversaciones inapropiados, perjudiciales o desencadenantes en los espacios en línea. Para promover un uso saludable de las redes, hay que animar a los jóvenes a reconocer y denunciar cualquier actividad en línea insegura o preocupante a adultos o recursos de confianza. Más allá de conectar con comunidades de apoyo y fomentar relaciones sanas en las plataformas de redes sociales, promover un uso sano de los medios sociales también significa crear un equilibrio entre la vida personal y laboral. Tenemos que animar a los jóvenes a dar prioridad a las relaciones fuera de línea, a desarrollar intereses fuera de los medios sociales y a mantener hábitos saludables, como dormir lo suficiente y hacer actividad física. Las rutinas de equilibrio saludable pueden ayudar a los jóvenes a regular sus emociones, establecer comportamientos saludables y desarrollar una imagen positiva de sí mismos. El impacto de las redes sociales en la salud mental de los jóvenes puede ser tanto positivo como negativo, dependiendo de cómo se utilicen. Establecer relaciones con comunidades de apoyo puede ser una forma eficaz de mitigar los riesgos y promover un uso saludable de las redes sociales. Creando espacios en línea seguros, inclusivos y solidarios, los jóvenes pueden recibir apoyo social, estímulo y acceso a recursos que pueden ser fundamentales para mantener el bienestar. Los padres y cuidadores de confianza pueden desempeñar un papel importante ayudando a los jóvenes a navegar por las interacciones en línea, promoviendo al mismo tiempo hábitos saludables y la conciencia de los riesgos potenciales. Las redes sociales tienen el potencial de empoderar a los jóvenes y debemos intentar crear entornos sanos y positivos que apoyen su bienestar y desarrollo.

UTILIZAR LAS REDES SOCIALES CON FINES PRODUCTIVOS Y SIGNIFICATIVOS

Aunque las plataformas de redes sociales se han asociado a una imagen negativa, pueden utilizarse con fines productivos y significativos. Las plataformas de redes sociales ofrecen a los usuarios un espacio para conectar con personas o grupos con intereses similares y crear una red virtual de apoyo. Por ejemplo, las personas que padecen problemas de salud mental, como ansiedad y depresión, han utilizado las redes sociales para ponerse en contacto con otras personas que comparten síntomas y experiencias similares. No sólo les proporciona una red de apoyo, sino que también les ofrece la oportunidad de encontrar posibles soluciones mediante debates y conversaciones con personas que tienen problemas similares. Las redes sociales también han creado vías para el desarrollo de habilidades y el aprendizaje. LinkedIn se ha convertido en una plataforma instrumental para las personas que buscan oportunidades de conexiones profesionales para avanzar en su carrera y para mostrar sus habilidades y logros. Las redes sociales como YouTube han proporcionado los medios para que las personas aprendan algunos temas que van desde recetas de cocina hasta diseño de moda, lenguajes de programación e incluso conferencias sobre prácticas de salud mental. La gran cantidad de información disponible en Internet ha ayudado a muchas personas a mejorar su creatividad y su capacidad de pensamiento crítico ampliando sus conocimientos y horizontes. Las redes sociales también se utilizan para apoyar iniciativas humanitarias y benéficas. A la hora de recaudar fondos para organizaciones de ayuda y sin ánimo de lucro, las redes sociales como Facebook y Twitter han sido muy beneficiosas. Además, las redes sociales ayudan a las personas a aportar y participar en iniciativas benéficas y de ayuda a la comunidad, dándoles una sensación de empoderamiento y realización. Por ejemplo, Women Empowerment es una plataforma de redes sociales que puede conectar a mujeres de todo el mundo para debatir cuestiones como la igualdad de género y la brecha salarial, promoviendo aún más el impacto social a través de la acción positiva y el diálogo significativo. Además, las plataformas de redes sociales han fomentado el activismo y el compromiso políticos, permitiendo a las personas expresar sus opiniones y movilizar un cambio social transformador. En los últimos años, las redes sociales han desempeñado un papel destacado en movimientos como Me-too, Black lives matter y otros, que han llevado las cuestiones de justicia social al primer plano del discurso público. Las redes sociales han creado una plataforma para llevar a masas de personas hacia un cambio transformador para mejorar las políticas sociales la comunicación abierta y la formación de comunidades fuertes. Las plataformas de redes sociales pueden ser una gran fuente de apoyo a la caridad educativa y al activismo social y político. Permiten a las personas conectarse con personas afines de todo el mundo, adquirir conocimientos y exponerse a diversos puntos de vista e implicarse activamente en movimientos sociales más amplios. Sin embargo, es importante que las personas utilicen las redes sociales de forma sana y responsable para maximizar sus beneficios. Confiar en las redes sociales como sustituto de las relaciones en persona puede provocar problemas de salud mental. Las redes sociales deben considerarse, en cambio, como una herramienta para establecer y reforzar relaciones, fomentar la positividad en el discurso y promover un compromiso significativo y responsable. Con la orientación adecuada, las redes sociales pueden ser muy beneficiosas para la sociedad, construyendo comunidades y cambiando el mundo a mejor. Las redes sociales son una fuerza importante en las interacciones sociales entre los jóvenes. Aunque las plataformas prometieron ayudar a salvar las distancias entre personas de orígenes diversos y de distintas partes del mundo, también han planteado una nueva serie de retos que pueden afectar negativamente a la salud mental de los jóvenes. Uno de los principales retos es la prevalencia del ciberacoso en las plataformas de medios sociales. El anonimato de las redes sociales permite a los acosadores esconderse tras cuentas falsas, lo que facilita que se dirijan a los jóvenes. El ciberacoso puede causar una amplia gama de problemas de salud mental, como depresión, ansiedad e incluso ideación suicida. Las redes sociales también pueden contribuir a la sensación de soledad, contribuyendo aún más a una mala salud mental. Los adolescentes que participan activamente en las redes sociales tienden a compararse con otras vidas cuidadosamente elaboradas y filtradas, lo que puede provocar sentimientos de inadecuación y baja autoestima. Esta comparación con los demás lleva a las generaciones más jóvenes a sentir la necesidad o el deseo de ser validados por los demás, ya que pueden sentirse presionados para conseguir fotos o personajes en línea. La excitación y la novedad que producen la interacción y las notificaciones suelen generar infusiones o subidones de dopamina. Sin embargo, a medida que disminuye la recepción de dopamina, estos jóvenes pueden desarrollar una adicción o personalidad adictiva que afecte a su capacidad mental. Junto con la adicción, el aumento del uso de las redes sociales y la experiencia del FOMO o Miedo a perderse algo también puede conducir a la privación de sueño, que tiene graves repercusiones negativas en la salud mental y física en general. Para mitigar los riesgos, los padres, tutores y educadores deben adoptar un enfoque proactivo respecto al uso saludable de los medios sociales. Crear un diálogo seguro y abierto entre los jóvenes y adultos pacientes y empáticos o compañeros que les apoyen para hablar de sus miedos, luchas y emociones puede ayudar a mitigar varios resultados negativos que las plataformas sociales pueden exacerbar. Los jóvenes pueden ayudar a promover un uso saludable buscando grupos de redes sociales positivos y de apoyo que fomenten la autoestima y la autovaloración. Estos grupos de apoyo pueden incluir una amplia gama de actividades, como aficiones, deportes o música. Los jóvenes que se sienten perdidos o desconectados pueden beneficiarse de un sentimiento de pertenencia y de encontrar confianza en un espacio sin prejuicios. Construir relaciones basadas en puntos en común puede hacer menos hincapié en las comparaciones que suelen darse en las redes sociales generales. Establecer un modelo de conducta saludable en las redes sociales, modelando una interacción positiva y animando a los jóvenes a dar prioridad a las experiencias de la vida real sobre las virtuales, también es sumamente beneficioso. Como comunidad, las escuelas y las unidades familiares pueden organizar talleres de salud mental centrados en la seguridad en línea y el impacto de los medios sociales en la autoestima y la adicción. Estos talleres pueden ayudar a filtrar contenidos nocivos, enseñar hábitos en los medios sociales y reconocer los signos de angustia mental. La Organización Mundial de la Salud (OMS) recomienda no más de una hora de tiempo de pantalla sedentario para los niños menores de cinco años y un máximo de 2 horas de tiempo de pantalla de ocio al día para los niños de 5 a 17 años. Las redes sociales han sido una herramienta innovadora para la socialización humana en todo el mundo, especialmente para los jóvenes que tienen un mayor desarrollo social y mental. Aunque esta tecnología tiene un enorme potencial de resultados positivos, es esencial comprender las repercusiones negativas que puede tener en la salud mental de los usuarios. Problemas de salud mental como la ansiedad, la depresión, la soledad, la adicción, la fatiga, los trastornos afectivos y otros son algunos de los resultados adversos para las personas con un uso prolongado o excesivo de los medios sociales. Mitigar riesgos potenciales como el ciberacoso, la adicción y la falta de sueño, la atención de los padres, tutores y la educación tanto de los jóvenes como de las partes interesadas sobre la importancia de un uso saludable, junto con una comunicación oportuna para los jóvenes, puede ayudar a promover un uso saludable de las redes sociales. Este enfoque requiere medidas sostenidas y proactivas para promover comportamientos sanos, estrategias para dejar de lado el consumismo y enfoques psicológicos atractivos, y aprovechar el potencial de los impactos positivos en la salud mental y social para reducir los impactos negativos a lo largo del tiempo.

VII. REDES SOCIALES E INTIMIDACIÓN

Las redes sociales han contribuido a alimentar el ciberacoso y a los acosadores. El ciberacoso es un tipo de intimidación utilizado por algunos grupos a través de correos electrónicos o mensajes de texto de las redes sociales. El ciberacoso puede adoptar muchas formas, como difundir rumores, compartir imágenes o vídeos destinados a humillar o avergonzar a la víctima y enviar mensajes hirientes o amenazantes. Según un estudio del Centro de Investigación del Ciberacoso, más de uno de cada tres adolescentes ha sido víctima de ciberacoso y uno de cada diez lo ha sido repetidamente. Los sitios web de redes sociales han facilitado la difusión de rumores y cotilleos que han dado lugar a importantes problemas de acoso que han aumentado incluso el estrés y la ansiedad entre los jóvenes afectados por el problema. El impacto del ciberacoso es significativo y las investigaciones han demostrado que puede crear una serie de consecuencias negativas, como ansiedad, depresión e incluso suicidio. Las víctimas del ciberacoso pueden sentirse aisladas o marginadas, lo que provoca problemas de autoestima, sentimientos de inutilidad y un menor sentido de pertenencia. Una forma de mitigar los riesgos del ciberacoso es educar a los jóvenes sobre los peligros de Internet y las redes sociales. Los padres y las escuelas deberían impartir clases de seguridad en Internet para ayudar a los niños a comprender los riesgos de compartir información personal en línea y las consecuencias del ciberacoso. Concienciar sobre los peligros del ciberacoso y su impacto negativo en la salud mental puede servir para disuadir a los acosadores y animar a las víctimas a hablar antes de que la situación se agrave. Las plataformas de medios sociales deben vigilar y tomar medidas inmediatas cuando se identifiquen contenidos relacionados con el acoso en sus sitios. Las empresas de medios sociales también deberían colaborar con las fuerzas de seguridad para investigar y perseguir a los ciberacosadores que utilizan sus plataformas para perpetrar el acoso. Otro enfoque para promover un uso saludable de las plataformas de redes sociales es enseñar a nuestros hijos a cultivar y mantener relaciones positivas. Los niños deben aprender la importancia de la empatía, la compasión y cómo mantener conversaciones sanas. Esto les ayudará a comprender situaciones difíciles y a fomentar la comprensión y el respeto mutuos. Animar a los niños a comunicarse abiertamente con sus padres, profesores y amigos les proporciona una salida para hablar de sus problemas sin miedo a ser juzgados o estigmatizados. Además, los padres deben controlar regularmente el uso que hacen sus hijos de las redes sociales, limitar el tiempo que pasan frente a la pantalla y hacer hincapié en la importancia de la seguridad en Internet. Los niños que sufren ciberacoso o cualquier otra forma de acoso deben disponer fácilmente de apoyo de salud mental. Los niños acosados pueden experimentar una serie de emociones negativas, como depresión, ansiedad y miedo. El apoyo debe incluir asesoramiento y terapia para ayudar a las víctimas a desarrollar habilidades de afrontamiento y hacer frente a las secuelas emocionales del acoso. Los profesores y los padres deben proporcionar un entorno de apoyo para que los niños compartan sus experiencias y emociones. Esto les ayudará a procesar y superar los efectos del acoso, y promoverá la curación, la resiliencia y el bienestar. Las plataformas de redes sociales tienen efectos negativos y positivos en la salud mental de los jóvenes. Aunque las redes sociales han permitido a los niños de todo el mundo conectar con amigos y familiares, también han facilitado la propagación del ciberacoso. El ciberacoso está muy extendido en el mundo ahora conectado y sus efectos pueden ser graves, provocando depresión, ansiedad y suicidio. Los padres y las escuelas deben educar a los niños sobre el ciberacoso y la seguridad en Internet, promover relaciones sanas, vigilar la actividad de sus hijos en Internet y proporcionar apoyo de salud mental a los afectados. La comunidad también tiene un papel que desempeñar en la mitigación del riesgo de ciberacoso mediante la concienciación, la defensa de las víctimas y la responsabilización de las empresas de medios sociales por los contenidos relacionados con el acoso en sus plataformas. Podemos ayudar a nuestros hijos a navegar por los riesgos potenciales de las plataformas de los medios sociales, promoviendo al mismo tiempo el bienestar mental y emocional de nuestra juventud.

DEFINICIÓN DEL CIBERACOSO Y SU PREVALENCIA

El ciberacoso, que se refiere a la transmisión electrónica de mensajes o imágenes denigrantes, amenazadores o intimidatorios, se ha hecho cada vez más frecuente con el uso generalizado de las plataformas de redes sociales. La compleja naturaleza del ciberacoso dificulta el seguimiento de su incidencia y prevalencia. Varios factores contribuyen a la prevalencia del ciberacoso, entre ellos el anonimato que proporciona Internet, la facilidad de acceso a los dispositivos digitales y la prevalencia de las redes sociales. Según un informe del Centro Nacional de Estadísticas Educativas, alrededor del 20% de los estudiantes de entre 12 y 18 años de Estados Unidos sufrieron ciberacoso en 2017. Una encuesta realizada por el Centro de Investigación sobre el Ciberacoso informó de que el 34% de los estudiantes estadounidenses de entre 12 y 17 años sufrieron ciberacoso y que alrededor del 17% fueron ciberacosados en los treinta días anteriores. Cerca del 49% de los adolescentes encuestados admitieron haber acosado a otros en Internet. El aumento de los índices de ciberacoso en los últimos años ha hecho que se preste más atención a la necesidad de desarrollar intervenciones eficaces para reducir su incidencia y sus resultados negativos.

ESTRATEGIAS PARA PREVENIR Y COMBATIR EL CIBERACOSO

El ciberacoso se ha convertido en una gran preocupación en la era digital y afecta a muchos jóvenes que utilizan las redes sociales. El ciberacoso puede causar problemas psicológicos como depresión, ansiedad, baja autoestima e incluso ideación suicida. De ahí que sea necesario identificar estrategias para prevenir y combatir el ciberacoso. La educación es una de las estrategias más eficaces. Los padres, educadores y profesionales de la salud mental pueden educar a los jóvenes sobre los efectos nocivos del ciberacoso y la importancia de mostrar empatía y respeto en Internet. Esto puede incluir enseñarles cómo conocer el comportamiento de ciberacoso y cómo responder adecuadamente a él, como denunciarlo a un adulto de confianza o bloquear a la persona. Otra estrategia para combatir el ciberacoso es crear un entorno en línea seguro y de apoyo. Los jóvenes necesitan saber que no están solos y que tienen a alguien con quien hablar si les acosan. Los sitios de redes sociales pueden desempeñar un papel fundamental en la promoción de un entorno en línea seguro poniendo en marcha iniciativas como campañas contra el acoso, sistemas de denuncia y promoción de comportamientos positivos en línea. Además de la educación y la creación de un entorno online seguro, también es importante implicar a padres, profesores y otros adultos en la prevención e intervención del ciberacoso. Los padres pueden supervisar la actividad de sus hijos en Internet, enseñarles a utilizar las redes sociales de forma responsable e intervenir si su hijo está siendo acosado. Los profesores también pueden educar a los alumnos sobre el ciberacoso y promover un comportamiento positivo en Internet, y pueden intervenir si ven que se produce ciberacoso en la escuela o en Internet. Los profesionales de la salud mental pueden proporcionar asesoramiento y apoyo a los jóvenes afectados por el ciberacoso. Pueden ayudar a los jóvenes a desarrollar estrategias de afrontamiento y a mejorar su salud mental. Otra estrategia importante para prevenir el ciberacoso es la alfabetización en las redes sociales. Hay que enseñar a los jóvenes a identificar la desinformación y las noticias falsas en las redes sociales. También necesitan aprender el impacto de los medios sociales en su salud mental y cómo pueden utilizarse para manipularlos. La alfabetización en los medios sociales puede enseñarse en las escuelas y a través de recursos en línea para ayudar a los jóvenes a mantenerse informados y conocedores del comportamiento en línea. La tecnología puede desempeñar un papel vital en la prevención e intervención del ciberacoso. Las plataformas de redes sociales pueden utilizar algoritmos de aprendizaje automático e inteligencia artificial para detectar comportamientos de ciberacoso y eliminarlos inmediatamente. Esto puede ayudar a crear un entorno online más seguro, minimizar los daños y detener a los reincidentes. El ciberacoso es un problema grave que puede afectar a la salud mental de los jóvenes. Para prevenir y combatir el ciberacoso, debemos educar a los jóvenes al respecto, crear entornos en línea seguros, implicar a padres, profesores y profesionales de la salud mental, promover la alfabetización en medios sociales y utilizar la tecnología en nuestro beneficio. Estas estrategias pueden ayudar a prevenir las consecuencias negativas del ciberacoso y promover un uso saludable de los medios sociales.

APOYO A LAS VÍCTIMAS DE CIBERACOSO

Una de las principales formas de proteger la salud mental de los jóvenes en las redes sociales es abordar y mitigar el impacto del ciberacoso. El ciberacoso puede consistir en acoso, humillación o intimidación repetidos a través de medios electrónicos como SMS, publicaciones en redes sociales o comentarios en línea. El ciberacoso puede causar depresión ansiedad baja autoestima e incluso suicidio. Por eso es crucial estar al lado de las víctimas del ciberacoso y ayudarlas. En primer lugar, los padres, profesores y tutores deben prestar atención al comportamiento de sus hijos en Internet y estar atentos para identificar cambios de humor o comportamiento que puedan indicar ciberacoso. También deben enseñar a sus hijos a hablar cuando se sientan intimidados o acosados en línea y animarles, si es posible, a bloquear las denuncias o ignorar a los acosadores. Además, las escuelas pueden poner en marcha programas contra el ciberacoso que conciencien sobre los peligros del ciberacoso y animen a los alumnos a actuar con respeto y amabilidad en Internet. Estos programas también deben proporcionar a los estudiantes los recursos y canales necesarios para denunciar incidentes de ciberacoso y buscar ayuda profesional si es necesario. Además, los proveedores de salud mental pueden ofrecer sesiones de asesoramiento y terapia para ayudar a las víctimas a afrontar los efectos psicológicos del ciberacoso. Estas sesiones pueden incluir actividades dirigidas a mejorar la autoestima, las habilidades sociales y los mecanismos de afrontamiento, como ejercicios de respiración profunda, llevar un diario o técnicas de relajación. Por último, las plataformas de medios sociales y los proveedores de servicios deben asumir un papel más activo en la aplicación de sus políticas de seguridad y en la prevención del ciberacoso. Las víctimas deben disponer de sistemas de denuncia eficaces que les proporcionen apoyo suficiente y tomen medidas rápidas contra los acosadores. Combatir el ciberacoso y apoyar a sus víctimas mediante distintos enfoques puede ayudar a mitigar el impacto psicológico de las redes sociales en los jóvenes y promover un uso saludable de Internet. El auge de las redes sociales ha cambiado radicalmente la forma en que nos comunicamos e interactuamos entre nosotros. Aunque las redes sociales pueden ser una herramienta excelente para compartir información, socializar y expresarse, también pueden tener un efecto perjudicial en la salud mental de los jóvenes. Los jóvenes son el grupo más vulnerable en cuanto a los efectos de los medios sociales en la salud mental. El uso extensivo de las plataformas de medios sociales puede desencadenar depresión, ansiedad y baja autoestima entre los jóvenes usuarios. Los niños y adolescentes tienden a percibirse a sí mismos a través de las opiniones y comentarios de los medios sociales, lo que les lleva a comparar sus vidas con modelos poco realistas de éxito y felicidad. Esto puede crear sentimientos de inferioridad, insatisfacción y aislamiento, que más tarde pueden desembocar en ansiedad, depresión y otros problemas emocionales. Es esencial mitigar los riesgos y promover un uso saludable de las redes sociales entre los jóvenes. Una forma de mitigar los riesgos asociados a los medios sociales y promover un uso saludable es educar a los jóvenes sobre las repercusiones negativas de un uso excesivo. Los programas educativos sobre los medios sociales que hacen hincapié en la salud mental y el bienestar podrían ayudar a los jóvenes a ser más conscientes de cómo los medios sociales pueden afectar a su salud mental y sus emociones. Educar a los jóvenes para que utilicen los medios sociales de forma más positiva y concienciarlos sobre el impacto negativo de los medios sociales en la salud mental es fundamental para capacitarlos para que asuman la responsabilidad de su comportamiento en línea. Los padres, las escuelas y los responsables políticos también pueden ayudar a mitigar los riesgos de los medios sociales para la salud mental de los jóvenes controlando el uso de los medios sociales y creando políticas que promuevan un uso saludable. Los padres deben participar activamente en la regulación del uso de los medios sociales por parte de sus hijos, igual que hacen con otras enfermedades, como los trastornos del sueño y la dieta. Las escuelas, los profesionales de la salud mental y los responsables políticos pueden crear políticas que regulen el uso de los medios sociales en entornos académicos y sociales. La regulación puede ayudar a los jóvenes a crear una frontera saludable entre los medios sociales y su vida fuera de la red, estableciendo límites al tiempo que pasan utilizando dispositivos inteligentes durante el estudio y las actividades sociales. Estas intervenciones pueden garantizar que los jóvenes tengan más control sobre su presencia en línea y comprendan cómo utilizar los medios sociales de forma más positiva. Otra forma de promover un uso saludable y mitigar los riesgos asociados al uso de los medios sociales entre los jóvenes es fomentar el autocuidado y la autoestima. Las escuelas y otras instituciones pueden crear vías de autocuidado que ayuden a los jóvenes a desarrollar la confianza en sí mismos, la autoestima, la resiliencia mental y la autoconciencia, que son vitales para la salud mental y el bienestar. Ayudar a los jóvenes a desarrollar una imagen positiva de sí mismos que no se base en la validación de las redes sociales puede ser muy eficaz para mitigar algunos de los efectos negativos de las redes sociales en la salud mental de los jóvenes. Inculcar confianza en uno mismo puede reducir considerablemente la cantidad de hostilidad, ansiedad o agresividad que puede surgir cuando los jóvenes se sienten incómodos en su entorno online. Los investigadores y otros profesionales de la salud también pueden desarrollar herramientas de autocuidado que ayuden a los jóvenes a gestionar mejor el estrés y las emociones relacionadas con los medios sociales. Las propias plataformas de medios sociales pueden ayudar a mitigar los riesgos asociados al uso de sus aplicaciones desarrollando funciones que promuevan la salud mental y el bienestar. Instagram introdujo recientemente una función que permite a sus usuarios limitar las interacciones de otros con sus publicaciones, bloquear comentarios y desactivar mensajes de desconocidos. Del mismo modo, Facebook, Twitter o TikTok han introducido funciones similares en los últimos tiempos. Estas funciones pueden limitar la capacidad de los usuarios para acosar, intimidar o denigrar a otros en las redes sociales, reduciendo así su riesgo de sufrir consecuencias negativas para la salud mental. Las plataformas también pueden desarrollar algoritmos complejos que identifiquen el contenido perjudicial e intervengan, a menudo notificándolo a las autoridades. Esto no sólo ayudaría a los usuarios a sentirse más seguros, sino que también podría limitar el impacto negativo en la salud mental que se asocia al acoso y la agresión en línea. En conclusión, el impacto psicológico de las redes sociales en los jóvenes es un tema complejo y en desarrollo. Aunque las redes sociales tienen muchas ventajas, también pueden tener un efecto negativo en la salud mental de los jóvenes. Promover un uso saludable de los medios sociales fomentando el autocuidado y la autoestima y desarrollando elementos que promuevan la salud mental y el bienestar puede ayudar a reducir los riesgos de este comportamiento. Estas estrategias son fundamentales para garantizar que los jóvenes navegan por el panorama online con confianza, resiliencia y bienestar emocional.

VIII. REDES SOCIALES Y ADICCIÓN

Un aspecto crucial de las redes sociales y la salud mental es la adicción. Las investigaciones demuestran que la adicción a los medios sociales es una auténtica preocupación entre los adultos jóvenes, que conduce a una dependencia extrema de los dispositivos digitales y las redes sociales. El uso excesivo de las redes sociales puede provocar cambios en el comportamiento, como cambios de humor, ansiedad e irritabilidad, que interfieren en las responsabilidades diarias y la vida social. Esta adicción tiene un profundo impacto en el rendimiento académico y la salud mental. La adicción a los medios sociales entra en la categoría de adicción conductual y comparte características como la drogadicción y la adicción al juego, que provocan cambios en el estado de ánimo y el comportamiento. Se ha demostrado que la adicción a las redes sociales activa el centro de recompensa del cerebro, lo que provoca un aumento de la dopamina y produce una sensación placentera. Estas experiencias placenteras conducen al deseo de seguir utilizando los medios sociales incluso cuando interfieren negativamente en la vida cotidiana. La aparición de plataformas de medios sociales, como Facebook, Instagram y Twitter, ha provocado una epidemia de adicción entre los jóvenes de hoy en día. Los estudios demuestran que los medios sociales son más adictivos que los cigarrillos o el alcohol. Esta adicción es muy preocupante porque afecta a la autoestima y la autovaloración de los jóvenes. Los jóvenes confían en las redes sociales como herramienta para validar su sentido de la autoestima, y la adicción a los medios sociales puede exacerbar los sentimientos de ansiedad, soledad y depresión, lo que conduce a la perpetuación de esta adicción. Las personas adictas a las redes sociales pasan horas hojeando sus feeds, descuidando su vida social y sus responsabilidades académicas. Esto puede dar lugar a un bajo rendimiento académico, lo que conduce a una mayor sensación de inutilidad y ansiedad. La adicción a las redes sociales puede provocar problemas de salud física y mental. La adicción a los medios sociales está estrechamente relacionada con el insomnio, la mala calidad del sueño y otros trastornos del sueño. La luz azul de las pantallas de los medios sociales altera la sincronización natural del sistema circadiano, lo que provoca insomnio. Para mitigar los riesgos asociados a las redes sociales y la adicción, es crucial promover un uso saludable. El primer paso es concienciar a los jóvenes sobre las consecuencias de la adicción a las redes sociales. Los jóvenes deben comprender que el uso excesivo de las redes sociales puede afectar negativamente a su salud mental y física, provocando daños a largo plazo. Las campañas educativas que conciencian sobre los riesgos de la adicción a los medios sociales son vitales para promover un uso responsable de los medios sociales. El segundo paso es enseñar a los jóvenes a autorregular su uso de las redes sociales. Hay que animar a los jóvenes a que utilicen las redes sociales como herramienta de comunicación e intercambio de conocimientos, y no como fuente de autovalidación. Hay que enseñarles prácticas saludables de participación en los medios sociales y, sobre todo, hay que enseñarles a evitar compararse con otras personas con las que se cruzan en los medios sociales. Es crucial promover alternativas saludables a los medios sociales que animen a los jóvenes a realizar actividades físicas y a interactuar socialmente en el mundo real. Hay que concienciar a los jóvenes de los beneficios de participar en actividades saludables como el deporte, la lectura y el voluntariado. Las redes sociales se han convertido en una parte vital de la vida cotidiana de muchos jóvenes. Las redes sociales afectan a la salud mental de los jóvenes y, en particular, a la adicción a las redes sociales. La naturaleza adictiva de las redes sociales ha dado lugar a una adicción conductual que conduce a un aumento de la depresión. La adicción a las redes sociales puede tener consecuencias a largo plazo para la salud física y mental, como una mala calidad del sueño, insomnio y cambios de comportamiento. Para mitigar los riesgos asociados al uso excesivo de las redes sociales es necesario promover un uso saludable de las redes sociales. La educación, la autorregulación y las alternativas saludables son cruciales para promover el uso responsable de los medios sociales entre los jóvenes. Para reducir El impacto negativo de las redes sociales en la salud mental de los jóvenes La sociedad necesita intervenciones integrales. Se necesita investigación para examinar los riesgos de las redes sociales y las estrategias que pueden promover un uso saludable entre los jóvenes.

RECONOCER LOS SIGNOS DE LA ADICCIÓN A LAS REDES SOCIALES

La adicción a las redes sociales no está reconocida oficialmente como un trastorno en el Manual Diagnóstico y Estadístico de los Trastornos Mentales (DSM); es un problema prevalente entre los jóvenes. Uno de los signos comunes de la adicción a las redes sociales es cuando un individuo no puede funcionar sin comprobar sus cuentas en las redes sociales. A menudo, las personas adictas a las redes sociales pasan horas hojeando su feed, incluso cuando tienen que realizar otras tareas importantes. Otra señal es cuando una persona experimenta síntomas de abstinencia cuando no puede acceder a sus cuentas de redes sociales. Los síntomas de abstinencia incluyen irritabilidad, ansiedad y depresión. Las personas adictas a las redes sociales también pueden aislarse socialmente, descuidando sus relaciones en la vida real en favor de las que tienen en Internet. Las personas con adicción a las redes sociales experimentan una compulsión a estar constantemente conectadas e interactuar con sus comunidades online. Esta adicción puede llegar a consumirlo todo, lo que lleva a descuidar otras áreas críticas de la vida, como la salud física, la educación y el desarrollo profesional. Para hacer frente a la adicción a las redes sociales, los padres, educadores y profesionales de la salud mental pueden promover un uso saludable de las redes sociales animando a los jóvenes a reservar momentos específicos para el uso de las redes sociales y a estar presentes en el momento durante las interacciones cara a cara con los demás.

ESTRATEGIAS PARA REDUCIR LA DEPENDENCIA DE LAS REDES SOCIALES

Reducir la dependencia de las redes sociales es crucial para promover un uso saludable y mitigar los riesgos potenciales asociados a las redes sociales. Una estrategia eficaz es fomentar la socialización fuera de línea y la interacción cara a cara. Esto podría conseguirse mediante diversas actividades como los deportes, el voluntariado o la afiliación a clubes y organizaciones. Estas actividades no sólo ofrecen oportunidades de establecer conexiones significativas, sino que también mejoran la autoestima, el estado de ánimo y el bienestar general. Otra estrategia consiste en aplicar un equilibrio entre el tiempo frente a la pantalla y las actividades fuera de línea. Para lograr este equilibrio, padres, educadores y profesionales de la salud deben trabajar juntos para establecer directrices y limitaciones claras sobre el uso de los medios sociales, especialmente durante la noche, cuando el sueño es esencial para el desarrollo de los jóvenes. Promover la concienciación sobre los beneficios de desconectar de las redes sociales y limitar el uso de las notificaciones podría reducir aún más la dependencia de las redes sociales. La práctica de la atención plena, la meditación y los ejercicios de respiración profunda, adaptados a las necesidades de los jóvenes, también podría mejorar la gestión del estrés y promover la salud mental. Reducir la exposición a contenidos nocivos supervisando y regulando la actividad en línea, evitar comportamientos en línea que provoquen ciberacoso o violaciones de la privacidad, y aumentar la concienciación sobre los riesgos en línea y el comportamiento seguro en línea también puede contribuir a prevenir las consecuencias negativas para la salud mental de los jóvenes. Reducir la dependencia de los medios sociales es un aspecto importante de la promoción de un uso saludable de las redes sociales. Es vital aumentar la concienciación sobre las actividades fuera de línea y establecer directrices para un uso saludable de las redes sociales que limiten la exposición de los jóvenes a contenidos perjudiciales. La meditación y otras prácticas de salud mental pueden ayudar además a reducir los niveles de estrés y mejorar el bienestar general. Por último, fomentar un comportamiento online seguro y supervisar la actividad online podría evitar resultados negativos como el ciberacoso y la violación de la privacidad.

REHABILITACIÓN DE PERSONAS CON ADICCIÓN A LAS REDES SOCIALES

Las personas que sufren adicción a las redes sociales pueden experimentar una serie de síntomas psicológicos y conductuales que repercuten en su calidad de vida, como ansiedad, depresión, aislamiento social, trastornos del sueño y bajo rendimiento académico y profesional. Se han desarrollado intervenciones para ayudar a las personas a superar la adicción a las redes sociales y recuperar el control sobre sus vidas. La terapia cognitivo-conductual (TCC) es una de esas intervenciones que ha demostrado ser eficaz para tratar la adicción a las redes sociales. La TCC ayuda a las personas a reestructurar sus pensamientos y comportamientos relacionados con las redes sociales, a identificar y cuestionar los pensamientos automáticos negativos y a desarrollar estrategias de afrontamiento más positivas y adaptativas. Las intervenciones basadas en el Mindfulness, como la reducción del estrés basada en el Mindfulness (MBSR) y la autocompasión consciente (MSC), también han demostrado su eficacia para reducir la adicción a las redes sociales, promoviendo la conciencia del momento presente y la autocompasión. Otras intervenciones son los programas de apoyo familiar y entre iguales, cuyo objetivo es mejorar la comunicación y las habilidades de colaboración en la resolución de problemas de las personas que luchan contra la adicción a las redes sociales. Estos programas promueven conexiones familiares y sociales sanas y ayudan a los individuos a desarrollar formas más adaptativas de interactuar con los demás. Los individuos pueden tomar medidas para reducir su dependencia de las redes sociales, como establecer límites de tiempo para el uso de las redes sociales, hacer pausas en las redes sociales y participar en actividades alternativas que promuevan el autocuidado y el bienestar. Los programas de rehabilitación para la adicción a las redes sociales son esenciales para mitigar los riesgos y promover un uso saludable de las redes sociales entre los jóvenes. Estos programas proporcionan a las personas las herramientas que necesitan para gestionar su uso de las redes sociales y hacer frente a los síntomas psicológicos y conductuales asociados a la adicción. También promueven conexiones sociales y familiares sanas, lo que es fundamental para las personas que pueden haberse aislado socialmente debido a su adicción. Aunque las redes sociales son una parte esencial de la vida moderna, es crucial que las personas las utilicen con responsabilidad y moderación. Los programas de rehabilitación ofrecen esperanza y apoyo a las personas que luchan contra la adicción a las redes sociales y garantizan que puedan llevar una vida sana y satisfactoria. Invirtiendo en estos programas, podemos garantizar que nuestros jóvenes crezcan con una relación sana y positiva con las redes sociales. El impacto de las redes sociales en la salud mental de los jóvenes es un tema complejo que requiere atención e intervención. Las redes sociales se han convertido en parte integrante de nuestra vida cotidiana, y los jóvenes se encuentran entre los usuarios más activos de estas plataformas. El uso de las redes sociales puede tener efectos negativos en la salud mental de los jóvenes. Por un lado, las redes sociales pueden facilitar las conexiones sociales, proporcionando a los jóvenes una salida para comunicarse, compartir experiencias y acceder a apoyo. Por otro lado, las redes sociales también pueden contribuir a resultados negativos para la salud mental, como la depresión, la ansiedad y la soledad. Los estudios han demostrado que el uso excesivo o problemático de las redes sociales puede tener un impacto negativo significativo en la salud mental de los jóvenes, provocando sentimientos de aislamiento, mayor riesgo de ciberacoso y trastornos del sueño. Por tanto, es esencial mitigar los riesgos y promover un uso saludable. Algunas estrategias para lograr estos objetivos incluyen educar a los jóvenes sobre el uso responsable de las redes sociales, aumentar la vigilancia y el compromiso de los padres, y proporcionar recursos de apoyo a la salud mental. Educar es un enfoque para reducir los riesgos de las redes sociales. Los programas educativos pueden ayudar a los jóvenes a comprender los efectos de las redes sociales en la salud mental. Por ejemplo, los jóvenes pueden conocer algunos riesgos asociados al uso excesivo de las redes sociales y cómo identificar comportamientos problemáticos en sí mismos o en los demás. Los estudios han demostrado que las intervenciones educativas pueden reducir los efectos negativos de los medios sociales en la salud mental. Esto se debe a que los jóvenes adultos bien informados pueden tomar decisiones bien fundadas sobre el uso de los medios sociales y desarrollar estrategias para contrarrestar cualquier efecto negativo. La educación también puede ayudar a aumentar la concienciación sobre el ciberacoso, dando a los jóvenes las herramientas para reconocer y denunciar los comportamientos perjudiciales en línea. Los programas que promueven aspectos positivos de los medios sociales, como su valor como herramienta de apoyo y conexión social, también pueden ayudar a mitigar los efectos negativos de los medios sociales. La supervisión y el compromiso de los padres es otra estrategia para promover un uso saludable de los medios sociales. Los padres pueden desempeñar un papel vital en la prevención de los resultados negativos asociados al uso de los medios sociales, como el ciberacoso y los trastornos del sueño. La implicación de los padres también puede promover una salud mental positiva al proporcionar una relación segura entre los jóvenes y sus cuidadores. La investigación ha demostrado que la supervisión parental del uso de las redes sociales se asocia a una mejora de la salud mental de los jóvenes. Este enfoque implica que los padres establezcan límites y normas para el uso de las redes sociales, supervisen la actividad en línea y hablen con sus hijos sobre sus experiencias en línea. La implicación de los padres también puede proporcionar a los jóvenes una fuente de apoyo, ya que pueden ayudarles a superar los retos digitales a los que se enfrenten. Los recursos de apoyo a la salud mental también son vitales para promover un uso saludable de los medios sociales. Los jóvenes que experimentan resultados negativos para su salud mental como consecuencia del uso de los medios sociales, como el ciberacoso o la depresión, necesitan tener acceso a recursos de apoyo a la salud mental. Estos recursos pueden incluir líneas directas de servicios psiquiátricos y grupos de apoyo entre iguales. Algunas plataformas de medios sociales también han implementado funciones de apoyo a la salud mental, como el conjunto de herramientas de prevención del suicidio de Facebook y los útiles recursos de Instagram. Estos apoyos pueden ayudar a los jóvenes que se enfrentan a los efectos negativos de los medios sociales a obtener las intervenciones y el apoyo adecuados en sus luchas por la salud mental. El uso de los medios sociales entre los jóvenes contribuye significativamente a su estado de salud mental De hecho, se ha demostrado. Aunque los medios sociales ofrecen oportunidades de conexión, también pueden aumentar el aislamiento y la soledad e incrementar el riesgo de ciberacoso. Existen varias estrategias para mitigar estos riesgos y promover un uso saludable. Los programas educativos pueden ayudar a informar a los jóvenes sobre los riesgos asociados al uso excesivo de los medios sociales. La participación de los padres puede proporcionar apoyo y supervisión, y los recursos de salud mental pueden proporcionar un orden de intervenciones para apoyar a los jóvenes. A medida que los medios sociales siguen evolucionando, es importante tomar conciencia de cómo pueden afectar a nuestra salud mental y tomar decisiones informadas sobre un uso saludable de los mismos.

IX. REDES SOCIALES E IMAGEN CORPORAL

Una de las formas más significativas en que las redes sociales afectan a la salud mental de los jóvenes es a través de la preocupación por la imagen corporal. Las redes sociales proporcionan un flujo interminable de imágenes y vídeos que muestran una versión idealizada y a menudo inalcanzable de los cánones de belleza. Estos mensajes alimentan la creencia de que hay que esforzarse por encajar en los cánones de belleza de la sociedad, lo que provoca ansiedad, baja autoestima y dismorfia corporal. Un estudio de la Royal Society for Public Health descubrió que Instagram es la plataforma que tiene un impacto más significativo en la imagen corporal de los jóvenes, ya que el 70% de los encuestados afirmaron que les hace sentirse peor con su cuerpo. Los influencers y blogueros de las redes sociales son cada vez más populares entre los jóvenes para promover tipos de cuerpo o estilos de vida específicos que pueden tener efectos negativos. La moda del "hueco entre los muslos", que se hizo viral en varias plataformas de redes sociales, anima a las personas a mantener un hueco entre los muslos como estándar de delgadez. Esta representación poco realista de la belleza puede hacer que los adolescentes sean vulnerables a los trastornos alimentarios, la depresión y la ansiedad. Diversas aplicaciones de edición y filtros disponibles en las plataformas de las redes sociales dan a los jóvenes las herramientas para modificar su aspecto y mostrar una realidad distorsionada en sus perfiles. Estas plataformas ofrecen a los jóvenes la posibilidad de transformar su apariencia en un ideal que perpetúa la idea de que el valor de una persona está ligado a su aspecto físico. Estas herramientas suelen crear una desconexión entre la identidad real de cada uno y su identidad online, lo que provoca una falta de autenticidad. Esta falta de autenticidad y la comparación constante contribuyen a una cultura en la que los individuos desarrollan una baja autoestima, se sienten inseguros de la mayor parte de su cuerpo y tienen malas relaciones sociales. A pesar del impacto negativo de las redes sociales en la salud mental de los jóvenes, hay formas de mitigar estos riesgos. Una forma es fomentar los mensajes positivos sobre la imagen corporal y la representación auténtica por parte de las personas influyentes en las redes sociales. Las personas influyentes en las redes sociales pueden promover mensajes de neutralidad corporal, en los que las personas puedan celebrar sus cuerpos por lo que pueden hacer, en lugar de por su aspecto. Del mismo modo, las redes sociales pueden promover una gama diversa de tipos, formas y tamaños corporales en sus anuncios y medios de comunicación, lo que fomentaría una cultura inclusiva. La clave para promover una imagen corporal positiva es dar prioridad al bienestar mental sobre la apariencia y establecer una cultura en la que las personas elijan y acojan todo tipo de cuerpos. Los padres y educadores deben entablar conversaciones significativas con los jóvenes para ayudarles a navegar por las plataformas de los medios sociales y desarrollar mensajes positivos sobre la imagen corporal. Los padres pueden dar ejemplo evitando hacer comentarios sobre los cuerpos de sus hijos y promoviendo en su lugar mensajes de amor propio y aceptación. Las redes sociales pueden tomar medidas para reducir el impacto negativo de los medios sociales en los jóvenes. Una forma de hacerlo es mediante la implantación de algoritmos que detecten y eliminen contenidos que promuevan una imagen corporal negativa o unos cánones de belleza poco realistas. Las redes sociales deben crear medidas de seguridad para que los jóvenes marquen los contenidos que contribuyen a una imagen corporal negativa o afectan a su salud mental. En particular, estas medidas ayudarán a desarrollar una cultura positiva y saludable que valore la diversidad y la inclusión. También es esencial dar prioridad y promover actividades alternativas que fomenten la salud mental y el bienestar. Hay que animar a los jóvenes a participar en actividades que mejoren la salud mental, como el ejercicio de Mindfulness y las actividades creativas. Las actividades fomentan la autoestima, promueven el amor propio y crean una relación más positiva con el cuerpo. También hay que animar a los jóvenes a desarrollar relaciones interpersonales sólidas que promuevan el bienestar mental y fomenten una cultura de apoyo. Los padres, educadores y profesionales de la salud mental deben reunirse para garantizar que los jóvenes desarrollen hábitos saludables que promuevan una salud mental y física positiva. Las redes sociales influyen profundamente en la salud mental de los jóvenes, especialmente a través de los mensajes sobre los cánones de belleza y las consideraciones sobre la imagen corporal. Las redes sociales pueden perpetuar expectativas poco realistas y alimentar la ansiedad y la baja autoestima. Sin embargo, al promover mensajes positivos sobre la imagen corporal, la representación auténtica y la neutralidad corporal, las redes sociales pueden mitigar los riesgos de una imagen corporal negativa. Las redes sociales también pueden aplicar medidas para reducir los contenidos negativos sobre la imagen corporal y promover la diversidad y la inclusión. El efecto positivo de las redes sociales en la salud mental de los jóvenes puede reducirse significativamente promoviendo actividades que mejoren la salud mental y unas relaciones interpersonales sólidas. En definitiva, debemos dar prioridad al bienestar de los jóvenes y promover una cultura que valore la salud mental y física por encima de la apariencia y los ideales poco realistas.

COMPARAR Y CONTRASTAR EL IMPACTO DE LAS REDES SOCIALES EN LA IMAGEN CORPORAL

En lo que respecta a la imagen corporal, las redes sociales tienen un impacto tanto positivo como negativo que varía mucho en función de la percepción del individuo y de cómo las utilice. Las plataformas de las redes sociales han hecho posible que las personas compartan imágenes y vídeos de sí mismas en línea y reciban comentarios de los demás en tiempo real. Esto ha creado una cultura de la comparación, que puede ser perjudicial para la autoestima y la imagen corporal de una persona, sobre todo si siente que no está a la altura de los cánones de belleza establecidos por los demás. En muchos casos, la gente se siente presionada a tener un aspecto determinado para obtener la aprobación o validación de sus compañeros. Esto puede dar lugar a expectativas poco realistas, ansiedad, depresión e incluso trastornos alimentarios. Por otra parte, las redes sociales también pueden tener un impacto positivo en la imagen corporal. Han dado a la gente una plataforma para expresarse y su movimiento corporal positivo, empoderando así a quienes han sido marginados por los cánones de belleza tradicionales. Los medios sociales les han permitido formar una comunidad de apoyo de personas que se parte de su propio haber y se mejoran mutuamente. La creciente visibilidad de diversos tipos de cuerpo, tallas y etnias ha cambiado las reglas del juego en la promoción de la aceptación del cuerpo y la celebración de las diferencias. Las personas que sólo veían Instagram durante 30 minutos al día tenían más probabilidades de manifestar negatividad insatisfacción corporal y menor autoestima que las que sólo dedicaban unos 10 minutos. Otro estudio descubrió que la exposición a los medios sociales puede amplificar significativamente esos sentimientos en personas que ya están insatisfechas con su cuerpo. La investigación también ha demostrado que cuando las personas siguen cuentas positivas para el cuerpo y están expuestas a cuerpos diversos, tienen más probabilidades de disfrutar de una mayor apreciación del cuerpo y menos insatisfacción corporal. Promover un uso saludable de los medios sociales es fundamental para mitigar sus efectos negativos sobre la imagen corporal y la salud mental. Las personas pueden utilizar las redes sociales de modo que fomenten la autoaceptación y una imagen corporal positiva centrándose en su propio camino, publicando con moderación y dejando de seguir cuentas que les hagan sentirse mal consigo mismas. Es esencial ser consciente del tipo de cuentas y contenidos que consumimos. Si estamos constantemente expuestos a imágenes que promueven unos cánones de belleza poco realistas y nos hacen sentir que no estamos a la altura, nuestra imagen corporal puede resentirse considerablemente. Los padres y los profesionales de la salud mental deben educar a los jóvenes sobre los peligros de las redes sociales y los beneficios de un uso saludable. Las campañas sobre medios sociales y la terapia pueden proporcionarles las herramientas necesarias para identificar y superar estos efectos negativos. Los padres también pueden controlar y limitar el uso de los medios sociales por parte de los hijos y fomentar conversaciones sobre la positividad corporal en la familia. Una mayor concienciación y educación de algunos puede cambiar la propia plataforma. Las empresas de redes sociales tienen la responsabilidad de minimizar el riesgo de problemas de imagen corporal entre los usuarios jóvenes controlando el contenido y el tono de los anuncios, reduciendo la afluencia de una imagen esperada y proporcionando información objetiva y positiva en sus plataformas. Las plataformas pueden etiquetar imágenes y contenidos potencialmente manipulados sobre problemas corporales y de pérdida de peso con advertencias de inseguridad o manipulación. Los medios sociales tienen un impacto negativo y positivo en la imagen corporal. Ha creado una cultura de comparación de expectativas poco realistas y una importante presión para ajustarse a los cánones de belleza. También ha fomentado una comunidad diversa de personas que abrazan y celebran las diferencias de los distintos tipos y tallas de cuerpo. Las organizaciones, tanto los padres como las empresas de redes sociales, deberían mantener un uso saludable de los medios sociales creando una educación de concienciación y fomentando la autoaceptación positiva entre todos los grupos de edad para minimizar el impacto negativo de los medios sociales en la imagen corporal.

LA IMAGEN CORPORAL Y CÓMO LES INFLUYEN LAS REDES SOCIALES

La imagen corporal es un constructo multidimensional que engloba varias percepciones, actitudes y creencias que los individuos tienen sobre su aspecto físico. Los investigadores han identificado varias dimensiones de la imagen corporal, como la insatisfacción corporal, la estima corporal, la inversión en la apariencia y la interiorización de los ideales de los medios de comunicación (Perloff, 2014). La insatisfacción corporal se refiere a las percepciones y sentimientos negativos sobre el propio aspecto físico, como sentirse gordo, poco atractivo o poco apetecible. La estima corporal, por otra parte, se refiere a las percepciones positivas de la propia apariencia física, como sentirse seguro, atractivo o sexy. La inversión en la apariencia implica el nivel de preocupación o atención de un individuo hacia su aspecto físico, que puede incluir aspectos como el aseo, la moda y los regímenes de ejercicio. La interiorización de los ideales de los medios de comunicación abarca la aceptación e incorporación por parte de un individuo de las normas e ideales de belleza de la sociedad, como la delgadez, la musculatura o el aspecto perfecto o ideal. Las redes sociales tienen un profundo impacto en cada una de estas dimensiones de la imagen corporal, tanto positiva como negativamente. Por un lado, las redes sociales tienen el potencial de fomentar una imagen corporal positiva creando entornos de apoyo y promoviendo la autoaceptación. Las personas que siguen campañas positivas sobre el cuerpo o a personas influyentes en las redes sociales pueden sentirse capacitadas para aceptar su aspecto físico único y rechazar los estándares de belleza poco realistas que defiende la sociedad. Las personas que comparten imágenes que resaltan su diversidad corporal o sus rasgos únicos pueden cultivar un sentimiento de orgullo por su aspecto, al tiempo que reducen el estigma que rodea a los diversos tipos de cuerpo. Por otro lado, las redes sociales también pueden tener un impacto perjudicial en la imagen corporal, principalmente para las personas que utilizan las redes sociales para realizar comparaciones de apariencia o exponerse a los ideales de los medios de comunicación. Esto se debe a que las plataformas de las redes sociales están repletas de imágenes mediáticas visualmente atractivas, ideales de belleza basados en la web y filtros que crean la impresión de cuerpos perfectos y apariencias físicas ideales. Cuando se exponen a esas imágenes, las personas pueden sentirse presionadas para ajustarse a esos cánones de belleza poco realistas. Esta exposición puede llevar a la interiorización de estos estándares y dar lugar a percepciones y sentimientos negativos sobre el propio aspecto físico, incluso en el caso de individuos que anteriormente valoraban su aspecto físico. La influencia de las redes sociales en la imagen corporal puede ser más pronunciada entre los jóvenes, ya que tienden a utilizar las plataformas de redes sociales con más frecuencia y se encuentran en una etapa crítica de su desarrollo psicológico, en la que factores como la preocupación por la apariencia y la comparación social son especialmente pertinentes (McLean et al. , 2015). Los jóvenes que utilizan plataformas de redes sociales para realizar comparaciones de apariencia o exponerse a cánones de belleza poco realistas pueden experimentar ansiedad y depresión, baja estima corporal y mayor insatisfacción corporal. Para mitigar estos riesgos, pueden aplicarse varias estrategias para promover hábitos saludables en las redes sociales y una imagen corporal positiva entre los jóvenes. En primer lugar, las escuelas y los padres pueden educar a los jóvenes sobre las cuestiones que rodean a la imagen corporal y el impacto de las redes sociales en estas cuestiones. Esta educación puede ayudarles a desarrollar habilidades de pensamiento crítico y resiliencia para gestionar la exposición a los ideales de los medios de comunicación. Las escuelas también pueden incluir programas de alfabetización mediática en sus planes de estudios para enseñar a los niños a interpretar y evaluar los mensajes y las imágenes de los medios de comunicación. En segundo lugar, los padres y cuidadores pueden modelar la autoaceptación y actitudes saludables hacia su propia apariencia física. Este comportamiento puede ayudar a los niños y jóvenes adultos a desarrollar una imagen corporal positiva desde el principio, lo que puede servir como factor de protección contra la exposición a estándares de belleza poco realistas en las plataformas de las redes sociales. En tercer lugar, las empresas de medios sociales también deben desempeñar un papel en la promoción de un uso saludable de sus plataformas y desalentar la proliferación de contenidos perjudiciales. Podrían utilizar algoritmos u otras herramientas para identificar contenidos perjudiciales o promover campañas positivas para el cuerpo en sus plataformas. La imagen corporal es un constructo multidimensional que abarca varias percepciones, actitudes y creencias que los individuos tienen sobre su aspecto físico. Las redes sociales tienen el potencial de influir tanto positiva como negativamente en cada una de estas dimensiones. Aunque pueden promover una imagen corporal positiva creando entornos de apoyo y fomentando la autoaceptación, también pueden facilitar la exposición a cánones de belleza poco realistas e imágenes perjudiciales. Esta influencia puede ser especialmente pronunciada entre los jóvenes, que son usuarios frecuentes de las plataformas de redes sociales y se encuentran en una fase crítica de su desarrollo psicológico. Para mitigar estos riesgos, las escuelas, los padres y las empresas de medios sociales deben trabajar juntos para educar, modelar comportamientos saludables y promover un uso sano de estas plataformas. Juntos, podemos ayudar a los jóvenes a desarrollar una imagen corporal positiva y mitigar los riesgos asociados a la exposición nociva en las plataformas de redes sociales.

DESARROLLAR INTERVENCIONES PARA CAMBIAR LAS MENTALIDADES NEGATIVAS ASOCIADAS A LA IMAGEN CORPORAL

Uno de los impactos significativos de las redes sociales en la salud mental de los jóvenes es el desarrollo de mentalidades negativas asociadas a la imagen corporal. La actual obsesión cultural por la apariencia y la delgadez, unida a la constante exhibición de cuerpos curados e idealizados en las plataformas de las redes sociales, está exacerbando el problema de la insatisfacción corporal y alimentando las creencias negativas sobre la imagen corporal entre los jóvenes. Las investigaciones han demostrado que existe una estrecha relación entre el uso de las redes sociales y la imagen corporal negativa, sobre todo en las adolescentes. Las chicas que utilizan con frecuencia las plataformas de los medios sociales tienden a compararse con sus compañeras y con las imágenes idealizadas que se presentan en las plataformas de los medios sociales, lo que conduce a sentimientos de inadecuación y a una disminución de la autoestima. Esta imagen corporal negativa puede dar lugar a diversos comportamientos poco saludables, como la alimentación desordenada, el exceso de ejercicio y otros intentos de transformación corporal, como la cirugía estética. Por lo tanto, es esencial desarrollar intervenciones para cambiar estas mentalidades negativas asociadas a la imagen corporal. Una de las intervenciones esenciales que pueden desarrollarse para cambiar las mentalidades negativas asociadas a la imagen corporal es la educación en alfabetización mediática. En esta intervención, se enseña a los alumnos cómo los medios de comunicación retratan la imagen corporal idealizada y cómo las distintas plataformas de medios sociales pueden influir en sus creencias sobre la imagen corporal. Mediante la educación en alfabetización mediática, los alumnos aprenden a analizar y deconstruir los mensajes y las imágenes de los medios de comunicación y desarrollan habilidades críticas para interpretar y evaluar el impacto de los medios de comunicación en su salud mental. Aprenden a reconocer la imagen idealizada de los medios de comunicación como irreal e inalcanzable y a reformular sus creencias sobre la imagen corporal. La educación mediática ayuda a los adolescentes a desarrollar un sentido sano de sí mismos, aumenta su autoestima y reduce su susceptibilidad a las actitudes negativas sobre la imagen corporal. Otra intervención esencial es la terapia cognitivo-conductual. Esta intervención pretende cambiar las mentalidades negativas modificando las conductas y creencias inadaptadas que contribuyen a las actitudes negativas hacia la imagen corporal. La terapia cognitivo-conductual es una intervención basada en pruebas que se centra en cambiar los pensamientos y creencias negativos sobre la imagen corporal por otros más positivos. Esta terapia ayuda al paciente a examinar y cuestionar sus pensamientos y actitudes negativos sobre la imagen corporal, a desarrollar una autoconversación más positiva y a mejorar su autoestima. La terapia cognitivo-conductual ayuda a los adolescentes a desarrollar estrategias prácticas de afrontamiento para hacer frente a los desencadenantes que conducen a pensamientos y comportamientos negativos, como las plataformas de los medios sociales. Las intervenciones basadas en la familia también son esenciales para cambiar la actitud negativa asociada a la imagen corporal. Los adolescentes pasan una parte considerable de su tiempo en plataformas de medios sociales, lo que dificulta a los padres controlar el contenido al que están expuestos. La intervención basada en la familia ofrece un entorno seguro y de apoyo para que los adolescentes hablen de sus sentimientos sobre la imagen corporal con sus familias. En una intervención familiar, se educa a las familias sobre el impacto de las redes sociales en la salud mental de los adolescentes. Se les enseña cómo controlar el uso de los medios sociales y cómo ayudar a sus hijos a desarrollar una imagen corporal sana. Las intervenciones basadas en la familia ayudan a promover una comunicación sana dentro de la familia, refuerzan las relaciones y contrarrestan el impacto negativo de los medios sociales en la salud mental de los adolescentes. Las intervenciones dirigidas por los iguales también pueden utilizarse para cambiar las mentalidades negativas asociadas a la imagen corporal. Los adolescentes tienden a verse muy influidos, sobre todo por sus iguales, en las redes sociales. Las intervenciones dirigidas por iguales proporcionan una plataforma para que los adolescentes discutan con sus iguales sus creencias sobre la imagen corporal. Estas intervenciones están diseñadas para ser interactivas e incluyen la participación de los adolescentes en debates sobre actividades de grupo y el intercambio de diferentes perspectivas sobre la imagen corporal. Las intervenciones dirigidas por iguales pretenden romper las normas sociales establecidas en las plataformas de los medios sociales y promover normas diversas e inclusivas. Las intervenciones dirigidas por iguales ayudan a los adolescentes a desarrollar una imagen corporal positiva proporcionándoles mensajes de apoyo y empoderamiento que promueven la autoaceptación, el amor propio y el autocuidado. Las redes sociales tienen un impacto significativo en la salud mental de los jóvenes, siendo la mentalidad negativa asociada a la imagen corporal uno de los impactos negativos más significativos. Este problema está causado por las imágenes idealizadas de las redes sociales, que crean cánones de belleza poco realistas y fomentan sentimientos de inadecuación entre los adolescentes. La educación mediática, la terapia cognitivo-conductual, las intervenciones basadas en la familia y las intervenciones dirigidas por iguales son esenciales para cambiar estas mentalidades negativas. Estas intervenciones pretenden reducir el riesgo de desarrollar problemas de salud mental, promover una autoimagen positiva y aumentar la resiliencia. Aplicando estas intervenciones podemos mitigar los riesgos de las redes sociales para la salud mental de los jóvenes, al tiempo que promovemos un uso saludable. El uso generalizado de las plataformas de redes sociales ha transformado significativamente las interacciones sociales en nuestras vidas. Las redes sociales también han revolucionado la comunicación y facilitado las relaciones sociales entre las personas, lo que es esencial para el desarrollo humano. Las redes sociales proporcionan a los adolescentes una plataforma para conectar con sus iguales, compartir experiencias y expresar sus pensamientos e ideas. Aunque las redes sociales tienen beneficios, el uso de estas plataformas también ha provocado problemas de salud mental entre los jóvenes. El uso excesivo de las redes sociales puede afectar a los patrones de sueño, causar ansiedad y depresión. Los sitios de redes sociales como Instagram promueven a menudo estándares de belleza poco realistas, haciendo que las personas se comparen con otras, lo que conduce a una baja autoestima y a una menor satisfacción vital. El ciberacoso es un problema grave que puede llevar a la depresión e incluso al suicidio. El impacto psicológico de las redes sociales en los jóvenes puede manifestarse de distintas formas, y los expertos deben ser conscientes de los riesgos y ofrecer posibles soluciones. Para mitigar los riesgos y promover un uso saludable, las personas deben tomar las medidas necesarias para asegurarse de que utilizan las redes sociales de forma positiva. Las redes sociales pueden afectar a nuestra salud mental aumentando la probabilidad de experimentar problemas de salud mental como ansiedad y depresión. Las redes sociales a menudo presentan una imagen perfecta de la vida de alguien, retratando una vida que se alinea con las normas sociales. Supongamos que una adolescente sigue a su famoso favorito en Instagram y ve una vida perfecta que el famoso muestra con ropa de diseño, piel perfecta y experiencias de viaje caras. En ese caso, podría sentir que no está a la altura de esos estándares, lo que le llevaría a hablar negativamente de sí misma y a reducir su autoestima. En redes sociales como Instagram, la gente publica sólo sus fotos más bonitas con filtros y pies de foto curados, construyendo una moneda social poco realista en torno a las apariencias y las experiencias. La exposición constante a estándares poco realistas que plantean las redes sociales crea un caldo de cultivo perfecto para la ansiedad y la depresión en los adolescentes que intentan mantenerse al día con estos estándares poco saludables. Las redes sociales como Facebook y Twitter ofrecen una plataforma para difundir historias falsas, exageraciones y mentiras. Estas falsedades y mentiras pueden provocar ansiedad en los jóvenes, sobre todo cuando se enfrentan a la incertidumbre, las teorías conspirativas o las noticias falsas. Un adolescente que navega por Instagram puede encontrarse con una historia sobre el despido de su profesor favorito, lo que le provoca ansiedad y angustia sobre su futura educación. Los medios sociales pueden distorsionar la percepción que los jóvenes tienen del mundo, dificultándoles separar los hechos de la ficción o la verdad de las mentiras. En consecuencia, esto repercute negativamente en su salud mental y emocional, dejándoles sentimientos negativos y ansiosos sobre el futuro. Para mitigar los riesgos asociados a las redes sociales y promover un uso saludable, los expertos deben idear estrategias que apoyen una salud mental y emocional positiva para los usuarios. Para empezar, las empresas de redes sociales deben proporcionar herramientas que permitan a los usuarios conservar su contenido y gestionar a quién siguen. Las redes sociales pueden utilizar algoritmos de inteligencia artificial (IA) para ofrecer a los usuarios contenidos que se ajusten a sus intereses, reduciendo al mismo tiempo el desorden digital y la difusión de noticias falsas. Los usuarios también deben tomar decisiones conscientes para limitar su tiempo en las redes sociales y ser conscientes de los efectos de las redes sociales en su salud mental y su bienestar. Las empresas tecnológicas podrían plantearse implementar una función de "pausa" que permita a los usuarios alejarse de las redes sociales y conectar con experiencias de la vida real. Paralelamente, los padres y tutores o las escuelas pueden educar a los niños sobre la atención plena y el uso de las redes sociales, ayudándoles a ser más conscientes de los efectos de estas plataformas en su salud mental y emocional. Las redes sociales han influido profundamente en nuestras vidas, incluida la salud mental de los jóvenes. Aunque las redes sociales nos han conectado, nos han dado voz y nos ayudan a expresarnos, también han contribuido a tener efectos negativos sobre la salud mental. Las redes sociales exacerban la ansiedad y la depresión en los jóvenes, sobre todo cuando se les presentan continuamente expectativas poco realistas a través de redes sociales como Instagram y Facebook. Las redes sociales pueden influir positivamente en la salud mental de los jóvenes promoviendo un uso saludable y siendo conscientes del impacto que el uso de los medios sociales tiene en su salud mental y su bienestar. Los expertos deben reconocer los efectos psicológicos de las redes sociales en los jóvenes, y los padres o tutores, las escuelas y las empresas de redes sociales deben colaborar para promover un uso saludable de las redes sociales que dé prioridad al bienestar psicológico.

X. REDES SOCIALES Y ENVIDIA

Uno de los efectos secundarios más generalizados del uso de las redes sociales entre los jóvenes es la experiencia de la envidia. Las comparaciones que la gente hace entre sí misma y sus compañeros en las redes sociales a menudo pueden ser perjudiciales para la autoestima, y pueden provocar sentimientos de inadecuación, depresión, ansiedad e insatisfacción con la propia vida. Las redes sociales son un caldo de cultivo para la envidia, entendiendo por envidia "una emoción desagradable desencadenada por el deseo de las posesiones, cualidades o experiencias de los demás" (Krasnova et al. , 2013, p. 3562). Este tipo de envidia surge a menudo de las versiones idealizadas de la vida que la gente presenta en las redes sociales, donde sólo se destacan los aspectos positivos de la propia vida y se restan importancia a los aspectos negativos o se omiten por completo. La teoría de la comparación social postula que las personas tienden por naturaleza a compararse con los demás, y los medios sociales exacerban esta tendencia al proporcionar un flujo constante de oportunidades para tales comparaciones (Festinger, 1954). La investigación ha descubierto que la envidia es, de hecho, una experiencia común entre los usuarios de los medios sociales, y el 33% de los adultos jóvenes admite sentir celos y envidia de la vida de sus amigos de Facebook (Chou & Edge, 2012). La envidia puede tener graves implicaciones para la salud mental de los jóvenes, y es algo que padres, educadores y profesionales de la salud mental deben tener en cuenta. Es esencial comprender cómo se relaciona la envidia con el uso de las redes sociales y cómo puede mitigarse. Una forma de hacerlo es enseñar a los jóvenes habilidades de alfabetización mediática crítica, para ayudarles a evaluar la exactitud y autenticidad de la información que ven en los medios sociales. Los jóvenes deben ser capaces de reconocer la diferencia entre contenido curado y auténtico, y comprender que las imágenes y publicaciones que ven en las redes sociales no siempre son un reflejo de la realidad. Esto puede ayudar a reducir los efectos negativos de la comparación social y la envidia. Otra forma de reducir la envidia es reducir el tiempo que los jóvenes pasan en las redes sociales. Cuanto más tiempo pasan en las redes sociales, más probabilidades tienen de sentir envidia y otras emociones negativas (Krasnova et al., 2013). Los padres pueden ayudar a sus hijos a reducir los efectos negativos de la comparación social y la envidia limitando el tiempo que pasan en las redes sociales. Los padres también deberían animar a sus hijos a realizar actividades y aficiones del mundo real que puedan ayudarles a aumentar su autoestima y autovaloración. Quiero que me animen a seguir mis pasiones e intereses en lugar de medir mi valía en función de mis seguidores o "me gusta" en Facebook. Los padres deben animar a sus hijos a pasar tiempo con amigos y compañeros lo antes posible y no depender sólo de las interacciones en línea. Los profesionales de la salud mental también tienen un papel que desempeñar para mitigar los efectos de las redes sociales en la salud mental de los jóvenes. Pueden proporcionar a los jóvenes las herramientas y habilidades que necesitan para reconocer y afrontar la envidia, así como otras emociones negativas. La terapia cognitivo-conductual (TCC) puede ser especialmente eficaz para ayudar a los jóvenes a gestionar la envidia, ya que se centra en cambiar los patrones de pensamiento negativos que la sustentan. La TCC puede ayudar a los jóvenes a desarrollar estrategias de afrontamiento sanas, como centrarse en sus propios puntos fuertes y logros, en lugar de compararse con los demás. Los profesionales de la salud mental también pueden ayudar a padres y educadores a modelar el uso de los medios sociales. Los padres y educadores que practican un uso saludable de las redes sociales pueden ayudar a los jóvenes a ser modelos positivos y reforzar los beneficios de los comportamientos saludables. Esto puede incluir compartir contenido positivo y auténtico en lugar de contenido comisariado y ser conscientes del tiempo que se pasa en las redes sociales. Las redes sociales tienen un impacto significativo en la salud mental de los jóvenes, incluida la experiencia de la envidia. La exposición constante a versiones idealizadas de la vida puede provocar sentimientos de inadecuación, depresión, ansiedad e insatisfacción con la propia vida. Hay formas de mitigar los efectos negativos del uso de los medios sociales en la salud mental de los jóvenes, como enseñarles habilidades críticas de alfabetización mediática, limitar el tiempo frente a la pantalla, fomentar las actividades y aficiones del mundo real y buscar el apoyo de profesionales de la salud mental. Juntos, padres, educadores y profesionales de la salud mental pueden ayudar a los jóvenes a desenvolverse en el complejo mundo de las redes sociales y promover comportamientos saludables que favorezcan su bienestar general.

ESTABLECER UNA DEFINICIÓN CLARA DE LA ENVIDIA Y SUS EFECTOS

La envidia suele definirse como un sentimiento de descontento o amargura hacia el éxito, los logros, las posesiones o las ventajas de otra persona. La envidia puede tener su origen en una profunda inseguridad personal o simplemente en el deseo de tener lo que otros tienen. Sea cual sea la causa de fondo, la envidia puede tener efectos emocionales y mentales perjudiciales tanto para la persona envidiosa como para quienes la rodean. Los pensamientos envidiosos pueden provocar resentimiento, agresividad y depresión, y en última instancia pueden dañar las relaciones y la salud mental. Los estudios demuestran que las redes sociales pueden agravar los sentimientos de envidia en los jóvenes, ya que se les bombardea constantemente con imágenes de experiencias positivas y posesiones materiales de las que disfrutan sus compañeros. Ver estas imágenes puede desencadenar sentimientos de envidia y un sentimiento de inferioridad, sobre todo en los jóvenes que se interesan por su papel en Internet y su estatus en las redes sociales. La comparación constante con las vidas aparentemente perfectas de los demás puede distorsionar la realidad y la identidad, provocando sentimientos de inadecuación y baja autoestima. Aparte de los efectos emocionales directos, la envidia también puede manifestarse de formas más físicas. Se ha sugerido que la envidia puede provocar problemas de salud física, como úlceras, hipertensión y enfermedades cardiacas. La envidia constante también puede afectar negativamente al pensamiento de la persona envidiosa. Puede provocar un deterioro en la toma de decisiones, así como en la capacidad para resolver problemas. Este tipo de efectos indican la necesidad imperiosa de una definición más clara de la envidia y de la forma en que las redes sociales fomentan el crecimiento de este sentimiento en un individuo. Para hacer frente a estos efectos perjudiciales, los jóvenes deben aprender a reconocer y abordar los sentimientos de envidia cuando surgen. Desarrollar un fuerte sentimiento de autoestima y confianza en uno mismo puede ayudar a reducir el impacto de la envidia cuando se produce, ya que los jóvenes pueden reconocer que poseen sus propios talentos y cualidades únicos, y que compararse con los demás es un ejercicio inútil. Limitar la exposición a las redes sociales puede ayudar a evitar que se arraiguen los pensamientos envidiosos, sobre todo si implican compararse con personajes online muy elaborados y no con seres humanos reales. Hay que animar a los usuarios de las redes sociales a que sean conscientes de los efectos negativos asociados a la envidia y de la necesidad de controlar este sentimiento mediante diversos métodos. Otra forma de reducir los efectos de la envidia es promover interacciones sociales positivas entre los jóvenes. Fomentar una cultura de apoyo positivo y competencia sana puede ayudar a reducir el deseo de codiciar los logros de los demás y fomentar más bien un sentimiento de logro compartido y de trabajo en equipo. Los jóvenes también pueden beneficiarse de relacionarse con un grupo diverso de compañeros, incluidos los que tienen talentos y rasgos diferentes. Esto puede ayudar a trabajar un sentimiento de aprecio por los demás y sus diferencias, en lugar de fomentar un sentimiento de resentimiento o competencia. Por último, abordar las causas estructurales de la envidia, como la falta de recursos o la desigualdad económica, puede ayudar a reducir los sentimientos de resentimiento y amargura que muchas personas experimentan debido a la envidia. Promover políticas y programas que aborden la desigualdad y proporcionen recursos y apoyo a las personas puede ayudar a igualar el campo y reducir la necesidad de compararse con los demás. En conclusión, la envidia puede tener un impacto significativo en la salud mental y física de los jóvenes, especialmente cuando se ve exacerbada por las redes sociales. Una definición clara de la envidia y una comprensión de las formas en que los medios sociales pueden aumentar los sentimientos negativos requieren esta toma en consideración. Promoviendo una interacción social sana, cultivando un fuerte sentido de la autoestima y abordando las causas estructurales de la envidia, podemos marcar la diferencia en la reducción del efecto de la envidia sobre la salud mental de los jóvenes. Crear una cultura que valore y celebre la individualidad de la diversidad y los logros compartidos es, en última instancia, la clave para fomentar una salud mental y un bienestar positivos tanto dentro como fuera de las redes sociales.

LAS REDES SOCIALES PUEDEN ALIMENTAR SENTIMIENTOS DE INADECUACIÓN

Uno de los principales efectos de las redes sociales en la juventud es la forma en que pueden alimentar sentimientos de inadecuación. Las redes sociales son una plataforma que permite a la gente compartir fotos e historias de su vida cotidiana. Los resúmenes de vidas aparentemente perfectas pueden hacer que los jóvenes sientan que nunca están a la altura de sus compañeros. Como resultado, los sentimientos de inadecuación pueden provocar depresión y ansiedad. En las redes sociales, los jóvenes pueden percibir que sus compañeros tienen vidas más interesantes, con muchos amigos, un cuerpo perfecto y ropa y aparatos bonitos. Ver estos aspectos destacados de la vida de otras personas puede provocar una disminución de la autoestima y la autovaloración, porque los jóvenes se comparan invariablemente con todos los demás que ven. Las plataformas de redes sociales como Instagram han creado unos cánones de belleza a los que los jóvenes se sienten presionados para ajustarse. Esto puede provocar insatisfacción corporal y trastornos alimentarios. Los cuerpos de los jóvenes no se ajustan a los estándares que ven en las redes sociales, lo que provoca sentimientos de inadecuación. Otro ejemplo de cómo los medios sociales pueden aumentar los sentimientos de inadecuación es el ciberacoso. El ciberacoso se produce cuando alguien acosa o intimida a otra persona en Internet. Es un problema que está aumentando entre los jóvenes y es uno de los aspectos negativos de los medios sociales. Los comentarios negativos y el acoso en las redes sociales pueden provocar sentimientos de inadecuación, depresión, ansiedad e incluso pensamientos suicidas. El ciberacoso puede hacer que los jóvenes se sientan inadecuados e indignos, lo que puede llevarles a sentirse aislados, tristes y solos. Este tipo de inadecuación es difícil de superar para los jóvenes que aún no han desarrollado los mecanismos necesarios para afrontar estos sentimientos. Las redes sociales y su capacidad para alimentar la comparación y la inadecuación entre los jóvenes pueden afectar a las relaciones. Los jóvenes con sentimientos de inadecuación suelen tener dificultades con las relaciones interpersonales, lo que puede llevarles a sentirse aislados y desconectados de los demás. También puede hacerles sentir que no son lo bastante buenos, por lo que pueden no estar dispuestos a asumir riesgos, buscar nuevas relaciones o abrirse en las existentes. Las redes sociales pueden perpetuar los sentimientos de inadecuación y desconexión creando una ilusión de relación perfecta. La gente suele compartir sus momentos perfectos en las redes sociales, y esto puede hacer que los jóvenes sientan que sus relaciones no están a la altura de las de sus compañeros. Pueden sentir que no experimentan el mismo tipo de felicidad y amor que los demás, lo que provoca sentimientos de celos e inadecuación. Esta comparación puede dañar las relaciones de los jóvenes, provocando rupturas y otros resultados negativos. Para mitigar los riesgos y promover un uso sano de las redes sociales, los jóvenes deben ser capaces de reconocer cuándo sus experiencias en las redes sociales les hacen sentirse inadecuados. Entonces pueden empezar a trabajar para cambiar su relación con las redes sociales centrándose en reforzar su autoestima, reconociendo que la vida de nadie es perfecta y estableciendo relaciones significativas con personas ajenas a las redes sociales. Los padres y los educadores también pueden contribuir a ayudar a los jóvenes a desarrollar relaciones sanas con los medios sociales. Pueden educar a los jóvenes sobre qué son y cómo funcionan las redes sociales, enseñarles a detectar el ciberacoso y animarles a que practiquen el autocuidado cuando utilicen las redes sociales. Los padres y educadores pueden promover conversaciones abiertas sobre relaciones sanas, una imagen positiva de uno mismo y límites saludables. Las redes sociales se han convertido en una parte integral de la vida de los jóvenes, pero también conllevan ciertos riesgos, como el sentimiento de inadecuación. Compartir los mejores momentos de vidas aparentemente perfectas puede hacer que los jóvenes sientan que nunca estarán a la altura de sus compañeros. El ciberacoso puede hacer que los jóvenes se sientan inadecuados e indignos, y esto puede afectar a su autoestima, a su salud mental e incluso a sus relaciones. Es importante que los jóvenes desarrollen relaciones sanas con las redes sociales reconociendo las emociones que surgen al utilizarlas, fomentando su autoestima y promoviendo conversaciones abiertas con los demás. Los padres y los educadores también desempeñan un papel a la hora de mitigar los riesgos y fomentar un uso saludable, educando a los jóvenes sobre lo que son las redes sociales, enseñándoles a detectar el ciberacoso y animándoles a practicar el autocuidado cuando utilicen las redes sociales. Aunque las redes sociales pueden ser una herramienta poderosa para conectar con los demás, es importante que los jóvenes practiquen hábitos saludables para preservar su bienestar mental y sus relaciones.

DETERMINAR FORMAS DE CULTIVAR HÁBITOS SALUDABLES QUE CONTRARRESTEN LOS SENTIMIENTOS DE ENVIDIA

En un mundo en el que las redes sociales se han convertido en un aspecto fundamental de la vida cotidiana, es esencial reconocer y abordar las repercusiones psicológicas negativas que pueden tener en la salud mental de los jóvenes. La envidia, en particular, es una emoción peligrosa que puede desencadenarse fácilmente por las vidas aparentemente perfectas de los demás que se muestran en las redes sociales. Si no se controla, la envidia puede provocar sentimientos de inadecuación, baja autoestima e incluso depresión. Para mitigar los riesgos asociados a la envidia, es crucial cultivar hábitos saludables que contrarresten estas emociones negativas. Una de las formas más eficaces de combatir la envidia es la gratitud. Dedicar tiempo a reflexionar cada día puede ayudar a dejar de centrarse en las cosas que faltan en la propia vida. La apreciación de lo que ya es un atributo se cultiva mediante la gratitud, en lugar de la comparación con los demás. Si escribes cada día las cosas por las que alguien está agradecido o te tomas un momento para meditar sobre ellas, puedes conseguirlo. Con el tiempo puede ayudar a mejorar el bienestar mental y proporcionar un amortiguador contra la envidia. Otra estrategia que puedes utilizar es la autocompasión. Es más fácil evitar los efectos negativos de la envidia tratándose a uno mismo con amabilidad y comprensión, en lugar de juzgarse y criticarse duramente. Si un joven ama la autocompasión de los demás y se compromete a separar el yo de la percepción de los demás, puede liberarse de la trampa de la comparación. Para ello es necesario tratarse a uno mismo con la misma empatía y comprensión que a un amigo que atraviesa un momento difícil. Además, es necesario desarrollar un sentido de la identidad personal. Cuando uno tiene una buena idea de quién es y de lo que valora, es más fácil evitar compararse con los demás. Esto puede lograrse identificando los puntos fuertes, los valores y las creencias de cada uno y alineando sus acciones con esas cualidades. Una vez establecida esta base, los celos y la envidia desaparecen de su psique y resulta más fácil ver los logros y éxitos de los demás con auténtica felicidad y admiración. También es fundamental poner límites al uso de las redes sociales. Pasar demasiado tiempo hojeando los feeds y viendo lo más destacado de la vida de alguien puede provocar más sentimientos de envidia. Establecer límites, como limitar el número de horas que pasas en las redes sociales, puede ayudar a evitar la comparación excesiva y a reducir los sentimientos de inadecuación. También ayuda mantener la atención mientras se utilizan las redes sociales. Ser consciente de cómo afectan las redes sociales a nuestro estado de ánimo y mental puede ser una herramienta poderosa para cultivar hábitos saludables. Conectar con otras personas de forma significativa puede ayudar a contrarrestar los sentimientos de envidia. Cuando uno se relaciona con personas que comparten sus valores e intereses, se fomenta un sentimiento de pertenencia y validación que es independiente de los medios sociales. Pasar tiempo con estas personas en persona, participar en actividades compartidas y apoyarse mutuamente en sus objetivos personales puede ser un poderoso antídoto contra los efectos negativos de la envidia de las redes sociales. Es fundamental reconocer los efectos negativos de las redes sociales en la salud mental de los jóvenes y desarrollar estrategias para mitigar los riesgos. La envidia, en particular, puede causar estragos en la salud mental y el bienestar de las personas, pero cultivar hábitos saludables puede ayudar a contrarrestar estas emociones negativas. Estrategias como la gratitud, la autocompasión, el desarrollo de un sentido de identidad, el establecimiento de límites en el uso de las redes sociales y la conexión con los demás pueden ayudar a promover hábitos saludables y proteger la salud mental de las personas. Dotándonos de estas herramientas, podemos aprovechar los aspectos positivos de las redes sociales y mitigar sus posibles daños. Las redes sociales se han convertido en parte integrante de la vida moderna de los adolescentes, con numerosos beneficios, como una mejor comunicación, un mayor acceso a la información y los recursos, y más oportunidades de socialización. El uso excesivo de las redes sociales se ha asociado a una serie de efectos psicológicos negativos en los jóvenes. Los adolescentes, en concreto, son susceptibles a estos efectos negativos debido a su sistema de regulación emocional aún en desarrollo y a la presión social inherente que experimentan al atravesar la adolescencia. Las plataformas de los medios sociales se han relacionado con mayores tasas de depresión, ansiedad, baja autoestima y mala calidad del sueño en los jóvenes. Los síntomas depresivos, en particular, son omnipresentes en los jóvenes que tienen tendencia a rumiar, o morar en pensamientos negativos, y se ha demostrado que la exposición a los medios sociales facilita la rumiación debido al bombardeo constante de mensajes negativos e imágenes perfeccionistas. Mitigar los riesgos aso-

163

ciados al uso de los medios sociales en los jóvenes exige esfuerzos concertados para promover un uso saludable y equilibrado, que incluyan limitar el tiempo frente a la pantalla, fomentar la socialización fuera de línea, centrarse en la autoconversación positiva y en estrategias de afrontamiento saludables, y aumentar la supervisión y la implicación de los padres. Aunque los efectos de las redes sociales en la salud mental de los jóvenes siguen siendo motivo de preocupación para muchos, los esfuerzos impulsados por la investigación para promover prácticas de uso saludables pueden ayudar a los adolescentes a navegar por el complejo mundo social que habitan y mitigar los posibles efectos negativos del uso de las redes sociales. Las redes sociales se han convertido en un aspecto omnipresente de la vida moderna, y los jóvenes son algunos de los usuarios más ávidos de estas plataformas online. La adolescencia es una época de gran presión social y cambio emocional, por lo que los jóvenes son especialmente susceptibles a los efectos psicológicos negativos de los medios sociales. La investigación ha relacionado el uso de los medios sociales y su impacto en los resultados negativos para la salud mental, como la depresión, la ansiedad, la baja autoestima y la mala calidad del sueño. Se ha demostrado que los medios sociales aumentan la rumiación, que se refiere a la tendencia a detenerse en pensamientos negativos, lo que puede conducir a un ciclo de emociones y sentimientos negativos. Las plataformas de los medios sociales son especialmente peligrosas, ya que no presentan una imagen realista de la vida, y los medios comisariados pueden describir de forma inexacta la vida cotidiana. Esta representación crea una percepción sesgada, promoviendo estándares de belleza inalcanzables y fomentando comparaciones malsanas. El uso de las

164

redes sociales puede llevar a una percepción poco realista de la aceptación social debido a la facilidad con la que la gente puede crear relaciones nuevas y aparentemente reales. La gente puede fingir ser quien quiera, y el resultado puede ser devastador para la autoestima y la autovaloración de los jóvenes. El uso de las redes sociales se ha vuelto tan omnipresente que puede interferir en los patrones de sueño de los adolescentes, lo que se traduce en un mayor cansancio y letargo durante las actividades diurnas. Es esencial tomar medidas para mitigar los efectos negativos del uso de los medios sociales y promover prácticas saludables para mantener el bienestar mental y emocional de los adolescentes. Los padres tienen un papel importante que desempeñar supervisando el uso que hacen sus hijos de los medios sociales y poniendo límites a su tiempo frente a la pantalla. Podrían animar a sus hijos a participar en actividades fuera de línea, como deportes, música o cualquier otra afición, reduciendo así el tiempo que pasan en los medios sociales. Los padres son influyentes clave en la sociedad, y reforzar sistemáticamente prácticas saludables como la autoconversación positiva y la resiliencia puede ayudar a los niños a desarrollar la confianza necesaria para afrontar distintas situaciones. Los padres nunca deben arrojar luz sobre los defectos de sus hijos y siempre deben animarles. El refuerzo positivo aumenta la confianza en uno mismo y la autoestima. Los padres también deben predicar con el ejemplo, estableciendo un equilibrio entre el tiempo que pasan frente a la pantalla y ellos mismos, mostrando así a sus hijos la importancia de tomarse un descanso de las redes sociales y dedicarse a actividades fuera de línea. Las escuelas también pueden desempeñar un papel integral en la promoción de prácticas saludables en las redes sociales. Las sesiones en clase y las actividades extraescolares podrían centrarse en mejorar el aprendizaje social y emocional de los alumnos, haciendo hincapié en la empatía, la comunicación y las habilidades de gestión del estrés. Las escuelas también podrían traer a oradores invitados que hablaran a los alumnos sobre las interacciones sociales de la vida real, las aspiraciones profesionales, las expectativas de futuro y el bienestar mental. Educar a los niños a una edad temprana sobre la atención plena y la importancia de la salud mental puede reducir los efectos adversos de las redes sociales sobre la salud mental. Dado que la concienciación sobre la salud mental sigue ganando importancia en la sociedad, las escuelas podrían utilizar sus plataformas para iniciar importantes conversaciones sobre salud mental, normalizando los problemas de salud mental, reduciendo el estigma asociado y promoviendo un autocuidado saludable. Las escuelas también podrían mostrar a los alumnos cómo las habilidades sociales y emocionales pueden aplicarse en escenarios del mundo real, como el manejo de conversaciones difíciles, la gestión de situaciones estresantes y la construcción de relaciones duraderas. El consumo de medios sociales como parte fundamental de la vida de los adolescentes tiene implicaciones tanto positivas como negativas para la salud mental. Aunque los medios sociales son una herramienta útil para conectar con los demás, también pueden provocar depresión, ansiedad, baja autoestima y mala calidad del sueño en los jóvenes. Los padres y los centros escolares pueden contribuir a fomentar prácticas sanas en los medios sociales y a reducir los efectos negativos de su uso en los adolescentes. Hacer hincapié en las interacciones sociales en el mundo real, el Mindfulness, el desarrollo de la resiliencia y el equilibrio del tiempo frente a la pantalla podría ayudar a los adolescentes a desarrollar las habilidades necesarias para desenvolverse en el mundo en constante cambio que les rodea. El uso de los medios sociales puede controlarse y su efecto en la salud mental de los jóvenes puede reducirse con intervenciones constructivas.

XI. REDES SOCIALES Y ANSIEDAD

Una de las preocupaciones más comunes entre investigadores y padres respecto al uso de las redes sociales es su potencial para causar o exacerbar la ansiedad entre los jóvenes. Los trastornos de ansiedad son algunas de las enfermedades mentales más prevalentes que afectan a los jóvenes, y sus tasas no han dejado de aumentar en las últimas décadas (Merikangas et al. , 2010). Las redes sociales pueden contribuir a esta tendencia al aumentar la exposición a la comparación social, un proceso mediante el cual los individuos se evalúan a sí mismos en relación con los demás basándose en diversos marcadores como la apariencia, la popularidad y los logros (Festinger, 1954). Esta comparación puede provocar sentimientos de inadecuación, baja autoestima y ansiedad, sobre todo si el individuo se percibe a sí mismo como inferior a sus iguales. Esto es especialmente cierto en el mundo altamente curado de las redes sociales, donde los usuarios suelen presentar sus vidas de la mejor manera posible, con filtros, ángulos y compartición selectiva que conducen a una visión sesgada de la realidad (Manago et al. , 2015). Las redes sociales pueden aumentar aún más la presión para mantener un personaje online perfecto, lo que puede provocar estrés y ansiedad (Marshall, Lefringhausen y Ferenczi, 2015). Los jóvenes pueden sentir que necesitan controlar sus perfiles con regularidad, responder rápidamente a los mensajes y mantener un determinado número de seguidores o likes para ser considerados populares o tener éxito. Esta presión por hacer puede ser especialmente aguda para quienes padecen trastornos de ansiedad

subyacentes, que pueden sentir que las redes sociales representan otro campo en el que tienen que destacar o, de lo contrario,
ser considerados un fracaso. Además, la naturaleza adictiva de
los medios sociales puede llevar a una comprobación compul-
siva que facilita un ciclo impulsado por la ansiedad que refuerza
los sentimientos negativos y perpetúa los síntomas de ansiedad
(Lee, 2014). La investigación ha descubierto varias formas de
reducir el riesgo de ansiedad ante las redes sociales. Uno de los
enfoques consiste en promover la alfabetización mediática y las
habilidades de pensamiento crítico, que pueden ayudar a los
jóvenes a evaluar la información que encuentran en las redes
sociales de forma más objetiva y a reducir su dependencia.
Aprender a entender los algoritmos hace que las identidades
puedan manipularse y a distinguir entre contenido auténtico y
falso puede ayudar a los jóvenes a tener una visión más matizada de las redes sociales y a reducir los sentimientos de inadecuación o ansiedad al compararse. Otro enfoque consiste en
animar a los jóvenes a que se tomen descansos regulares de las
redes sociales, quizá reservando ciertos momentos del día o
desactivando las notificaciones durante determinados periodos.
Esta práctica puede ayudar a reducir la compulsión a consultar
constantemente las redes sociales, permitiendo a los individuos
centrarse en otras actividades y reducir los sentimientos de ansiedad (Jelenchick et al. , 2013). También puede ayudar a los
individuos a desarrollar una visión más equilibrada de las redes
sociales, haciendo hincapié en su papel como herramienta de
conexión social y no como fuente de presión o competencia
constante. Es importante que los padres y cuidadores terminen
la línea de comunicación con los jóvenes sobre su uso de los
medios sociales y el estrés que puedan experimentar. Animar a

los jóvenes a hablar de sus sentimientos, miedos y experiencias puede ayudarles a encontrar ver y apoyo para reducir la sensación de aislamiento social que a menudo puede acompañar a los trastornos de ansiedad. También puede ser necesario que los padres modelen ellos mismos un uso saludable de las redes sociales, centrándose en la importancia de los límites y las expectativas realistas. Las redes sociales pueden ser un arma de doble filo para los jóvenes, ya que proporcionan una poderosa herramienta de conexión social, autoexpresión y creatividad, pero también aumentan el riesgo de ansiedad y otros problemas de salud mental. La comparación social, la presión para mantener una imagen perfecta en Internet y los patrones adictivos de uso pueden contribuir a generar sentimientos de inadecuación y estrés. Hay varias estrategias que pueden ayudar a mitigar estos riesgos, como promover la alfabetización mediática y las habilidades de pensamiento crítico, fomentar los descansos de las redes sociales y fomentar la comunicación abierta. Al final, la clave es desarrollar un equilibrio saludable entre la interacción social virtual y en persona, utilizando las redes sociales como una más de las muchas herramientas para construir y mantener relaciones. Adoptando un enfoque proactivo de la salud mental de los jóvenes y del uso de las redes sociales, podemos ayudarles a navegar por el complejo mundo de las redes sociales con confianza, resiliencia y bienestar.

EVALUAR LOS PRINCIPALES SÍNTOMAS DE ANSIEDAD PREVALENTES ENTRE LOS USUARIOS DE REDES SOCIALES

Las redes sociales se han convertido en una parte integral de la vida moderna, permitiendo a la gente conectar con amigos y familiares, compartir información y entablar conversaciones con otras personas de todo el mundo. La mayor conectividad que proporcionan las redes sociales tiene un coste. Los estudios han demostrado que el uso de las redes sociales puede causar ansiedad y estrés, sobre todo entre los jóvenes (Dhir et al. , 2016). Según los expertos, entre los usuarios de redes sociales prevalecen varios síntomas clave de ansiedad, que pueden dificultarles hacer frente a las presiones de la vida social. Uno de los síntomas de la ansiedad en las redes sociales es el miedo a perderse algo. Se trata de un término utilizado para describir la sensación de ansiedad que experimentan algunos usuarios de redes sociales cuando sienten que se están perdiendo experiencias de otros usuarios. El miedo a perderse algo puede repercutir en un comportamiento compulsivo, como comprobar constantemente los feeds de Facebook o Instagram. Este comportamiento puede ser problemático porque puede interferir en otras áreas de la vida, como las tareas escolares, las relaciones con familiares y amigos e incluso la salud física. Otro síntoma clave de la ansiedad ante las redes sociales es sentirse juzgado por los demás. Esto es especialmente cierto en el caso de los jóvenes, que suelen preocuparse más por cómo les perciben sus compañeros. Las plataformas de las redes sociales pueden

173

agravar esta sensación al proporcionar una plataforma para el juicio y el escrutinio público. Un comentario o mensaje percibido como inapropiado puede convertirse rápidamente en viral y acarrear consecuencias negativas y el ostracismo social. El tercer síntoma de la ansiedad ante las redes sociales es la presión para ajustarse a las normas y expectativas sociales. Esto es especialmente cierto en el caso de los jóvenes, que pueden sentirse presionados para ir a la par con sus compañeros, ya sea en cuanto a cómo se comportan o a otros aspectos de su vida social. Las plataformas de los medios sociales pueden aumentar aún más esta presión al proporcionar a los usuarios una plataforma para mostrar sus vidas y sus logros, lo que puede generar una sensación de competición y presión para estar a la altura de los demás. Un cuarto síntoma clave de la ansiedad por las redes sociales es la sensación de estar desconectado del mundo real. Esto se debe a que las redes sociales pueden proporcionar una visión distorsionada de la vida en la que todo parece perfecto y fácil, lo que provoca sentimientos de inadecuación y ansiedad en la vida de algunas personas. El bombardeo constante de imágenes y notificaciones puede resultar abrumador, además de dificultar que los usuarios de las redes sociales se entreguen y participen en la vida real. La prevalencia de los síntomas de ansiedad de las redes sociales entre los jóvenes es preocupante, ya que puede repercutir negativamente en su salud mental y física. Los estudios han demostrado que el uso de las redes sociales puede causar depresión, ansiedad y otros problemas de salud mental (Hunt et al., 2018). Además, el uso excesivo de las redes sociales puede interferir con el sueño, el ejercicio y otros comportamientos saludables, lo que conduce a problemas físicos como la diabetes, las enfermedades cardiacas y la obesidad. Para reducir los riesgos asociados a las redes sociales y promover un uso saludable pueden emplearse varias estrategias. En primer lugar, es importante reconocer los síntomas de la ansiedad por las redes sociales y tomar medidas para afrontarlos. Esto puede implicar restringir el uso de las redes sociales, tomarse descansos de ellas o, si es necesario, buscar ayuda profesional. También es importante educar a los jóvenes sobre los riesgos asociados a las redes sociales y cómo utilizarlas de forma saludable. Esto puede requerir aprender sobre la importancia de la privacidad y la seguridad, los peligros del ciberacoso y la necesidad de equilibrar el uso de las redes sociales con otros comportamientos saludables. En tercer lugar, los padres y educadores pueden ayudar a promover un uso saludable de los medios sociales. Esto puede incluir establecer límites en el uso de los medios sociales, supervisar la actividad de los niños en los medios sociales y proporcionar orientación y apoyo cuando sea necesario. Por último, los medios sociales pueden ayudar a promover un uso saludable de los medios sociales. Esto puede significar implantar funciones que animen a los usuarios a desconectar de las redes sociales, establecer límites de uso y proporcionar recursos y apoyo a quienes puedan tener problemas de ansiedad con las redes sociales. Las redes sociales se han convertido en parte integrante de la vida moderna, pero pueden tener un impacto negativo en la salud mental y física de los jóvenes. Si reconocemos los síntomas de la ansiedad en las redes sociales y tomamos medidas para abordarlos, podemos reducir los riesgos asociados a las redes sociales y promover un uso saludable. Los padres y los educadores pueden desempeñar un papel en la promoción de un uso saludable de las redes sociales Educando a los jóvenes sobre algunos de los

175

riesgos asociados a las redes sociales. Facebook y twitter son dos de estas plataformas que pueden utilizarse junto con otras plataformas de medios sociales para mejorar la retención y la concienciación de los usuarios, promoviendo al mismo tiempo un comportamiento saludable.

INVESTIGAR MÉTODOS TERAPÉUTICOS PROBADOS PARA EL CONTROL DE LA ANSIEDAD

Una forma de minimizar los riesgos asociados a las redes sociales y promover un uso saludable es examinar métodos terapéuticos probados para el control de la ansiedad. Los trastornos de ansiedad son uno de los trastornos mentales más frecuentes que afectan a los jóvenes. La ansiedad puede desencadenarse por una gran variedad de factores, como el aislamiento social, el miedo a ser juzgado y la exposición a información negativa o angustiosa (Instituto Nacional de Salud Mental, 2020). Estos factores desencadenantes pueden amplificarse en el caso de los jóvenes que pasan mucho tiempo en las redes sociales, lo que aumenta los niveles de ansiedad y empeora la salud mental. Sin embargo, hay muchas técnicas que han demostrado ser eficaces para controlar el estado de ansiedad en entornos clínicos y en la vida cotidiana. La terapia cognitivo-conductual (TCC) es uno de esos enfoques que ha demostrado ser eficaz para controlar la ansiedad en personas de todas las edades (Instituto Nacional de Salud Mental, 2020). La TCC consiste en identificar los pensamientos y creencias negativos que contribuyen a la ansiedad y sustituirlos por pensamientos y creencias más positivos y realistas. Esto es especialmente útil para los jóvenes que pueden estar expuestos a información negativa o angustiosa en las redes sociales, ya que puede ayudarles a adquirir las habilidades y la mentalidad necesarias para evaluar críticamente y filtrar la información. Las intervenciones basadas en el Mindfulness son otro enfoque eficaz para controlar la ansiedad. El Mindfulness es la segunda experiencia de estar presente aceptando los propios pensamientos y emociones sin juzgarlos y experimentando una sensación de calma y satisfacción (Instituto Nacional de Salud Mental, 2020). Las investigaciones demuestran que las intervenciones basadas en la atención plena pueden ser eficaces para reducir la ansiedad en personas de todas las edades, incluidos los jóvenes (Instituto Nacional de Salud Mental, 2020). Hay muchas formas de incorporar la atención plena a la propia vida, como participar en meditaciones guiadas, practicar ejercicios de respiración profunda o simplemente dedicar unos minutos al día a centrarse en uno mismo'. Además de los enfoques terapéuticos específicos, existen estrategias y técnicas generales que pueden ser buenas para controlar la ansiedad y promover la salud mental. Se ha demostrado, por ejemplo, que la actividad física regular tiene una serie de beneficios para la salud mental, como la reducción de los síntomas de ansiedad y depresión (Instituto Nacional de Salud Mental, 2020). Animar a los jóvenes a realizar actividades físicas puede ser una forma sencilla pero eficaz de reducir los pensamientos ansiosos y mantener una buena salud mental. Otra forma eficaz de reducir el nivel de ansiedad es fomentar el apoyo social y la conexión social. Esto es especialmente importante para los jóvenes que pueden sentirse desconectados o aislados de sus compañeros. Animar a los jóvenes a participar en actividades sociales, entablar interacciones sociales positivas y buscar el apoyo de amigos y familiares de confianza puede ayudar a controlar la ansiedad y promover la salud mental. Tampoco existe un enfoque universal para controlar la ansiedad y lo que funciona para unos puede no funcionar para otros. Es importante que los jóvenes dispongan de una serie de estrategias y técnicas para controlar la ansiedad y animarles a explorar y experimentar con distintos enfoques hasta que encuentren lo que les funciona. En general, investigar métodos terapéuticos probados para controlar la ansiedad es un paso importante para mitigar los riesgos asociados a las redes sociales y promover un uso saludable. Ayudando a los jóvenes a desarrollar las habilidades y estrategias que necesitan para controlar su ansiedad, podemos ayudarles a mantenerse sanos y saludables tanto en línea como fuera de ella.

LA PREVALENCIA Y LOS EFECTOS DE LA ANSIEDAD EN LAS PERSONAS QUE TRABAJAN EN DIVERSOS MEDIOS DE COMUNICACIÓN

La ansiedad es un trastorno de salud mental diagnosticado con frecuencia entre las personas que trabajan en el sector de los medios de comunicación. El sector de los medios de comunicación abarca una amplia gama de profesiones, como el periodismo, las relaciones públicas, la publicidad y el marketing en redes sociales. La ubicuidad de las redes sociales y el ciclo de 247 noticias han intensificado las exigencias de la industria de los medios de comunicación, lo que ha aumentado los niveles de estrés y ansiedad de las personas que trabajan en este campo. La prevalencia de la ansiedad entre los profesionales de los medios de comunicación es una preocupación acuciante que merece una mayor investigación, ya que puede tener efectos adversos tanto en la vida personal como en la profesional. La ansiedad puede afectar negativamente a la salud mental de los profesionales de los medios de comunicación. Los profesionales de los medios de comunicación suelen estar expuestos a acontecimientos noticiosos traumáticos y la presión constante para crear contenidos en un plazo de tiempo concreto puede ser un reto que provoque altos niveles de estrés y ansiedad. Estudios recientes han demostrado que las personas que trabajan en la información y el periodismo tienen un mayor riesgo de desarrollar trastornos de ansiedad (Barthel et al., 2018). Los efectos de la ansiedad en la salud mental pueden variar de leves a graves, con síntomas como preocupación excesiva, ataques de pánico y

181

conductas de evitación. Además, las personas con ansiedad pueden desarrollar síntomas físicos como fatiga, tensión muscular y trastornos del sueño (American Psychiatric Association, 2013). Es crucial concienciar sobre la prevalencia de la ansiedad en la industria de los medios de comunicación y promover iniciativas para apoyar la salud mental y el bienestar de los profesionales de los medios de comunicación. Además, la ansiedad puede afectar a la calidad del trabajo realizado por los profesionales de los medios de comunicación. Los estudios han descubierto que la ansiedad puede afectar a funciones cognitivas como la atención, la toma de decisiones y la creatividad, que son habilidades esenciales para las personas que trabajan en la industria de los medios de comunicación. La ansiedad puede afectar negativamente al rendimiento en un lugar de trabajo de ritmo rápido en el que es vital pensar con rapidez. Además, la ansiedad puede provocar agotamiento y menor satisfacción en el trabajo, lo que se traduce en altos índices de rotación de personal que, a su vez, pueden ir en detrimento de la productividad de la organización. Además de los efectos negativos sobre la salud mental y el bienestar, la ansiedad es un problema social para los profesionales de los medios de comunicación. El sector de los medios de comunicación desempeña un papel importante en la formación de la opinión pública y puede influir en las normas y el comportamiento sociales. La ansiedad puede dar lugar a reportajes sensacionalistas, reportajes inexactos y dilemas éticos que tienen consecuencias de gran alcance. Una mayor sensación de ansiedad puede llevar a centrarse en las noticias negativas, un fenómeno conocido como sesgo negativista que da lugar a una atención desproporcionada a las noticias negativas. Esto puede tener un impacto perjudicial en la opinión pública, provocando un aumento de los niveles de ansiedad y preocupación entre la población en general. Por tanto, es importante defender iniciativas que apoyen prácticas informativas éticas y promuevan la salud mental y el bienestar entre los profesionales de los medios de comunicación. Para que los profesionales de los medios de comunicación reduzcan los riesgos de ansiedad es necesario promover las buenas prácticas. Esto incluye ofrecer oportunidades para que el personal realice actividades que promuevan la relajación y la gestión del estrés y crear entornos de apoyo que fomenten la comunicación abierta y la transparencia. La formación en Mindfulness puede ser una herramienta valiosa para que las personas del sector de los medios de comunicación gestionen el estrés y la ansiedad en el lugar de trabajo (Pollock, 2020). Invirtiendo en la salud mental y el bienestar de los profesionales de los medios de comunicación, las organizaciones pueden construir una cultura más positiva que apoye el bienestar y el rendimiento del personal. En conclusión, la ansiedad es un problema de salud mental prevalente en las personas del sector de los medios de comunicación, con efectos adversos sobre la salud mental, el rendimiento laboral y el impacto social. La ubicuidad de las redes sociales y la presión constante para producir contenidos en plazos ajustados han aumentado los niveles de estrés, contribuyendo a la prevalencia de la ansiedad entre los profesionales de los medios de comunicación. Es esencial promover prácticas de trabajo saludables que favorezcan el bienestar del personal y una mayor satisfacción laboral. Además, invertir en iniciativas que promuevan la salud mental y el bienestar puede repercutir positivamente en la productividad de los empleados y en su calidad. Al

183

abordar la ansiedad y promover prácticas saludables en el lugar de trabajo, las organizaciones pueden crear un entorno laboral más positivo y solidario, beneficioso para el personal y para la sociedad en general. Las redes sociales se han convertido en parte integrante de la vida cotidiana de muchos jóvenes, y desempeñan un papel importante en la forma en que los jóvenes se comunican e interactúan entre sí. Aunque el uso de las redes sociales puede tener efectos positivos, como ofrecer oportunidades para conectar con los demás, también puede tener efectos negativos sobre la salud mental y el bienestar. En los últimos años, ha aumentado la preocupación por el impacto del uso excesivo de los medios sociales en la salud mental de los jóvenes, sobre todo en relación con la ansiedad, la depresión y el aislamiento social. La investigación ha demostrado que el uso prolongado y excesivo de los medios sociales puede tener repercusiones negativas en la salud mental, como el aumento del estrés, la baja autoestima y la disminución de la empatía. Uno de los principales riesgos asociados a los medios sociales es la posibilidad de comparación y autoevaluación negativa. Muchos jóvenes utilizan las redes sociales como plataforma para presentar una versión idealizada de sí mismos, y dependen en gran medida de contenidos comisariados y editados diseñados para atraer comentarios y validación. Sin embargo, cuando los jóvenes se comparan con estas imágenes fuertemente filtradas y editadas, pueden sentirse inadecuados e inseguros, lo que conduce a problemas negativos de autoestima e imagen corporal. La comparación social es especialmente frecuente en las mujeres jóvenes, que sienten la presión de presentarse en las redes sociales como perfectas e impecables. Otro riesgo potencial del uso de las redes sociales es el aumento de la ansiedad y la depresión. Los estudios han demostrado que el porcentaje de jóvenes que pasan más tiempo en Internet son más propensos a tener sentimientos de ansiedad y depresión. Esto puede deberse a un cambio de factores, como una mayor exposición a la negatividad y los conflictos, así como a sentimientos de aislamiento social y desconexión de los demás. En consecuencia, el bombardeo constante de información puede resultar abrumador y agravar los sentimientos de estrés y agotamiento, lo que puede exacerbar aún más los problemas de salud mental. Sin embargo, hay formas de mitigar los efectos negativos de las redes sociales y promover un uso saludable. Una estrategia consiste en animar a los jóvenes a hacer pausas en las redes sociales, limitando su uso a determinadas horas del día o consultando sus cuentas sólo una vez al día. Otra estrategia es animar a los jóvenes a ser selectivos en su uso de las redes sociales, centrándose en contenidos positivos y edificantes que fomenten la conexión con los demás. Los padres también pueden desempeñar un papel en la promoción de hábitos saludables en los medios sociales, modelando ellos mismos comportamientos saludables y proporcionando orientación y apoyo a los jóvenes. Además de estas estrategias, hay una serie de aplicaciones y plataformas que se han desarrollado específicamente para promover la salud mental positiva y el bienestar entre los jóvenes. Aplicaciones como Headspace y Calm ofrecen meditaciones guiadas y otros ejercicios de atención plena diseñados para reducir el estrés y promover la relajación, mientras que otras aplicaciones como Moodkit y Happify proporcionan herramientas y recursos para controlar el estrés y mejorar el estado de ánimo. Algunas plataformas de medios sociales, como Instagram y TikTok, han tomado medidas para combatir los efectos negativos sobre la salud mental, implementando funciones como advertencias sobre contenidos, recursos de salud mental y filtros diseñados para mitigar los efectos negativos de la comparación social. A medida que aumenta el uso de las redes sociales entre los jóvenes, es importante que tomemos medidas para mitigar los riesgos y promover un uso saludable. Animando a los jóvenes a ser conscientes de su uso de los medios sociales, fomentando conexiones sociales positivas y proporcionando recursos y herramientas para gestionar el estrés y promover el bienestar de la salud mental, podemos contribuir a que los medios sociales se utilicen de forma positiva, edificante y solidaria para todos los jóvenes. La clave para promover un uso saludable de las redes sociales reside en crear una cultura de comunicación abierta, honestidad y positividad, en la que los jóvenes se sientan apoyados y capacitados para navegar por el complejo mundo de las redes sociales con confianza y resiliencia.

XII. REDES SOCIALES Y DEPRESIÓN

La depresión es un importante problema de salud mental entre los jóvenes, y las redes sociales pueden ser un factor contribuyente. Las investigaciones sugieren que el uso excesivo de las redes sociales puede provocar sentimientos subyacentes de ansiedad, desconexión y depresión. Esto se debe a que las redes sociales pueden presentar una imagen distorsionada de la vida de las personas, lo que provoca comparaciones sociales negativas y sentimientos de inadecuación. Las redes sociales pueden convertirse en una plataforma para el ciberacoso, que puede afectar significativamente a la salud mental de los jóvenes. El uso excesivo de las redes sociales puede provocar alteraciones en los patrones de sueño, sobreestimulación y conductas adictivas, que contribuyen aún más a los sentimientos de depresión y ansiedad. Los investigadores han descubierto que hay varias estrategias que pueden emplearse para promover un uso saludable de los medios sociales y mitigar los riesgos. Una de las soluciones más eficaces es educar a los jóvenes sobre los efectos positivos y negativos de los medios sociales. Esto puede conseguirse mediante programas de divulgación escolar, que pueden ayudar a promover los conocimientos sanitarios y a concienciar sobre los riesgos del uso excesivo de las redes sociales. Los padres y cuidadores pueden desempeñar un papel fundamental en la promoción de una actitud sana ante las redes sociales. Esto puede implicar limitar el tiempo frente a la pantalla, establecer directrices adecuadas a la edad para el uso de las redes sociales y crear oportunidades para la interacción social y otras actividades. Las propias redes sociales pueden desempeñar un papel importante en la promoción de un uso saludable. Muchas redes sociales han introducido recientemente herramientas para ayudar a los usuarios a gestionar su uso y dar prioridad al bienestar. Instagram ha introducido una función que permite a los usuarios hacer un seguimiento de su uso diario y establecer alertas cuando han superado un determinado límite de tiempo. Del mismo modo, Facebook ha introducido una función que pretende ayudar a los usuarios a identificar y gestionar el uso que pueda ser perjudicial o excesivo. El impacto de las redes sociales en la salud mental de los jóvenes es complejo, y no existe una solución única que pueda mitigar todos los riesgos. Mediante una combinación de educación, orientación parental y medidas proactivas de las plataformas de medios sociales, podemos fomentar el uso saludable de los medios sociales y ayudar a mitigar los riesgos de depresión y otros problemas de salud mental entre los jóvenes.

LA RELACIÓN ENTRE LAS REDES SOCIALES Y LA DEPRESIÓN

Las ciencias sociales están investigando el impacto del uso de los medios sociales. Los estudios muestran una correlación entre el uso de los medios sociales y la depresión, lo que ha despertado la preocupación de los expertos sobre los efectos del uso excesivo de los medios sociales en la salud mental de los adolescentes. La enfermedad mental más común que afecta a los jóvenes es la depresión Las plataformas de los medios sociales se han convertido en un medio frecuente para que los adolescentes expresen pensamientos depresivos. Un estudio realizado por la Royal Society for Public Health descubrió que Instagram es la plataforma que la mayoría de los jóvenes utilizan como herramienta para experimentar problemas negativos de salud mental. Las imágenes compartidas en esta plataforma de medios sociales tienden a representar una imagen idealizada y poco realista de la vida, lo que lleva a los usuarios a compararse a sí mismos y a sus vidas de forma desfavorable con el contenido. TickTock se centra en el contenido efímero, además de presionar a los usuarios para que hagan y compartan constantemente nuevas publicaciones, lo que genera un ciclo de depresión y ansiedad. Según La encuesta el uso excesivo de Facebook y Twitter conduce a dormir mal a una baja autoestima y a una imagen corporal poco saludable. Brian Primack, de la Facultad de Medicina de la Universidad de Pittsburgh, informó de otro estudio. Además, el uso de las redes sociales a menudo da lugar al ciberacoso, un tipo de acoso que implica el uso de la tecnología e Internet. El ciberacoso puede afectar considerablemente

189

a la salud mental de las personas. Según el centro de Investigación sobre el Ciberacoso, 34 de los estudiantes han sufrido Ciberacoso, mientras que 15. 5 personas cometieron ciberacoso. El ciberacoso puede adoptar varias formas, como comentarios o mensajes abusivos, difusión de rumores, imágenes o vídeos despectivos, etc. El anonimato de las plataformas de medios sociales reduce las inhibiciones de los usuarios, lo que conduce a un aumento de los comportamientos negativos y provoca un aumento de los incidentes de ciberacoso. El ciberacoso se ha relacionado con la depresión por estrés extremo y con el suicidio en casos extremos. Además, el uso de los medios sociales puede provocar un malestar emocional. Esto puede llevar a una falta de comunicación y conexión cara a cara que puede causar aislamiento y soledad, lo que puede exacerbar los sentimientos de depresión y ansiedad. Los medios sociales pueden crear una ilusión de conexión con los demás que lleva a los usuarios a depender más de estas plataformas para satisfacer sus necesidades sociales. En cambio, las investigaciones sugieren que las conexiones virtuales no aportan a los individuos los mismos beneficios ni la misma satisfacción que las conexiones de la vida real. Dada la clara asociación entre el uso de los medios sociales y la depresión, los investigadores y expertos están explorando formas de mitigar los riesgos y promover un uso saludable de los medios sociales. Se han sugerido distintos enfoques, como la autorregulación, la moderación y la concienciación. La autorregulación implica que las personas sean conscientes del uso que hacen de las redes sociales y establezcan límites para evitar los efectos negativos. La moderación implica que las personas reduzcan su uso de las redes sociales a un nivel que no interfiera en su bienestar mental y emocional. La concienciación implica

190

que las personas sean conscientes de los riesgos del uso de los medios sociales y de cómo pueden afectar a su salud mental, lo que conduce a un enfoque más consciente y atento de los medios sociales. Los padres y tutores desempeñan un papel fundamental a la hora de ayudar a los jóvenes a gestionar su uso de las redes sociales, creando límites sanos y canales de comunicación abiertos. Construir una sólida estructura de apoyo que incluya a la familia, los amigos y los recursos comunitarios puede ayudar a las personas que experimentan efectos negativos en su salud mental a superar sus retos. La relación entre las redes sociales y la depresión es compleja y polifacética. Los estudios indican sistemáticamente que el uso excesivo de las redes sociales podría provocar efectos negativos en la salud mental, como depresión y ansiedad. El uso de las redes sociales puede provocar sentimientos de aislamiento y desconexión, que pueden exacerbar la depresión, la ansiedad y otros trastornos de salud mental. El ciberacoso, otro efecto secundario perjudicial del uso excesivo de los medios sociales, provoca ansiedad y depresión entre los jóvenes. Los expertos recomiendan la moderación, la autorregulación y la concienciación como estrategias útiles para mitigar los riesgos del uso de los medios sociales y promover un estilo de vida sano. Aunque los medios sociales son una herramienta poderosa que puede ofrecer muchos beneficios, es esencial reconocer los riesgos potenciales y tomar medidas para mitigarlos a fin de apoyar la salud mental de los jóvenes. Los padres, los tutores y la sociedad en general tienen un papel vital en la promoción de un uso saludable de los medios sociales y en la educación de los jóvenes sobre los riesgos y beneficios de los medios sociales para prevenir resultados negativos para la salud mental.

IDENTIFICAR LAS SEÑALES DE ALARMA DE LA DEPRESIÓN QUE SE OBSERVAN ENTRE LOS USUARIOS DE LAS REDES SOCIALES

Uno de los riesgos asociados a las redes sociales es el potencial de depresión entre sus usuarios. Muchos estudios han descubierto una relación entre el uso excesivo de las redes sociales y la depresión entre las personas. Aunque no sea posible establecer un factor causal de la depresión entre los usuarios de redes sociales, es evidente que ciertos signos de advertencia pueden revelar la presencia de depresión. Estos signos incluyen cambios en los patrones de sueño, cambios repentinos de peso, cambios de humor, reducción de las interacciones sociales, aumento del aislamiento social, disminución del interés por actividades que antes se disfrutaban y tristeza prolongada durante un periodo. Dado que cada persona utiliza las plataformas de los medios sociales de forma diferente, es importante tener en cuenta que algunos signos pueden no ser evidentes. En tales casos, es aconsejable vigilar la frecuencia de las publicaciones de un usuario y cualquier cambio repentino en su estado de ánimo al comunicarse con él. Las publicaciones frecuentes de comentarios negativos sobre sí mismo, combinadas con imágenes que indican autolesiones, podrían ser signos de depresión en un individuo. Estas señales de alarma pueden verse exacerbadas por la cultura de la comparación que provoca el uso de las redes sociales, en la que los usuarios se comparan con los demás y se sienten inadecuados. Las investigaciones indican que los usuarios que se comparan regularmente con los demás en las redes sociales tienen más probabilidades de sufrir depresión, por lo que es importante que los usuarios reconozcan los efectos de la cultura de la comparación y se tomen un descanso de las redes sociales si les resultan abrumadoras. Unos sistemas de apoyo adecuados por parte de familiares y amigos pueden ayudar a determinar si una persona está experimentando depresión, y se requiere ayuda profesional cuando los signos persisten. Educar y proporcionar recursos para ayudar a las personas a afrontar la depresión puede mitigar este riesgo.

ENCONTRAR JUSTIFICACIÓN PARA UN PLAN PROFESIONAL O DE AUTOAYUDA CUANDO SE EXPERIMENTA UNA DEPRESIÓN RELACIONADA CON LAS REDES SOCIALES

La depresión es una de las principales preocupaciones de la sociedad actual, sobre todo teniendo en cuenta el importante papel que desempeñan las redes sociales en la vida de muchas personas. Las plataformas de redes sociales ofrecen a los usuarios la oportunidad de conectar entre sí a diversos niveles, pero a veces, estas conexiones pueden tener repercusiones negativas en la salud mental. Experimentar una depresión relacionada con las redes sociales es un problema cada vez más frecuente, y es esencial encontrar formas de superarlo. Un enfoque eficaz es desarrollar un plan profesional o de autoayuda que pueda ayudar a proporcionar el apoyo y la validación necesarios para superar este problema. Un plan profesional es un programa formal diseñado por un experto que tiene la cualificación necesaria para ofrecer ayuda profesional. Esto puede implicar acudir a un terapeuta o a un consejero cuya experiencia radique en el campo de la salud mental. Pueden ofrecer orientación sobre cómo afrontar la depresión relacionada con las redes sociales y sugerir estrategias de afrontamiento para controlar los síntomas. Pueden enseñar al paciente a identificar sus desencadenantes y ayudarle a desarrollar un plan para responder a las situaciones que pueden provocar episodios depresivos. El profesional puede sugerir enfoques como la terapia cognitivo-conductual, que puede ayudar a las personas a replantear los pensamientos negativos y convertirlos en positivos. Este enfoque implica cuestionar los supuestos y patrones de pensamiento negativos sobre el mundo y sobre uno mismo. Una persona puede pensar que sus amigos virtuales no son auténticos, y esto puede provocar sentimientos de aislamiento. Un terapeuta cognitivo-conductual puede ayudar a la persona a reconocer que estas percepciones negativas pueden no ser exactas y enseñarle a replantear sus pensamientos positivamente. Por otra parte, un enfoque de autoayuda implica desarrollar un plan que no esté guiado por un profesional. Esto podría implicar técnicas como escribir un diario, la meditación y la atención plena, todas las cuales pueden promover una buena salud mental. Llevar un diario puede ayudar a las personas a aclarar sus pensamientos y sentimientos, y puede ofrecerles una forma de expresarse sin ser juzgadas. La meditación y las prácticas de atención plena también pueden ayudar a cultivar la autoconciencia y fomentar la relajación, lo que puede ser esencial para reducir el impacto de las redes sociales en la salud mental. Sin embargo, a pesar de los beneficios de los planes profesionales y de autoayuda, puede resultar difícil justificar la búsqueda de ayuda cuando se trata de problemas relacionados con las redes sociales. Muchos jóvenes pueden sentir lo mismo que deberían, pero deben tomar decisiones difíciles y hacerlo por sí mismos. Otros pueden pensar que buscar ayuda de forma similar puede hacerles parecer débiles o vulnerables ante sus compañeros. Esta actitud puede ser muy perjudicial y prolongar los síntomas de la depresión y la ansiedad. Una forma de justificar el uso de las redes sociales para tratar la depresión es conocer el impacto que esta toma puede tener en la salud mental a largo plazo. Dado que las redes sociales están omnipresentes en la sociedad moderna, es difícil evitar la exposición a estímulos que tienden a desencadenar episodios depresivos. Por ejemplo, un joven puede entrar en su cuenta de una red social y ver muchas críticas negativas y otros comentarios inoportunos dirigidos a él. Esto puede provocar sentimientos de depresión, ansiedad e ira. Con el tiempo, estos sentimientos pueden llegar a afectar a la salud mental del individuo. Es aquí donde entra en juego un plan profesional o de autoayuda. También pueden servir para ayudar a ver cómo influyen los medios sociales en la salud mental. Otra razón para buscar ayuda es hacer ver que las enfermedades mentales pueden afectar a cualquiera, incluso a las personas que parecen hacer que todo les vaya bien. Aunque las redes sociales se han asociado a niveles más bajos de autoestima y a tasas más altas de ansiedad y depresión entre los jóvenes, no hay forma de predecir quién será el más afectado. Los jóvenes que parecen populares y extrovertidos pueden estar lidiando con problemas de salud mental que no han compartido con nadie y pueden estar luchando por salir adelante. Buscar ayuda reconoce que la salud mental es un aspecto crítico del bienestar general y que nadie debe ser juzgado por Buscar ayuda. Para muchos jóvenes, la depresión es una preocupación importante y puede ser especialmente aguda en relación con las redes sociales. Encontrar una forma de hacerlo es vital y desarrollar un plan profesional o de autoayuda es un buen enfoque. Es importante comprender el impacto de las redes sociales en la salud mental y justificar la búsqueda de ayuda cuando sea necesario. Las intervenciones profesionales proporcionan orientación y apoyo a los expertos, mientras que las estrategias de autoayuda pueden capacitar a las personas para tomar el control de su salud mental. Aunque buscar ayuda puede ser difícil, es esencial pensar que cualquiera puede conocer la depresión y que ser vulnerable y buscar apoyo es un signo de fortaleza. Las redes sociales se han convertido en parte integrante de la vida cotidiana de muchos jóvenes de todo el mundo, aprovechando el poder de la comunicación y la conexión para construir vastas redes de interacción. Aunque estas plataformas han revolucionado la comunicación, a muchos les preocupa el efecto de algunas de ellas en la salud mental de los jóvenes. El contenido negativo que a menudo se comparte en las redes sociales se ha relacionado con el aumento de la depresión, la ansiedad y el estrés entre los jóvenes. Sin embargo, también se ha demostrado que las redes sociales tienen efectos positivos en la salud mental de los jóvenes, como el aumento de la autoestima y el apoyo social. Para reducir el riesgo y fomentar un uso saludable pueden emplearse varias estrategias. En primer lugar, las redes sociales pueden fomentar un uso responsable concienciando sobre sus efectos y proporcionando un uso moderado. En segundo lugar, puede contribuir en gran medida a garantizar que los jóvenes estén bien informados sobre la información que comparten y las posibles consecuencias de sus acciones en línea. La posibilidad de crear redes de apoyo social en línea también puede fomentar la salud mental. Por último, financiar y crear programas para promover contenidos positivos y combatir el ciberacoso puede tener enormes beneficios a la hora de mitigar los efectos negativos del uso de las redes sociales. Las redes sociales pueden tener un impacto negativo en los jóvenes a través del ciberacoso. Es el uso de la tecnología para intimidar, acosar o intimidar a otros. El ciberacoso puede provocar sentimientos de ira, depresión, impotencia y baja autoestima, e incluso llevar al suicidio. El anonimato de

Internet permite a los ciberacosadores avergonzar y acosar a sus víctimas sin repercusiones directas En principio. En consecuencia, las escuelas y los gobiernos deben concienciar sobre el ciberacoso y castigar a los autores por sus actos, ya sea en Internet o en la vida real. Aplicar políticas estrictas contra el ciberacoso también puede ayudar a promover un uso saludable de las redes sociales entre los jóvenes. Las redes sociales también pueden causar "comparacionitis", que hace que los jóvenes se sientan de repente inferiores a sus compañeros. La comparacionitis se refiere al sentimiento de inferioridad o carencia en comparación con los personajes idealizados o las imágenes que aparecen en Internet. Puede surgir de las imágenes pulidas y filtradas que los compañeros comparten en las redes sociales, lo que puede provocar un peligroso juego de perfeccionismo y comparación de alta presión con estándares poco realistas. Esto puede tener efectos devastadores en la salud mental de los jóvenes, provocando depresión, ansiedad y baja autoestima. Algo crucial para mitigar el riesgo de comparacionitis es fomentar la positividad y las representaciones realistas de la vida en las redes sociales. Animar a los jóvenes a compartir sus luchas e imperfecciones contribuye en gran medida a atajar la lacra de la comparacionitis. Aunque las redes sociales se han relacionado con efectos negativos en la salud mental de los jóvenes, también pueden fomentar resultados positivos, como la formación de redes de apoyo social. Los jóvenes pueden unirse a comunidades online con personas que comparten intereses y aficiones similares, creando un sentimiento de pertenencia y propósito. Muchas personas que luchan con problemas de salud mental pueden no tener familiares o amigos que comprendan su situación, y estas comunidades virtuales ofrecen una plataforma en la que pueden interactuar con personas de ideas afines que les comprenden. Las redes sociales también mejoran la autoestima, ya que permiten a los jóvenes recibir comentarios positivos y el apoyo de sus compañeros. Esta retroalimentación positiva puede animarles a conseguir y alcanzar sus objetivos. Los efectos negativos de las redes sociales pueden mitigarse utilizando varias estrategias y promoviendo al mismo tiempo sus aspectos positivos. Posteriormente, padres y educadores pueden concienciar sobre los posibles efectos de las redes sociales en la salud mental. Esto implicaría hablar de la comparativitis del ciberacoso utilizando las redes sociales con atención y de formas de promover hábitos saludables de uso de las redes sociales. Además, los programas de empoderamiento pueden ayudar a los jóvenes a estar más informados sobre las posibles consecuencias de sus actividades en línea. Animar a los jóvenes a comprobar los hechos, proporcionar fuentes fiables e identificar cómo verificar la información puede ayudar a promover un uso responsable de los medios sociales, mejorando en última instancia los resultados en materia de salud mental. En tercer lugar, los jóvenes deben aprender a crear redes de apoyo social en línea y a través de varias comunidades, como los grupos de apoyo. Fomentar el Mindfulness y la gratitud también puede promover el bienestar mental. En cuarto lugar, crear más vías para el contenido positivo puede ser una forma eficaz de fomentar las emociones positivas y mejorar la salud mental de los jóvenes usuarios de las redes sociales. Por último, financiar y crear campañas y programas para promover contenidos positivos y mitigar los efectos negativos de las redes sociales puede ser una estrategia eficaz para promover un uso saludable de los

200

medios sociales. Las redes sociales tienen un impacto considerable en la salud mental y el bienestar de los jóvenes. Aunque presentan muchos beneficios, como la formación de comunidades en línea y el aumento de la autoestima, también presentan riesgos, como el ciberacoso y la comparacionitis. Para mitigar estos efectos, los padres, los educadores y las empresas de medios sociales deben promover hábitos y técnicas saludables en los medios sociales. Fomentar el Mindfulness, promover la concienciación sobre el ciberacoso y los efectos negativos de las redes sociales, y fomentar las oportunidades de crear redes de apoyo social pueden contribuir en gran medida a mejorar los resultados de salud mental de los jóvenes usuarios de los medios sociales. Crear oportunidades de contenido positivo y programas que promuevan un uso seguro y saludable de los medios sociales puede ser poderoso para reducir los efectos negativos de las redes sociales.

XIII. MEDIDAS POLÍTICAS

Dado el importante impacto de las redes sociales en la salud mental de los jóvenes, se han propuesto diversas medidas políticas para garantizar la seguridad en línea de los jóvenes. Para empezar, se ha instado a las empresas de medios sociales a que adopten políticas más estrictas en relación con el contenido publicado y compartido en sus plataformas. Para conseguirlo, algunos sostienen que las empresas de medios sociales deberían explicar claramente sus políticas sobre ciberacoso y hostigamiento, así como la forma en que pretenden hacerlas cumplir. Las empresas podrían establecer mecanismos de denuncia claros para los usuarios que sufran acoso e intimidación, y garantizar que se actúa con prontitud ante los casos denunciados mediante medidas adecuadas como la advertencia, la suspensión o el cierre de cuentas. Las empresas de medios sociales pueden desplegar tecnologías de inteligencia artificial para ayudar a filtrar los contenidos perjudiciales, como los discursos de odio, las noticias falsas y la desinformación, antes de que lleguen a los usuarios jóvenes. Las medidas policiales pueden incluir además la introducción de directrices para un uso seguro y responsable de las redes sociales, dirigidas a los padres y profesores de los jóvenes. Las directrices pueden destacar los riesgos asociados a un uso excesivo de las redes sociales, así como las ventajas de un uso equilibrado. Por ejemplo, las directrices pueden sugerir que se reserven horas específicas a los medios sociales para evitar que interfieran con actividades cotidianas como las tareas escolares y el sueño. Las directrices también pueden proporcionar consejos para abordar el acoso y la intimidación en línea, como no compartir información personal y no relacionarse con los acosadores. También es importante incorporar lecciones sobre el uso saludable de los medios sociales en el currículo escolar. Incluso podría ayudar a explicar los perjuicios del uso excesivo de los medios sociales para la salud mental y cómo conocer y responder al acoso y la intimidación en línea. A pesar de las dificultades de la piratería informática, el ciberacoso puede prevenirse fomentando la empatía y la amabilidad desde una edad temprana. Otra medida política es fomentar la alfabetización digital y el pensamiento crítico entre los jóvenes. Esto puede lograrse ofreciendo talleres que les ayuden a comprender cómo funcionan los algoritmos de las redes sociales, la importancia de la configuración de la privacidad y las implicaciones de compartir información personal en línea. Los jóvenes pueden aumentar su conocimiento de las plataformas de medios sociales y tomar decisiones informadas sobre qué y cómo comparten en línea. Por último, la promoción de un uso saludable de los medios sociales entre los jóvenes requiere la participación de otras partes interesadas, como padres, cuidadores y educadores. Los padres y cuidadores pueden dar ejemplo mostrando un uso responsable de los medios sociales y hablando con sus hijos sobre la seguridad en Internet y el consumo sano de los medios. También pueden llevar a los niños a actividades sin televisión y fomentar el uso físico en lugar del tiempo frente a la pantalla. Los educadores pueden integrar el uso de las redes sociales y la seguridad en línea en su enseñanza y ofrecer a los alumnos actividades como debates en grupo, presentaciones y recitales de poesía, todo lo cual fomenta un uso sano de las redes sociales.

Las redes sociales han afectado significativamente a la salud mental de los jóvenes. Desde el apoyo a las redes sociales hasta la salud mental, los jóvenes son vulnerables a los efectos nocivos del uso de las redes sociales. Sin embargo, aplicando medidas políticas como directrices estrictas de moderación de contenidos, alfabetización digital e implicación de los padres, podemos mitigar los riesgos y promover un uso saludable de las redes sociales entre los jóvenes. Nuestro esfuerzo colectivo es importante para garantizar que los jóvenes puedan navegar por los medios sociales con seguridad y aprovechar plenamente todas sus ventajas sin poner en riesgo su salud mental.

EL PAPEL DE LA NORMATIVA GUBERNAMENTAL EN LA REDUCCIÓN DE LOS RIESGOS DE LAS REDES SOCIALES

Las posturas reguladoras desempeñan un papel crucial en la reducción de los riesgos asociados a las redes sociales. La regulación de las plataformas de redes sociales puede ayudar a fomentar un uso saludable y mitigar las posibles consecuencias negativas para la salud mental. Esto puede conseguirse mediante políticas estrictas que regulen el acceso de los jóvenes a las plataformas de redes sociales. Estas políticas pueden incluir restricciones de edad, que pueden impedir que los usuarios más jóvenes accedan a las plataformas de redes sociales, o el filtrado de contenidos, que puede limitar la exposición a materiales potencialmente nocivos. El gobierno también puede trabajar con las empresas de redes sociales para desarrollar marcos que promuevan el uso responsable y el bienestar de los usuarios. Los reguladores también pueden centrarse en garantizar que las empresas de redes sociales integren funciones que controlen y apoyen la salud mental de los usuarios. También se puede exigir a las redes sociales que proporcionen servicios de apoyo a los usuarios que tengan problemas de salud mental o que incluyan herramientas que permitan a los usuarios limitar su exposición a contenidos potencialmente desencadenantes. Además, las consideraciones judiciales y reguladoras son cruciales para promover la responsabilidad por los efectos de las plataformas de redes sociales en la salud mental de los jóvenes. En este sentido, los reguladores pueden exigir a las empresas de redes sociales que sean transparentes sobre sus prácticas de recopilación de datos. Esta transparencia puede ayudar a establecer la confianza entre los usuarios y las empresas de redes sociales, lo que puede fomentar un uso responsable y promover el bienestar de los usuarios. Las redes sociales tienen un impacto significativo en la salud mental de los jóvenes y sus efectos pueden ser tanto positivos como negativos. Aunque las redes sociales proporcionan plataformas para las conexiones sociales, la expresión personal y la adquisición de conocimientos y habilidades, también pueden añadir el riesgo de efectos negativos para la salud mental, como la ansiedad y la baja autoestima. Los riesgos asociados a las redes sociales son importantes Para mitigar los riesgos y promover un uso saludable y desarrollar estrategias eficaces y sostenibles que aborden las causas profundas de estos riesgos. Estrategias como la participación de los padres y la regulación pueden ayudar a desarrollar hábitos saludables en las redes sociales y promover el bienestar de los jóvenes usuarios. En concreto, las normativas gubernamentales centradas en promover un uso responsable y garantizar la rendición de cuentas pueden ser decisivas para reducir los riesgos asociados a las redes sociales. El problema de las implicaciones de las redes sociales para la salud mental es vital para que los jóvenes aprovechen los beneficios de estas plataformas, al tiempo que se minimizan los riesgos potenciales y se maximizan los resultados positivos.

CREAR POLÍTICAS QUE PROTEJAN LA INTIMIDAD DE LOS MENORES

Aunque las redes sociales proporcionan una plataforma para que las personas conecten con otras, también exponen a los menores a posibles depredadores y al ciberacoso. Las políticas que exigen que los menores obtengan el consentimiento paterno antes de crear una cuenta en una red social, limitan la cantidad de información personal que puede compartirse en línea y establecen consecuencias para el ciberacoso y el acoso en línea pueden ayudar a promover un entorno en línea más saludable. Las políticas que exigen que las plataformas de redes sociales apliquen medidas de verificación de la edad y limiten la exposición de los menores a contenidos potencialmente perjudiciales podrían proteger aún más su privacidad. La aplicación de estas políticas puede resultar difícil, sobre todo dada la naturaleza global de las redes sociales y la capacidad de los usuarios para eludir las restricciones. Es esencial centrarse en educar a los menores sobre el uso seguro y responsable de las redes sociales, al tiempo que se aboga por una aplicación de políticas y una regulación más estrictas para proteger la salud y el bienestar de los jóvenes en el mundo online. Además, las redes sociales se han convertido en un caldo de cultivo para el ciberacoso y el hostigamiento en línea, que pueden tener un grave impacto negativo en la salud mental de los menores. Por tanto, para promover redes sociales saludables entre los jóvenes es necesario crear políticas que protejan contra el ciberacoso y el acoso en línea. El ciberacoso y el acoso en línea son frecuentes y pueden causar daños psicológicos. La presencia de sitios web de redes sociales y la posibilidad que ofrece Internet de denunciar el ciberacoso para habilitar a las autoridades y establecer consecuencias para los autores pueden ayudar a disuadir de este comportamiento. Del mismo modo, las políticas que proporcionan apoyo y recursos a las víctimas y exigen a las plataformas de redes sociales que tomen medidas para prevenir nuevos incidentes pueden ayudar a mitigar el impacto negativo del ciberacoso y en línea. Las redes sociales han cambiado profundamente la forma en que los jóvenes interactúan, se comunican y socializan con los demás. Aunque las redes sociales aportan muchos beneficios, plantean riesgos significativos para la salud mental de los jóvenes. Las redes sociales se han convertido en un caldo de cultivo para el ciberacoso online y la exposición a contenidos nocivos que pueden tener efectos negativos duraderos en el bienestar de los jóvenes. Por tanto, es necesario desarrollar políticas que promuevan el uso saludable de las redes sociales entre los jóvenes. Las políticas que exigen el consentimiento paterno limitan el intercambio de información personal, aplican la verificación de la edad y protegen contra el ciberacoso en línea y los contenidos nocivos pueden contribuir a crear un buen entorno en línea para los menores. Sin embargo, la aplicación y puesta en práctica efectivas de estas políticas son esenciales para garantizar su eficacia. Además, educar a los jóvenes sobre el uso seguro y responsable de las redes sociales y abogar por una aplicación y regulación más estrictas de las políticas puede ayudar a mitigar los posibles riesgos asociados a las redes sociales juveniles y promover resultados más saludables para los jóvenes.

PROMOVER NORMAS ÉTICAS DE DISTRIBUCIÓN Y CONSUMO DE CONTENIDOS

En primer lugar, las plataformas de medios sociales deberían aplicar políticas y directrices más estrictas para impedir la difusión de contenidos perjudiciales u ofensivos. Las empresas de medios sociales deberían proporcionar a los usuarios mejores herramientas para denunciar los contenidos perjudiciales, y tomar medidas inmediatas para eliminarlos. Educar a los jóvenes sobre la creación y el consumo éticos de contenidos es vital. Hay que enseñarles a reconocer los contenidos nocivos y a evitarlos. Esto incluye reconocer y denunciar el ciberacoso, la incitación al odio y los contenidos inapropiados. Hay que animar a los jóvenes a consumir y compartir contenidos que promuevan la positividad, la amabilidad y la diversidad. Los padres y educadores también pueden desempeñar un papel crucial en la promoción de normas éticas de distribución y consumo de contenidos. Deben supervisar el uso que hacen sus hijos de las redes sociales y educarles sobre los riesgos que conllevan. También pueden animar a los jóvenes a utilizar los medios sociales de forma positiva y a crear y compartir contenidos que promuevan hábitos saludables y una salud mental positiva. Las empresas de medios sociales deben asumir una mayor responsabilidad por el bienestar de sus usuarios, asegurándose de que su plataforma promueve hábitos saludables e interacciones positivas entre los usuarios. Promoviendo la distribución y el consumo responsables de contenidos, podemos contribuir a mitigar los riesgos de las redes sociales para la salud mental de los jóvenes y promover un entorno en línea más positivo para todos. Los efectos psicológicos de las redes sociales en la juventud han generado un interés masivo en los últimos tiempos. A medida que las redes sociales siguen convirtiéndose en parte integrante de la vida moderna, los efectos de esta tecnología en la salud mental de los jóvenes se han sometido a un escrutinio más minucioso. Las redes sociales se han relacionado con una serie de resultados psicológicos negativos en los jóvenes, desde una baja autoestima hasta un mayor riesgo de ansiedad y depresión. A pesar de estos riesgos, las redes sociales conllevan una amplia gama de efectos positivos, por lo que es importante que las partes interesadas consigan una forma de promover un uso saludable al tiempo que limitan los riesgos. Para ello se han propuesto varias estrategias. Este artículo analiza el impacto de las redes sociales en la salud mental de los jóvenes y sugiere formas de mitigar los riesgos y promover un uso saludable. Se ha demostrado que el uso de las redes sociales tiene una serie de efectos negativos en la salud mental de los jóvenes. Uno de los riesgos más citados es el impacto negativo en la autoestima. Los estudios han descubierto que el uso frecuente de las redes sociales puede tener consecuencias negativas en la forma en que los jóvenes se ven a sí mismos. Esto se debe a que la mayoría de las plataformas de redes sociales permiten a los usuarios presentar versiones cuidadosamente elaboradas de sí mismos y de sus vidas. Esto puede crear un ciclo de comparación y competencia, en el que los jóvenes comparan su vida real con lo que ven en las redes sociales y sienten que no están a la altura. Esto puede provocar sentimientos de inadecuación, ansiedad e inferioridad. La necesidad de mantener estos personajes falsos puede ser increíblemente agotadora, lo que conduce a la fatiga y el agotamiento de las redes sociales. Las redes sociales pueden tener un efecto perjudicial en las habilidades sociales de los jóvenes, sobre todo en las interacciones cara a cara, que tienen una influencia significativa en la salud mental. Otra preocupación importante sobre las redes sociales es el potencial de ciberacoso. Las investigaciones demuestran que el acoso a través de las redes sociales es un reto importante que afecta a muchos jóvenes. El anonimato en las redes sociales puede conducir a un acoso despiadado. Los acosadores a menudo sienten que pueden hacerlo impunemente, ya que no pueden ver la emoción o la reacción física de la víctima. El ciberacoso puede ser traumatizante y llevar la salud y la salud mental de los jóvenes a estados crónicos de estrés depresión y ansiedad. Las redes sociales también exponen a los jóvenes a contenidos violentos y gráficos que pueden causar aún más angustia. A pesar de estas preocupaciones, es importante señalar que los medios sociales también pueden ofrecer oportunidades para promover la salud mental de los jóvenes. Las redes sociales pueden ayudar a los usuarios a acceder a sistemas de información y apoyo. Los jóvenes pueden asesorarse y apoyarse mutuamente a través de foros comunitarios en línea y tener acceso a información y consejos sobre diversos problemas que afectan a su vida. Teniendo esto en cuenta, es importante que las políticas de salud mental de los jóvenes se centren en promover un uso saludable y positivo de los medios sociales, mitigando al mismo tiempo los factores de riesgo. La capacidad de los medios sociales de afectar a la salud mental de los adolescentes es una forma de concienciar sobre estos riesgos. Como los jóvenes desconocen en gran medida los posibles daños que puede causar el uso de los medios sociales, la educación y los programas educativos pueden fomentar un uso más responsable de los medios sociales. Los jóvenes deben recibir formación sobre cómo reconocer y evitar el acoso en Internet y buscar ayuda cuando se vean afectados por él. Los padres y cuidadores deben colaborar en las escuelas para permitir que los jóvenes utilicen herramientas de información y mecanismos de afrontamiento que les ayuden a desarrollar su resiliencia y su capacidad de pensamiento crítico. Las escuelas pueden incorporar en sus planes de estudios educación en salud mental relacionada con los efectos nocivos de los medios sociales. Los padres deben mantener conversaciones con sus hijos sobre el uso que hacen de los medios sociales. La comunicación abierta y honesta, y la supervisión de las actividades en línea de los jóvenes pueden llevar a examinar pautas o riesgos que pueden producir resultados constructivos. Los padres deben indicar a sus hijos que se tomen un descanso de los medios sociales si surgen emociones negativas o limitar su uso si experimentan angustia psicológica. Los padres pueden optar por controlar los tipos de contenido a los que están expuestos sus hijos y establecer restricciones o directrices para algunos sitios o aplicaciones. Los medios sociales ofrecen tanto riesgos como oportunidades para la salud mental de los jóvenes. Los riesgos para los jóvenes incluyen la baja autoestima, el ciberacoso, la exposición a contenidos gráficos y la adicción a los medios sociales, mientras que las oportunidades incluyen el acceso a recursos, información y sistemas de apoyo. La solución no es impedir que los jóvenes utilicen los medios sociales y sus efectos nocivos. En el futuro, el control y la promoción del consumo de medios sociales pueden ayudar a los jóvenes a navegar por el mundo digital de forma segura y responsable. También pueden tener salud mental para el futuro y el presente. Una concienciación educativa adecuada y la aplicación práctica de técnicas pueden ayudar a los jóvenes a gestionar su presencia online, mitigar los riesgos y promover un uso saludable de los medios sociales. Así pues, los jóvenes no deben ver los medios sociales como un peligro, sino como una plataforma que puede permitirles tomar y conectar con sus iguales con el apoyo de padres, cuidadores, educadores y responsables políticos.

XIV. PERSPECTIVAS DE FUTURO

La creciente prevalencia de las redes sociales ha suscitado varias preocupaciones sobre su impacto en la salud mental. Aunque el uso de las redes sociales se ha asociado a resultados negativos como la depresión, la ansiedad y la soledad, existen incluso numerosos beneficios potenciales. Para aprovechar estos beneficios y mitigar los riesgos es crucial que los responsables políticos, los profesionales sanitarios y las familias trabajen juntos para promover un uso saludable y unos resultados positivos para la salud mental. Hay varias estrategias que podrían emplearse para ayudar a promover el uso de los medios sociales entre los jóvenes. Las empresas de medios sociales podrían invertir en interfaces fáciles de usar que permitan a los usuarios controlar fácilmente sus interacciones en línea. Estas características incluirían funciones como la posibilidad de bloquear o silenciar a personas y la posibilidad de limitar las notificaciones. Los sitios de redes sociales también podrían desarrollar algoritmos que identifiquen y marquen los contenidos potencialmente nocivos, incluidos los contenidos violentos, el ciberacoso y los mensajes de autoagresión. Además, debería fomentarse la alfabetización mediática entre los jóvenes. La educación puede ayudar a formar a los jóvenes sobre las habilidades necesarias para navegar por las redes sociales con seguridad. Pueden aprender a identificar las noticias falsas, filtrar las fuentes de noticias y evaluar los contenidos en línea de forma crítica. Se ha demostrado que la enseñanza previa de la alfabetización mediática crítica puede reducir significativamente los efectos adversos del uso de los medios sociales en la salud mental. Los educadores, los padres y los profesionales sanitarios son los más indicados para promover un uso saludable de los medios sociales entre los jóvenes. Los padres y cuidadores pueden establecer directrices claras para el uso de los medios sociales en el hogar que protejan el bienestar de sus hijos. Pueden regular la cantidad de tiempo que sus hijos pasan en línea y fomentar actividades alternativas como el juego al aire libre y la socialización. También pueden fomentar una comunicación abierta y sincera con sus hijos, animándoles a compartir sus experiencias y sentimientos en Internet sin miedo a ser juzgados. Los educadores, por su parte, pueden incorporar la educación para la ciudadanía digital y la seguridad en línea a sus planes de estudio. Esto ayudará a los jóvenes a comprender cómo interactuar en línea de forma ética y respetuosa, reduciendo la exposición a contenidos en línea perjudiciales. Los profesionales sanitarios, como los psicólogos escolares, los asesores de salud mental, los pediatras y los proveedores de atención primaria, pueden proporcionar apoyo y buenas estrategias para la gestión del uso de los medios sociales relacionados con lo social. Los profesionales sanitarios podrían colaborar con las empresas de medios sociales para conseguir una herramienta que proporcione recomendaciones y recursos personalizados a los jóvenes que presenten signos de efectos negativos para la salud mental relacionados con el uso de los medios sociales. La herramienta proporcionaría soluciones basadas en pruebas, como participar en los medios sociales realizando actividad física y buscando el consejo de un profesional de la salud mental. Sin embargo, es necesario tratar los problemas psicológicos y la ansiedad que pueden coexistir con el uso problemático de los medios sociales. El uso cada vez mayor de los medios sociales entre los jóvenes presenta varias oportunidades y retos. Por un lado, las redes sociales proporcionan una plataforma para la autoexpresión, la conexión y el aprendizaje. Por otro, se han asociado a resultados negativos para la salud mental, como la depresión, la ansiedad y la soledad. Para mitigar estos riesgos y promover un uso saludable, es esencial dar prioridad a la salud mental de los jóvenes. Dar prioridad a la salud mental incluye diseñar interfaces fáciles de usar, promover la alfabetización mediática, fomentar el uso responsable de los medios sociales y proporcionar apoyo a los jóvenes que luchan con problemas de salud mental relacionados con los medios sociales. Los esfuerzos colectivos de responsables políticos, educadores, profesionales sanitarios, padres y cuidadores son necesarios para aprovechar las ventajas de los medios sociales y minimizar sus riesgos. Trabajando en colaboración, podemos crear un entorno en línea más seguro y saludable para los jóvenes, promoviendo así resultados positivos para la salud mental.

ÁREAS DE INVESTIGACIÓN SOBRE REDES SOCIALES QUE REQUIEREN MÁS ATENCIÓN

A medida que nuestra sociedad se hace más dependiente de la tecnología, los sitios de redes sociales se han hecho omnipresentes en nuestra vida cotidiana, especialmente entre los jóvenes. Aunque los sitios de redes sociales ofrecen oportunidades sin precedentes de conexión y comunicación social, también plantean riesgos significativos para el bienestar mental de los jóvenes. El impacto psicológico de las redes sociales en los jóvenes ha suscitado un gran interés en los últimos años, pero se necesita más investigación para comprender plenamente estos riesgos y cómo mitigarlos. Concretamente, hay varias áreas de investigación sobre las redes sociales que requieren más atención para promover eficazmente un uso saludable y mitigar las consecuencias negativas. Un área que requiere más atención es la relación entre el uso de las redes sociales y los problemas de imagen corporal. La investigación ha demostrado que el uso de las redes sociales puede influir en la percepción que una persona tiene de su imagen corporal, lo que conduce a una imagen negativa de sí misma, a una alimentación desordenada y a otros problemas relacionados con el cuerpo. Aún hay mucho que no comprendemos sobre los mecanismos que subyacen a esta relación, como por ejemplo si determinados tipos de medios sociales o actividades concretas en los medios sociales están más estrechamente relacionados con los resultados negativos de la imagen corporal. Es necesario investigar para identificar intervenciones eficaces que puedan mitigar los efectos negativos del uso de los medios sociales sobre la imagen corporal. Otra área

221

de investigación que requiere más estudio es la relación entre el uso de los medios sociales y los trastornos del sueño. La situación es especialmente acuciante dado que los medios sociales empujan aún más hacia la noche. La investigación ha demostrado que los medios sociales pueden alterar el sueño, lo que provoca somnolencia diurna, fatiga y otros resultados negativos para la salud. Sin embargo, la naturaleza de la relación entre el uso de los medios sociales y las alteraciones del sueño aún no está bien vista y se necesitan más estudios para averiguar si determinadas actividades en los medios sociales tienen más probabilidades de afectar al sueño y cómo podemos ayudar a los jóvenes. Un área de investigación relacionada es cómo afecta el uso de los medios sociales a la salud mental, incluidas la depresión y la ansiedad. Algunos estudios sugieren que los medios sociales pueden estar asociados a estos resultados negativos. Algunos usuarios sienten ansiedad o miedo a perderse (FOMO) en las redes sociales, por ejemplo. El uso de los medios sociales también puede dar lugar a experiencias de ciberacoso que pueden llevar a la depresión y la ansiedad. Sin embargo, se necesita más investigación para determinar si estas relaciones son causales o correlacionales y para explorar cómo afectan a la salud mental determinados aspectos del uso de los medios sociales (por ejemplo, el consumo pasivo frente a la participación activa). Otra área importante de investigación es comprender hasta qué punto el uso de los medios sociales está influido por sus iguales y su entorno social inmediato. Estudios recientes han descubierto que el uso de los medios sociales puede ser contagioso, lo que significa que el uso de una persona puede influir en el comportamiento de otras. Según esta investigación,

222

el uso de los medios sociales no es un comportamiento puramente individual y que deben tenerse en cuenta factores contextuales más amplios al evaluar el impacto de las redes sociales en los jóvenes. Es necesario seguir investigando para identificar los factores sociales y ambientales asociados al aumento o disminución del uso de las redes sociales y conseguir intervenciones que aprovechen la influencia de los iguales para promover comportamientos saludables en las redes sociales. Por último, es importante explorar intervenciones que puedan ayudar a los jóvenes a gestionar eficazmente su uso de los medios sociales. Aunque no existe un enfoque único para promover un uso saludable de los medios sociales, algunas intervenciones, como la educación en alfabetización mediática digital, la supervisión parental y las estrategias basadas en la atención plena, han demostrado ser prometedoras para mitigarlo. A pesar de la amplia gama de plataformas de medios sociales y patrones de uso personal, se necesita más investigación para identificar las intervenciones más eficaces y encontrar la forma de ampliarlas y aplicarlas en diferentes contextos. En general, aunque se ha investigado bastante sobre el impacto psicológico de las redes sociales en los jóvenes, hay varias áreas que necesitan mucha más atención. Podemos mantener a los jóvenes en la toma de decisiones saludables la mayor parte de su uso de las redes sociales y mitigar los riesgos asociados al consumo prolongado e incontrolado de las redes sociales si seguimos investigando estas áreas y desarrollando intervenciones específicas.

INICIATIVAS INNOVADORAS DESTINADAS A PROMOVER UN USO SALUDABLE DE LAS REDES SOCIALES ENTRE LOS JÓVENES

Al abordar los efectos negativos de las redes sociales en la salud mental de los jóvenes, es importante reconocer que los medios sociales no son intrínsecamente buenos o malos, sino que su impacto en la salud mental viene determinado por cómo se utilicen. Investigaciones recientes han identificado varias iniciativas nuevas e innovadoras que pretenden promover un uso saludable de las redes sociales entre los jóvenes. Una de estas iniciativas es el desarrollo de programas de alfabetización digital que enseñan a los jóvenes a utilizar las redes sociales de forma responsable, a identificar y denunciar el ciberacoso y a seleccionar contenidos en línea que se ajusten a sus intereses y valores. Estos programas pueden ayudar a capacitar a los jóvenes para que asuman el control de sus experiencias en línea, reduciendo su riesgo de exposición a contenidos y comportamientos potencialmente nocivos. Otra estrategia prometedora es el uso de grupos de apoyo en las redes sociales, donde los jóvenes que luchan contra problemas de salud mental pueden ponerse en contacto con otros que comparten sus experiencias. La investigación ha demostrado que el apoyo social tiene efectos beneficiosos sobre la salud mental, y los grupos de apoyo online pueden ser especialmente beneficiosos para quienes pueden sentirse estigmatizados o aislados en su vida offline. Estos grupos pueden servir también como fuente de información y recursos, ayudando a los jóvenes a acceder a los servicios de salud mental y a otras formas de apoyo. Los profesionales de la salud mental y los educadores incorporan cada vez más los medios sociales a su trabajo con los jóvenes. Algunas escuelas han puesto en marcha intervenciones de salud mental basadas en los medios sociales, en las que los estudiantes pueden recibir apoyo y asesoramiento a través de mensajes de texto o chats en línea. Este enfoque puede ser especialmente útil para los estudiantes que dudan en buscar ayuda en persona. Los proveedores de salud mental también están utilizando los medios sociales para llegar a los jóvenes que, de otro modo, no tendrían acceso a los servicios de salud mental, como los de las comunidades rurales o de bajos ingresos. Algunos investigadores están explorando el potencial del uso de la tecnología para controlar y gestionar el uso de los medios sociales. Los programas informáticos que miden el tiempo de pantalla y la actividad en los medios sociales pueden utilizarse como herramienta para que padres y educadores controlen y limiten el uso excesivo, reduciendo el riesgo de resultados negativos para la salud mental. Algunos proveedores de salud mental están utilizando intervenciones digitales, como aplicaciones y juegos, para enseñar a los jóvenes mecanismos de afrontamiento y comportamientos saludables. Aunque se necesita más investigación para determinar la eficacia de estas intervenciones, resultan prometedoras como enfoque novedoso y accesible para promover la salud mental entre los jóvenes. Las redes sociales tienen repercusiones tanto positivas como negativas en la salud mental de los jóvenes, y es importante abordar los riesgos potenciales sin dejar de reconocer los beneficios. Están surgiendo iniciativas nuevas e innovadoras destinadas a promover un uso saludable de las redes sociales entre los jóvenes, que resultan prometedoras para mitigar los efectos negativos de las redes sociales en la salud mental. Los programas de alfabetización digital, los grupos de apoyo a los medios sociales, las intervenciones de salud mental basadas en los medios sociales y las herramientas de control y gestión basadas en la tecnología son estrategias que pueden utilizarse para promover un uso saludable de los medios sociales y reducir el riesgo de resultados negativos. Se necesita más investigación para comprender plenamente el impacto de estas iniciativas, pero representan un prometedor paso adelante para abordar el impacto psicológico de las redes sociales en los jóvenes.

LA RELACIÓN ENTRE LAS REDES SOCIALES Y LA SALUD MENTAL

La aclaración de la relación entre las redes sociales y la salud mental es una cuestión compleja que requiere una investigación cuidadosa. En los últimos años, los investigadores han explorado esta conexión para comprender mejor el impacto potencial de las redes sociales en la salud mental de los jóvenes. Aunque ha habido varios estudios que sugieren una correlación negativa entre el uso de las redes sociales y los resultados de salud mental, como la depresión y la ansiedad, la investigación sobre este tema sigue sin ser concluyente. Uno de los motivos es que el uso de los medios sociales no siempre está claramente definido y puede ser difícil de medir. Otro factor es que el uso de los medios sociales suele estar entrelazado con otros factores que pueden afectar a la salud mental, como el abuso de sustancias, los conflictos familiares y los factores estresantes del entorno. A pesar de estos retos, pueden extraerse algunas conclusiones de la investigación sobre redes sociales y salud mental. Un estudio realizado por la Asociación Americana de Psicología descubrió que el uso de las redes sociales puede provocar sentimientos de aislamiento social y mayores niveles de estrés. Algunas investigaciones sugieren que el uso de los medios sociales puede provocar una disminución de los niveles de empatía y un aumento del riesgo de ciberacoso. Otros estudios han descubierto que los medios sociales pueden tener efectos positivos sobre la salud mental, como el aumento del apoyo social, la mejora de la autoestima y la disminución de la soledad. En consecuencia, está claro que la relación entre las redes sociales y la salud mental es compleja y merece una mayor investigación. Para mitigar los riesgos asociados al uso de las redes sociales, es importante que padres, educadores y profesionales de la salud mental promuevan hábitos de uso saludables, como limitar el tiempo frente a la pantalla, controlar el contenido y fomentar las interacciones sociales fuera del ámbito online. Promover estrategias que fomenten la resiliencia y las habilidades de afrontamiento, como el ejercicio, la atención plena y el apoyo social, también puede ser útil para mitigar los resultados negativos asociados a las redes sociales. Es vital que sigamos investigando este tema para comprender mejor el impacto de las redes sociales en los resultados de salud mental. El impacto psicológico de las redes sociales en los jóvenes es un tema complejo con muchos resultados potenciales. Por un lado, las redes sociales pueden proporcionar valiosas conexiones sociales y apoyo emocional a los jóvenes que pueden sentirse aislados o solos. Por otro lado, las redes sociales también pueden contribuir a aumentar los niveles de ansiedad, depresión y otros problemas de salud mental. Hay varios factores que pueden contribuir a este impacto negativo, como el ciberacoso, la exposición a contenidos nocivos y la presión para mantener una presencia constante en línea. Para mitigar estos riesgos y fomentar un uso saludable, es importante que padres, educadores y profesionales de la salud mental colaboren para crear un entorno en línea seguro y de apoyo para los jóvenes. Esto puede incluir el establecimiento de normas y directrices claras sobre el comportamiento en Internet, la educación sobre los riesgos potenciales de las redes sociales y el fomento de una comunicación abierta sobre los problemas de salud mental. Puede ser útil proporcionar recursos específicos y servicios de apoyo a los jóvenes que se enfrentan a problemas de salud mental relacionados con las redes sociales. Si adoptamos un enfoque proactivo respecto al impacto psicológico de las redes sociales en los jóvenes, podemos contribuir a garantizar que los jóvenes puedan utilizar estas plataformas de forma sana y positiva.

XV. CONCLUSIÓN

Para concluir, el impacto psicológico de las redes sociales en los jóvenes es una cuestión compleja pero crítica que merece atención. El uso de plataformas de redes sociales por parte de los adolescentes es omnipresente y ubicuo, y esta revolución ha generado una miríada de cambios que dictan las formas en que interactúan con su entorno. Aunque las redes sociales pueden desempeñar un papel positivo en el fomento de la creatividad, la expresión y la comunicación de los individuos, plantean riesgos significativos para la salud mental y el bienestar de los jóvenes, como la adicción, el ciberacoso, la ansiedad, la depresión y el aislamiento. Es esencial mitigar estos riesgos fomentando el uso responsable de los medios sociales mediante diversas intervenciones. Los padres, tutores, educadores y profesionales de la salud mental deben enseñar a los niños a regular y equilibrar su uso de los medios sociales con sus actividades de la vida real. Es necesario introducir políticas e intervenciones que aborden el ciberacoso y fomenten un entorno social en línea positivo, solidario y respetuoso. Invariablemente, las redes sociales se han convertido en un activo importante que puede potenciar y mejorar la salud mental de los jóvenes si se utilizan correcta y conscientemente. Mediante un uso informado, responsable y equilibrado, puede hacerse realidad el impacto positivo de las plataformas de medios sociales en el fomento de la creatividad, la autoestima y la salud mental de los adolescentes. Es esencial seguir investigando y estableciendo más políticas basadas en datos para garantizar que el impacto psicológico de las redes sociales en los jóvenes constituya un desarrollo positivo de la salud mental de las generaciones futuras.

REAFIRMAR LA TESIS Y LOS PUNTOS CLAVE

Las redes sociales tienen un impacto significativo en la salud mental de los jóvenes. Con la llegada de las redes sociales, los jóvenes tienen ahora la oportunidad de conectar con amigos y familiares de todo el mundo. También suponen una amenaza para el bienestar mental, ya que pueden causar angustia emocional y agravar los problemas de salud mental. La adicción a las redes sociales, el ciberacoso, los problemas de imagen corporal y la comparación social son problemas importantes que afectan a la salud mental de los jóvenes. Las agresivas tácticas de marketing de las empresas de redes sociales contribuyen a la adicción, la presión y la ansiedad que experimentan los jóvenes en Internet. Es vital promover hábitos saludables en las redes sociales y fomentar un uso seguro y ético. Educar a los jóvenes sobre los peligros de la adicción a las redes sociales, el ciberacoso y otros riesgos para la salud mental puede ayudar a mitigar los efectos negativos de las redes sociales. Los padres, los profesores y los profesionales de la salud mental deben colaborar para controlar y apoyar el uso que hacen los jóvenes de las redes sociales. Las empresas de redes sociales también deberían asumir la responsabilidad de promover el uso ético de sus plataformas proporcionando recursos, fomentando las opiniones de los usuarios y realizando cambios en sus políticas. Es esencial dar prioridad a la salud mental de los jóvenes en la era digital y crear un entorno seguro y de apoyo para ellos en la red. El poder de las redes sociales reside en su capacidad para conectar a las personas y promover el cambio social. Reconociendo el daño potencial que conlleva su uso, podemos aprovechar sus efectos positivos y crear un futuro más saludable para nuestra juventud.

DESTACAR LA IMPORTANCIA DE UN USO RESPONSABLE Y SALUDABLE DE LAS REDES SOCIALES

Con el dominio cada vez mayor de las redes sociales en la vida de los jóvenes, es esencial comprender los efectos de estas plataformas en su bienestar. Aunque las redes sociales prometen ofrecer numerosos beneficios, como mejorar la conectividad social, también se han asociado a problemas psicológicos como la ansiedad, la depresión, la soledad y la baja autoestima. El uso responsable de las redes sociales no sólo es beneficioso para la salud mental de los jóvenes, sino que también ayuda a reducir los riesgos asociados al uso de los medios sociales. Uno de los pasos para promover el uso responsable de las redes sociales entre los jóvenes es la educación. En esta época, en la que la mayoría de los jóvenes suelen tener acceso directo a la tecnología, es importante que se les dote de los conocimientos y habilidades necesarios para interactuar de forma adecuada y responsable con las plataformas de los medios sociales. Los padres, cuidadores y educadores tienen un papel fundamental a la hora de proporcionar orientación y educación sobre el uso responsable de las redes sociales. Mediante la educación de los jóvenes, los padres, cuidadores y educadores pueden ayudarles a desarrollar las habilidades necesarias para identificar y responder positivamente a los retos relacionados con las redes sociales, como el ciberacoso, el acoso en línea y la exposición a contenidos inapropiados. La educación también puede ser un arma esencial para promover el bienestar mental entre los jóvenes. Mediante la orientación y la educación sobre el uso responsable, los jóvenes pueden desarrollar conciencia y resiliencia ante los riesgos psicológicos asociados a las redes sociales y desarrollar estrategias para mitigarlos. Otra forma de promover el uso responsable de las redes sociales entre los jóvenes es crear un entorno positivo de medios sociales. Los entornos positivos de las redes sociales se caracterizan por comunidades online que fomentan conexiones genuinas, apoyo social y ánimo. Los entornos positivos pueden amortiguar los efectos negativos de las redes sociales, como la intimidación, el acoso y la exposición a noticias falsas. Hay que animar a los jóvenes a unirse a grupos de apoyo en línea, como grupos de apoyo a la salud mental y comunidades basadas en intereses, donde puedan relacionarse con personas que compartan sus intereses. Los entornos positivos en los medios sociales pueden ayudar a los jóvenes a desarrollar resiliencia frente a los efectos negativos de los medios sociales y a desarrollar un sentido de pertenencia y propósito en la red. Aparte de los entornos positivos de los medios sociales, también pueden utilizarse límites saludables para promover un uso responsable y sano de las redes sociales. Hay que guiar a los jóvenes para que pongan límites a su uso de las redes sociales, limitando el tiempo que pasan diariamente en estas plataformas. Estos límites pueden ayudar a los jóvenes a limitar la exposición a los medios sociales de impacto negativo y promover las interacciones cara a cara con amigos y familiares. Hay que animar a los jóvenes a establecer límites sobre la información personal que comparten en línea y enseñarles a proteger su privacidad en línea. Enseñar a los jóvenes a utilizar contraseñas sólidas y seguras y asegurarse de que entienden cómo utilizar los ajustes de privacidad puede contribuir en gran medida a mitigar los riesgos asociados al uso de las redes sociales. Los padres, cuidadores y educadores deben modelar un uso responsable y saludable de las redes sociales. Los jóvenes son muy impresionables, y a menudo toman ejemplo de los comportamientos modelados por los adultos que les rodean. Por ello, los adultos deben modelar el uso responsable de las plataformas de medios sociales limitando su propio uso, estableciendo límites y participando en interacciones positivas y significativas en línea. Los adultos deben desempeñar un papel activo en la reducción de los riesgos asociados a las redes sociales, ayudando a los jóvenes a navegar por el mundo online de forma segura. Deben supervisar el uso que hacen los jóvenes de las redes sociales e intervenir cuando sea necesario, proporcionándoles orientación y apoyo para protegerlos de los daños en línea. Las plataformas de redes sociales se han convertido en parte integrante de la vida de los jóvenes. Aunque estas plataformas ofrecen muchos beneficios, también conllevan mayores riesgos asociados a problemas de salud mental como la ansiedad, la depresión y la baja autoestima. Es crucial promover un uso responsable y saludable de las redes sociales entre los jóvenes. El uso responsable de las redes sociales implica educación, creación de entornos positivos en las redes sociales, establecimiento de límites saludables y modelado de comportamientos responsables por parte de los adultos. Todos estos pasos pueden ser útiles para reducir los riesgos asociados al uso de las redes sociales entre los jóvenes y promover la salud mental y el bienestar. A medida que las plataformas de redes sociales siguen evolucionando, es vital que sigamos adaptando nuestro enfoque para promover un uso responsable y saludable, garantizando así que los jóvenes sigan aprovechando los bene-ficios de las redes sociales al tiempo que mitigan los riesgos.

LAS MEDIDAS APLICABLES O NECESARIAS PARA CONSEGUIR RESULTADOS SALUDABLES DE LAS REDES SOCIALES

Para obtener resultados saludables de las redes sociales, es importante aplicar medidas que mitiguen los riesgos y fomenten el uso responsable por parte de usuarios de todas las edades. Ante todo, la educación es clave. Hay que enseñar a los jóvenes a utilizar las plataformas de las redes sociales de forma segura, y a reconocer y responder al ciberacoso y otras experiencias negativas. Los padres y cuidadores deben informarse sobre los riesgos potenciales asociados al uso de las redes sociales y deben ser conscientes de lo que hacen sus hijos en Internet. Pueden vigilar las redes sociales de sus hijos y restringir el acceso a determinados sitios o momentos del día si es necesario. Las propias empresas de medios sociales tienen un papel que desempeñar en la promoción de un uso saludable de sus plataformas. Esto puede implicar el desarrollo de funciones que fomenten las interacciones positivas y desalienten los comportamientos tóxicos, así como proporcionar recursos y herramientas para que los usuarios denuncien incidentes de abuso o acoso. Otra estrategia para promover resultados saludables es animar a los usuarios a mantener una perspectiva sana en los medios sociales. Es importante recordar que los medios sociales representan sólo una pequeña parte de la vida y la autoestima de cada uno, y que la comparación con otros en los medios sociales puede ser inexacta y perjudicial. Hay que animar a los usuarios a que se tomen descansos regulares de las redes sociales y a que participen en actividades fuera de línea y en interacciones cara a cara con amigos y familiares. Los usuarios pueden beneficiarse de la práctica de la atención plena y la autorreflexión para comprender mejor cómo afectan los medios sociales a su propia salud mental y bienestar. Es importante reconocer la necesidad de apoyo y recursos para quienes se enfrentan a experiencias negativas relacionadas con el uso de los medios sociales. Esto puede incluir el acceso a profesionales de la salud mental formados para trabajar con jóvenes y que puedan ayudarles a desarrollar estrategias para afrontar el ciberacoso y otras experiencias perjudiciales. Las organizaciones y grupos de apoyo pueden ayudar a los usuarios a conectar con otros que hayan tenido experiencias similares, dándoles la oportunidad de compartir sus historias y ofrecerse apoyo mutuo. Los medios sociales han transformado la forma en que los jóvenes se comunican, socializan y acceden a la información. Su impacto en la salud mental es complejo y polifacético, y hay una serie de riesgos potenciales asociados al uso de los medios sociales, sobre todo para los grupos vulnerables, como los que padecen enfermedades mentales preexistentes. Con educación, medidas proactivas, toma de perspectiva y apoyo, es posible promover resultados saludables de las redes sociales y garantizar que los jóvenes puedan disfrutar de las ventajas de la comunicación y la conexión en línea sin comprometer su salud mental y su bienestar. Nuestra sociedad contemporánea se ha inclinado por Internet como fuente de información, comunicación y entretenimiento. Las plataformas de redes sociales como Facebook, Instagram o Twitter son populares entre los jóvenes, ya que ofrecen una vía de expresión, así como una forma de mantenerse al día de las tendencias actuales. Aunque las plataformas de redes sociales ofrecen ventajas, no se puede negar que tienen consecuencias para la salud mental y el bienestar de los jóvenes. Un estudio de 2018 realizado por el Centro de Investigación Pew indica que los adolescentes que declararon utilizar las redes sociales experimentaron con frecuencia angustia mental. Este ensayo profundiza en el impacto psicológico de las redes sociales en la juventud y aborda la cuestión de cómo se pueden mitigar los riesgos y promover un uso saludable. Mediante la exploración de los datos existentes y la revisión de la literatura, este ensayo destaca los mecanismos a través de los cuales los medios sociales afectan a la salud mental de los jóvenes y si se está poniendo en práctica un uso responsable de los medios sociales o si deberían regularse.

BIBLIOGRAFÍA

Jonathan Glazzard. 'Temas selectos sobre salud mental infantil y adolescente'. Samuel Stones, BoD - Libros a la carta, 24/06/2020

Eudora Welty. 'Boda en el Delta'. HMH, 21/3/1979

Susanne E. Baumgartner. 'Juventud y medios de comunicación'. Perspectivas actuales sobre el uso y los efectos de los medios de comunicación, Rinaldo Kühne, Nomos Verlag, 19/1/2018

Thakur, Jyotsana. 'Perspectivas modernas sobre comunicaciones virtuales y redes sociales'. IGI Global, 10/12/2018

Ubiratan D'Ambrosio. 'Perspectivas Actuales y Futuras de la Etnomatemática como Programa'. Milton Rosa, Springer International Publishing, 1/1/2016

Estados Unidos. Comisión Federal de Comercio. 'Privacidad en Internet'. Informe al Congreso, Comisión, 1/1/1998.

Broadview Press. 'Ensayos Argumentativos: Una guía paso a paso'. Broadview Press, 28/4/2022

Gillian Brunet. 'Comprender los efectos de la política fiscal'. Medición, mecanismos y lecciones de la historia, Universidad de California, Berkeley, 1/1/2017

División de Ciencias Sociales y del Comportamiento y Educación. 'Acabar con la discriminación de las personas con trastornos mentales y por consumo de sustancias'. Las pruebas del cambio de estigma, Academias Nacionales de Ciencias, Ingeniería y Medicina, National Academies Press, 9/3/2016

Gregory L. Jantz Ph.D. 'Los Medios Sociales y la Depresión'. Cómo estar sano y feliz en la era digital, Rose Publishing, 8/3/2021

Centro Nacional Colaborador de Salud Mental (Gran Bretaña). 'Trastorno de ansiedad social'. Reconocimiento, evaluación y tratamiento, Real Colegio de Psiquiatras, 1/1/2013

Simona Stefan. 'REBT en el tratamiento de los trastornos de ansiedad en niños y adultos'. Ioana Alina Cristea, Springer, 26/8/2015

E. Thomas Dowd, Doctor en Filosofía, ABPP. 'Las Psicologías en la Religión'. Trabajar con el cliente religioso, Stevan Lars Nielson, PhD, Springer Publishing Company, 22/2/2006

Sara Protasi. 'La filosofía de la envidia'. Cambridge University Press, 15/7/2021

Alexandra Samuel. 'Trabaja mejor con las redes sociales'. A Guide to Managing Evernote, Twitter, LinkedIn, and Your Email, Harvard Business Review Press, 5/5/2015

Howard K. Butcher. 'Clasificación de Intervenciones de Enfermería (NIC) - Libro electrónico'. Cheryl M. Wagner, Elsevier Ciencias de la Salud, 31/3/2023

Singh, Anurag. 'Gestión de las relaciones públicas y la imagen de marca a través de los medios sociales'. IGI Global, 16/5/2016

Rafael Vargas. 'Imagen Corporal: Influencias Sociales, Diferencias Étnicas e Impacto en la Autoestima'. Nova Science Publishers, Incorporated, 1/1/2016

Barrie Gunter. 'Los medios de comunicación y la imagen corporal'. Si la apariencia matara, Maggie Wykes, SAGE, 13/1/2005

Alan D. Weber. 'El Adicto Social'. For The Out-Of-Control Social Media User, Amazon Digital Services LLC - KDP Print US, 3/6/2019

Ramos Salazar, Leslie. 'Manual de investigación sobre el ciberacoso y el acoso en línea en el lugar de trabajo'. IGI Global, 23/10/2020

Vanessa Rogers. 'Ciberacoso'. Actividades para ayudar a niños y adolescentes a mantenerse seguros en un mundo de mensajes de texto, Twitter y redes sociales, Jessica Kingsley Publishers, 1/1/2010.

Tuninga, Ronald. 'Analizar el papel estratégico de las redes sociales en el crecimiento y la productividad de las empresas'. Benson, Vladlena, IGI Global, 31/8/2016

Glynis Hannell. *Promover el pensamiento positivo'. Building Children's Self-Esteem, Self-Confidence and Optimism, Routledge, 9/10/2012*

Elia Gabarrón. *'Salud participativa a través de los medios sociales'. Shabbir Syed-Abdul, Prensa Académica, 6/10/2016*

Wendy Huang. *'Programas de Salud Accesibles que Promueven la Actividad Física y el Nivel de Forma Física'. Guoxin Ni, Frontiers Media SA, 4/3/2023*

Vladan Starcevic. *'La salud mental en la era digital' Grave Dangers, Great Promise, Elias Aboujaoude, Oxford University Press, 1/1/2015*

Consejo Nacional de Investigación. *'Estrategias no técnicas para reducir la exposición de los niños a material inapropiado en Internet'. Resumen de un taller, Instituto de Medicina, National Academies Press, 23/7/2001*

Amanda Lenhart. *'Adolescentes, privacidad y redes sociales online'. Cómo gestionan los adolescentes su identidad en Internet y su información personal en la era de MySpace, Pew Internet & American Life Project, 1/1/2007.*

David J. Shernoff. *'Entornos óptimos de aprendizaje para promover el compromiso de los estudiantes'. Springer Science & Business Media, 29/5/2013*

Michael A. Hitt. *'El Manual Oxford de Creatividad, Innovación y Espíritu Empresarial'. Christina Ellen Shalley, Oxford University Press, 1/1/2015*

Roger Edwards. *'Una investigación sobre el uso de las redes sociales por los jóvenes y los beneficios percibidos'. Anchor Academic Publishing, 2/1/2017*

Jenn Kepka. *'Oregón escribe un texto de escritura abierta'. Recursos educativos abiertos de Oregón, 1/1/2018*

Diego Rodrigues

Desenvolvimento Web com Flask e FastAPI

APLICAÇÕES
MODERNAS
COM PYTHON

MASTERTECH
APLICAÇÕES MODERNAS
COM PYTHON
Desenvolvimento Web com Flask e FastAPI

Edição 2025
Autor: Diego Rodrigues

Publicado por StudioD21.

Nota Importante

Os códigos e scripts apresentados neste livro têm como objetivo ilustrar os conceitos discutidos nos capítulos, servindo como exemplos práticos. Esses exemplos foram desenvolvidos em ambientes personalizados e controlados, e portanto, não há garantia de que funcionarão plenamente em todos os cenários. É essencial verificar as configurações e personalizações do ambiente onde serão aplicados para assegurar seu funcionamento adequado. Agradecemos pela compreensão.

ÍNDICE

SAUDAÇÕES!

Olá, caro leitor!

É um grande prazer recebê-lo nesta jornada pelo universo do desenvolvimento web moderno com **Python, Flask e FastAPI**. Sua decisão de explorar e dominar essas tecnologias demonstra uma mentalidade inovadora e a busca contínua por conhecimento técnico estratégico. Este livro, **"APLICAÇÕES MODERNAS COM PYTHON: Desenvolvimento Web com Flask e FastAPI"**, foi cuidadosamente projetado para ser o guia mais completo e prático disponível sobre o assunto, capacitando você a criar APIs e aplicações robustas, escaláveis e eficientes.

Vivemos em uma era em que a web é o coração da transformação digital, conectando empresas, pessoas e sistemas de maneiras cada vez mais sofisticadas. Frameworks como Flask e FastAPI representam o que há de mais moderno e eficiente para o desenvolvimento de aplicações web e APIs, permitindo a criação de soluções ágeis e performáticas. Profissionais e empresas que dominam essas ferramentas têm uma vantagem competitiva imensa no mercado. Este livro foi estruturado exatamente para fornecer esse conhecimento, garantindo que você possa aprender, aplicar e evoluir no desenvolvimento web com Python de forma clara e objetiva.

Ao longo desta leitura, você passará por uma evolução progressiva, desde os **fundamentos do desenvolvimento web** até a criação de **APIs avançadas e aplicações escaláveis**. Exploraremos desde conceitos essenciais, como HTTP, REST e arquitetura web, até práticas modernas como **tipagem estática, autenticação, integração com bancos de dados, segurança e deploy eficiente**. Tudo isso acompanhado de

exemplos práticos, guias passo a passo e dicas estratégicas para que você possa implementar esses conhecimentos no seu dia a dia.

Este livro foi elaborado com um compromisso didático e pragmático, seguindo as diretrizes do **Protocolo TECHWRITE 2.0**, garantindo que a experiência de aprendizado seja fluida, dinâmica e aplicável imediatamente. O conteúdo foi desenvolvido para que você possa **ler e codificar ao mesmo tempo**, permitindo que cada conceito aprendido seja colocado em prática instantaneamente.

Seja você um desenvolvedor iniciante, um profissional experiente buscando atualizar seus conhecimentos ou alguém que deseja criar aplicações web eficientes do zero, este livro será o seu guia definitivo para dominar Flask e FastAPI.

Prepare-se para transformar seu conhecimento e elevar suas habilidades no desenvolvimento web com Python!

Boa leitura e muito sucesso!

SOBRE O AUTOR

www.linkedin.com/in/diegoexpertai

Autor Best-Seller, Diego Rodrigues é Consultor e Escritor Internacional especializado em Inteligência de Mercado, Tecnologia e Inovação. Com 42 certificações internacionais de instituições como IBM, Google, Microsoft, AWS, Cisco, e Universidade de Boston, Ec-Council, Palo Alto e META.

Rodrigues é expert em Inteligência Artificial, Machine Learning, Ciência de Dados, Big Data, Blockchain, Tecnologias de Conectividade, Ethical Hacking e Threat Intelligence.

Desde 2003, Rodrigues já desenvolveu mais de 200 projetos para marcas importantes no Brasil, EUA e México. Em 2024, ele se consolida como um dos maiores autores de livros técnicos do mundo da nova geração, com mais de 180 títulos publicados em seis idiomas.

APRESENTAÇÃO DO LIVRO

O desenvolvimento web com **Python** evoluiu significativamente nos últimos anos, tornando-se um dos pilares da tecnologia moderna. Frameworks como **Flask e FastAPI** desempenham um papel crucial na criação de **APIs eficientes, escaláveis e de alto desempenho**, permitindo que empresas e desenvolvedores construam aplicações robustas com rapidez e flexibilidade. Dominar essas tecnologias não é mais uma opção, mas um requisito essencial para quem deseja se destacar no mercado de desenvolvimento web e API-first.

Este livro foi cuidadosamente elaborado para ser o **guia mais completo e prático** sobre Flask e FastAPI disponível hoje, cobrindo desde os conceitos fundamentais até aplicações avançadas e estratégias de deploy profissional. Nossa missão é fornecer um material **acessível, atualizado e altamente aplicável**, que permita a você não apenas compreender as tecnologias, mas também implementá-las de forma eficiente em projetos do mundo real.

A estrutura do livro foi desenhada para proporcionar uma **experiência fluida e progressiva**, combinando **teoria e prática** de forma equilibrada. No **Capítulo 1**, começamos com uma visão geral do **desenvolvimento web com Python**, explorando seu crescimento, sua importância no ecossistema atual e as vantagens dos frameworks escolhidos. Em seguida, no **Capítulo 2**, abordamos a **configuração do ambiente de desenvolvimento**, garantindo que você tenha todas as ferramentas necessárias para começar a codificar de forma produtiva.

No **Capítulo 3**, revisamos os **fundamentos essenciais de**

Python para web, incluindo estruturas de dados, manipulação de arquivos e modularização, garantindo que até mesmo quem tem pouca experiência possa acompanhar o conteúdo. Já no **Capítulo 4**, exploramos os **princípios do HTTP e das APIs RESTful**, elementos fundamentais para qualquer aplicação web moderna.

A partir do **Capítulo 5**, mergulhamos no **Flask**, iniciando com seus conceitos básicos, vantagens e estrutura inicial. No **Capítulo 6**, detalhamos o **roteamento e a organização das rotas**, essenciais para a construção de APIs bem estruturadas. No **Capítulo 7**, apresentamos o **sistema de templates com Jinja2**, permitindo que você crie páginas dinâmicas e reutilizáveis.

A manipulação de formulários e validação de dados são abordadas no **Capítulo 8**, enquanto o **Capítulo 9** foca na **integração com bancos de dados utilizando SQLAlchemy e ORM**, cobrindo modelagem de dados e operações CRUD. No **Capítulo 10**, tratamos da **autenticação e autorização**, garantindo que sua aplicação seja segura e confiável.

Sabemos que **erros e debugging** são parte inevitável do processo de desenvolvimento, por isso o **Capítulo 11** aborda estratégias de **troubleshooting no Flask**, ajudando a solucionar problemas comuns.

A segunda parte do livro foca no **FastAPI**, começando no **Capítulo 12**, onde explicamos os conceitos e vantagens desse framework ultrarrápido. No **Capítulo 13**, criamos as primeiras APIs utilizando FastAPI, enquanto no **Capítulo 14**, exploramos a **tipagem estática e validação de dados com Pydantic**, um dos grandes diferenciais da ferramenta.

A documentação automática gerada pelo FastAPI é tema do **Capítulo 15**, onde mostramos como utilizar Swagger e Redoc para criar APIs bem documentadas. No Capítulo 16, abordamos a integração com bancos de dados, utilizando SQLAlchemy e técnicas avançadas para manipulação de dados.

A segurança é um aspecto crítico em qualquer API, e no **Capítulo 17**, discutimos a implementação de autenticação e controle de acesso com JWT e OAuth2. No **Capítulo 18**, focamos na implantação e escalabilidade, ensinando como preparar sua aplicação para rodar em servidores ASGI, com otimização para alto desempenho.

No **Capítulo 19**, exploramos **testes automatizados e boas práticas de qualidade de código**, fundamentais para manter um software confiável. Já no **Capítulo 20**, apresentamos diretrizes de **padronização e organização do código**, garantindo manutenibilidade a longo prazo.

O **Capítulo 21** cobre **debugging e monitoramento**, ensinando a diagnosticar e resolver problemas de forma proativa. No **Capítulo 22**, discutimos **microsserviços e arquiteturas distribuídas**, um paradigma essencial para sistemas escaláveis.

Para um entendimento mais abrangente, o **Capítulo 23** apresenta **arquiteturas modernas de desenvolvimento web**, explorando padrões como MVC e MVVM. No **Capítulo 24**, mostramos **como integrar frontends e consumir APIs**, garantindo uma experiência fluida entre o backend e a interface do usuário.

Casos de uso reais são analisados no **Capítulo 25**, onde estudamos aplicações bem-sucedidas e aprendemos com desafios enfrentados no mercado. A otimização de performance, essencial para aplicações escaláveis, é o foco do **Capítulo 26**, com técnicas avançadas para melhorar tempo de resposta e consumo de recursos.

O **Capítulo 27** aborda o **gerenciamento de dependências e ambientes virtuais**, apresentando ferramentas como pipenv e poetry para um fluxo de desenvolvimento eficiente. No **Capítulo 28**, exploramos **ferramentas e bibliotecas complementares**, ampliando suas possibilidades com

extensões poderosas.

O **Capítulo 29** traz uma visão sobre **tendências e inovações no desenvolvimento web com Python**, analisando novas tecnologias emergentes e o impacto da IA no setor. Por fim, no **Capítulo 30**, discutimos **estratégias para manutenção e evolução de projetos web**, garantindo que suas aplicações continuem eficientes e relevantes ao longo do tempo.

Este livro foi estruturado para garantir que você não apenas compreenda os conceitos essenciais de Flask e FastAPI, mas também seja capaz de aplicá-los de forma prática e estratégica. Se você deseja **criar APIs poderosas, desenvolver aplicações web modernas e se tornar um especialista no ecossistema Python**, esta leitura será um divisor de águas na sua jornada.

Agora é hora de mergulhar no mundo do desenvolvimento web moderno com **Flask e FastAPI**. Vamos juntos explorar as melhores práticas e construir aplicações incríveis!

CAPÍTULO 1. INTRODUÇÃO AO DESENVOLVIMENTO WEB COM PYTHON

O desenvolvimento web passou por uma transformação notável ao longo das últimas décadas. No início da internet, páginas eram construídas de forma estática, com HTML básico e elementos visuais simples. Com o tempo, a necessidade de interatividade e dinamismo impulsionou a evolução das tecnologias envolvidas. Linguagens como JavaScript passaram a desempenhar um papel essencial na criação de experiências mais ricas, enquanto frameworks e bibliotecas facilitaram o trabalho de desenvolvimento.

O advento do modelo cliente-servidor trouxe a necessidade de linguagens que fossem capazes de gerenciar **requisições HTTP, manipular bancos de dados e processar lógica de negócio de forma eficiente**. O Python emergiu como uma das principais linguagens para esse propósito devido à sua **simplicidade, legibilidade e poder de abstração**.

Frameworks para desenvolvimento web começaram a ganhar espaço, oferecendo soluções estruturadas e eficientes para criação de aplicações escaláveis. Inicialmente, ferramentas como CGI e mod_python foram exploradas, mas rapidamente deram lugar a soluções mais modernas, como **Django, Flask e, mais recentemente, FastAPI**, cada um atendendo a diferentes necessidades no ecossistema do desenvolvimento web.

Papel do Python na transformação digital

Python consolidou-se como uma das linguagens mais influentes e amplamente utilizadas no mundo da tecnologia,

impactando não apenas o desenvolvimento web, mas diversas áreas, como **ciência de dados, inteligência artificial, automação e computação em nuvem**. Sua sintaxe clara e expressiva permite que desenvolvedores criem aplicações robustas com menos código e maior legibilidade, tornando a manutenção mais eficiente.

No contexto do desenvolvimento web, **Python** trouxe uma abordagem mais pragmática e enxuta. Diferente de linguagens como Java, que possuem uma estrutura mais rígida e burocrática, Python permite desenvolver rapidamente **APIs, serviços web e aplicações escaláveis** com frameworks flexíveis e poderosos. Isso fez com que empresas adotassem a linguagem em seus produtos, impulsionando sua popularidade.

Além disso, **Python** se tornou a base de grandes plataformas e serviços. Empresas como **Google, Instagram, Netflix e Spotify** utilizam a linguagem em seus ecossistemas, o que valida sua capacidade de lidar com aplicações complexas. Sua compatibilidade com bancos de dados, capacidade de integração com tecnologias modernas e suporte para escalabilidade fazem dela uma das escolhas mais estratégicas para desenvolvedores e arquitetos de software.

Visão geral dos frameworks Flask e FastAPI

Frameworks desempenham um papel fundamental no desenvolvimento web, pois oferecem estruturas organizadas, ferramentas otimizadas e práticas recomendadas para a criação de aplicações eficientes. Entre as diversas opções disponíveis, **Flask** e **FastAPI** se destacam como soluções ágeis e poderosas para a construção de APIs e sistemas web escaláveis.

Flask: Flexibilidade e Simplicidade

Flask é um **microframework** que oferece uma abordagem minimalista para o desenvolvimento web. Diferente de frameworks mais robustos como Django, o Flask proporciona

liberdade total ao desenvolvedor, permitindo que a arquitetura da aplicação seja definida conforme a necessidade do projeto.

Seu design modular facilita a integração com bibliotecas e ferramentas externas, tornando-o ideal para projetos que exigem personalização. Flask permite construir APIs REST de forma prática, possibilitando desde aplicações simples até sistemas complexos, utilizando extensões que ampliam suas funcionalidades.

Principais características do Flask:

- Estrutura leve e flexível
- Suporte para roteamento dinâmico
- Sistema de templates com Jinja2
- Facilidade de integração com bancos de dados via SQLAlchemy
- Suporte a middleware e autenticação personalizada

FastAPI: Performance e Tipagem Estática

FastAPI surgiu como uma resposta à necessidade de frameworks ultrarrápidos e eficientes para desenvolvimento de APIs. Baseado no ASGI (Asynchronous Server Gateway Interface), ele permite a criação de aplicações assíncronas altamente performáticas, otimizando o consumo de recursos do servidor.

Além disso, sua integração com Pydantic oferece suporte nativo para tipagem estática e validação de dados, garantindo segurança e eficiência na manipulação de informações. Sua compatibilidade com OpenAPI e documentação automática tornam o FastAPI uma escolha robusta para projetos modernos.

Principais vantagens do FastAPI:

- Desempenho excepcional devido à execução assíncrona
- Tipagem estática e validação automática com Pydantic

- Geração automática de documentação interativa (Swagger e Redoc)
- Integração nativa com WebSockets e GraphQL
- Ideal para aplicações modernas e microserviços

Enquanto Flask oferece simplicidade e flexibilidade, FastAPI traz performance e robustez, permitindo que desenvolvedores escolham a melhor abordagem para cada necessidade.

Objetivos e estrutura do livro

A proposta deste material é proporcionar um guia completo e altamente didático sobre desenvolvimento web com Python, abordando desde conceitos fundamentais até aplicações avançadas. Este livro foi estruturado para garantir um aprendizado progressivo, combinando teoria e prática, com explicações diretas e códigos aplicáveis.

A estrutura do livro é dividida em três grandes eixos:

1. **Fundamentos do desenvolvimento web com Python**: Explicação sobre conceitos essenciais, protocolos, bancos de dados e ferramentas de apoio.
2. **Aplicações práticas com Flask e FastAPI**: Construção de APIs, manipulação de dados, autenticação e segurança.
3. **Otimização e deploy**: Técnicas avançadas de escalabilidade, integração contínua e práticas modernas de desenvolvimento.

Cada capítulo contém exemplos práticos e explicações detalhadas, permitindo que o leitor aprenda não apenas a teoria, mas como aplicá-la de forma eficaz. A intenção é garantir que ao final da leitura, você esteja apto a desenvolver aplicações web completas, seguras e escaláveis com Python.

A partir daqui, exploraremos cada aspecto dessas tecnologias, demonstrando as melhores práticas para desenvolver **APIs modernas, otimizadas e de alto desempenho**.

CAPÍTULO 2. CONFIGURAÇÃO DO AMBIENTE DE DESENVOLVIMENTO

Para começar o desenvolvimento web com Python, é essencial garantir que o ambiente esteja configurado corretamente. Python já vem instalado por padrão em algumas distribuições do Linux e no macOS, mas a versão pode estar desatualizada. O ideal é sempre ter a versão mais recente para aproveitar novos recursos e otimizações.

No Windows, o instalador oficial pode ser baixado no site oficial do Python. Durante a instalação, a opção "Add Python to PATH" deve ser marcada para permitir o uso do interpretador diretamente no terminal.

Verificação da instalação:

bash

```
python --version
```

Caso seja necessário instalar ou atualizar, o comando abaixo pode ser utilizado em distribuições Linux baseadas em Debian:

bash

```
sudo apt update && sudo apt install python3
```

Em distribuições baseadas em Red Hat:

bash

```
sudo dnf install python3
```

Para macOS, o gerenciador Homebrew facilita a instalação:

bash

```
brew install python
```

A gestão de pacotes é essencial para o desenvolvimento eficiente. O pip é o gerenciador de pacotes padrão e permite instalar bibliotecas diretamente do repositório oficial do Python.

bash

```
pip install flask fastapi
```

Outras opções, como pipenv e poetry, oferecem um controle mais refinado sobre dependências, garantindo isolamento e reprodutibilidade dos ambientes.

Configuração de ambientes virtuais

Ambientes virtuais evitam conflitos entre projetos, garantindo que cada um utilize suas próprias dependências sem interferência de pacotes globais. O venv é a ferramenta integrada ao Python que permite criar e gerenciar esses ambientes.

Para criar um novo ambiente virtual:

bash

```
python -m venv myenv
```

A ativação do ambiente depende do sistema operacional:

- Windows:

bash

```
myenv\Scripts\activate
```

- Linux/macOS:

bash

```
source myenv/bin/activate
```

O terminal indicará que o ambiente virtual está ativo. Nesse estado, qualquer pacote instalado será restrito a esse ambiente, evitando impactos em outros projetos.

Para desativar:

bash

```
deactivate
```

Ferramentas como pipenv gerenciam dependências e ambientes de maneira integrada. Para iniciar um novo projeto com pipenv:

bash

```
pip install pipenv
pipenv install flask
```

Essa abordagem cria um ambiente isolado e um arquivo Pipfile que documenta as dependências, facilitando a reprodutibilidade.

Ferramentas recomendadas (IDE, editores, terminal)

A escolha da ferramenta de desenvolvimento impacta diretamente na produtividade. Editores de código modernos oferecem funcionalidades como destaque de sintaxe, auto-completar, integração com depuração e terminais embutidos.

Visual Studio Code é uma opção popular devido à sua leveza e suporte a extensões. A instalação da extensão oficial do Python habilita funcionalidades avançadas, como IntelliSense

e suporte a depuração.

bash

```
code .
```

PyCharm é uma IDE completa, oferecendo suporte nativo a projetos Python, integração com ambientes virtuais e um sistema avançado de análise de código.

Para usuários que preferem editores minimalistas, **Neovim** e **Vim** oferecem personalização extrema com plugins para Python.

Além do editor, o terminal desempenha um papel fundamental. Consoles como Windows Terminal e iTerm2 proporcionam uma experiência mais fluida, enquanto gerenciadores de sessões como tmux permitem a execução de múltiplos processos simultaneamente.

Boas práticas iniciais de configuração

A estruturação do ambiente influencia a organização e escalabilidade do projeto. Projetos bem estruturados utilizam repositórios Git para versionamento de código, garantindo rastreabilidade e colaboração eficiente.

Inicialização de um repositório:

bash

```
git init
```

Arquivos auxiliares, como .gitignore, devem ser configurados para evitar o versionamento de arquivos desnecessários, como dependências instaladas.

Exemplo de .gitignore para um projeto Python:

csharp

```
__pycache__/
*.pyc
venv/
Pipfile.lock
```

Gerenciadores de dependências devem ser utilizados para manter um ambiente controlado. Com poetry, um projeto pode ser inicializado e suas dependências gerenciadas com maior controle:

bash

```
poetry init
poetry add flask fastapi
```

Linters e formatadores de código garantem a padronização e legibilidade do código. Ferramentas como flake8, black e isort auxiliam na escrita de código limpo e padronizado.

bash

```
pip install flake8 black isort
black .
isort .
flake8 .
```

Configurando um ambiente de desenvolvimento bem estruturado, o desenvolvimento de aplicações com Flask e FastAPI se torna mais eficiente, evitando problemas e otimizando o fluxo de trabalho.

CAPÍTULO 3. FUNDAMENTOS DE PYTHON PARA WEB

Python se destaca no desenvolvimento web devido à sua sintaxe clara e objetiva. Para construir aplicações eficientes, compreender os fundamentos da linguagem é essencial. O código limpo e legível reduz erros e melhora a manutenção.

Os **tipos de dados** são fundamentais para manipulação de informações. As principais categorias incluem:

- **Números:** int, float, complex
- **Texto:** str
- **Listas e tuplas:** list, tuple
- **Conjuntos e dicionários:** set, dict
- **Booleanos:** bool

A atribuição de variáveis segue um modelo dinâmico:

python

```
name = "Flask Web App"
version = 1.0
is_active = True
```

Python permite manipulação eficiente de **strings**:

python

```
message = "Web Development with Python"
print(message.lower())  # web development with python
print(message.upper())  # WEB DEVELOPMENT WITH PYTHON
print(message.replace("Python", "FastAPI"))  # Web
```

Development with FastAPI

O uso de **f-strings** facilita a concatenação de valores dinâmicos:

python

```python
framework = "Flask"
print(f"Developing web applications with {framework}")
```

Estruturas de controle e manipulação de dados

A tomada de decisão e o controle de fluxo são fundamentais para a lógica de aplicações web.

A estrutura if-elif-else permite a execução condicional de código:

python

```python
user_role = "admin"

if user_role == "admin":
    print("Access granted")
elif user_role == "editor":
    print("Limited access")
else:
    print("Access denied")
```

O **loop for** é amplamente utilizado para percorrer coleções de dados:

python

```python
users = ["Alice", "Bob", "Charlie"]

for user in users:
    print(f"Welcome, {user}!")
```

A função range() auxilia na iteração controlada:

python

```
for i in range(1, 6):
    print(f"Processing request {i}")
```

O **loop while** executa código enquanto a condição permanecer verdadeira:

python

```
count = 0

while count < 5:
    print(f"Attempt {count}")
    count += 1
```

A manipulação de **listas e dicionários** é essencial para armazenar e processar dados dinâmicos:

python

```
tasks = ["Initialize server", "Connect to database", "Render templates"]
tasks.append("Handle user requests")

print(tasks)  # ['Initialize server', 'Connect to database', 'Render templates', 'Handle user requests']
```

Dicionários permitem mapeamento de chave-valor:

python

```
user_info = {"name": "Alice", "role": "admin", "active": True}

print(user_info["name"])  # Alice
```

A estruturação de funções modulariza o código e melhora a reutilização:

python

```
def greet_user(name):
    return f"Hello, {name}!"

print(greet_user("Alice"))
```

Organização de módulos e pacotes

A modularização permite que grandes aplicações sejam organizadas de forma clara e escalável. O Python permite dividir código em arquivos distintos, promovendo reuso e manutenibilidade.

Um **módulo** é qualquer arquivo Python (.py) que contém funções ou classes reutilizáveis. A importação pode ser feita diretamente:

python

```
import math

print(math.sqrt(16))  # 4.0
```

Módulos personalizados podem ser criados para estruturar código. Suponha um arquivo helpers.py:

python

```
def format_message(message):
    return message.upper()
```

A importação em outro arquivo torna a função disponível:

python

```
from helpers import format_message

print(format_message("flask app initialized")) # FLASK APP
INITIALIZED
```

Pacotes agrupam múltiplos módulos em uma estrutura organizada. Um pacote é identificado por um diretório contendo um arquivo __init__.py.

plaintext

```
app/
|── main.py
|── utils/
|    |── __init__.py
|    |── db.py
|    |── security.py
```

No módulo db.py:

python

```
def connect():
    return "Database connected"
```

No main.py, a importação do pacote facilita a organização:

python

```
from utils.db import connect

print(connect()) # Database connected
```

Padrões de codificação e legibilidade

Código bem estruturado reduz a complexidade e facilita a colaboração entre desenvolvedores. O guia PEP 8 define boas práticas para escrita de código limpo e legível.

Nomes de variáveis e funções devem ser descritivos:

python

```python
user_count = 100
def get_active_users():
    return user_count
```

Indentação consistente evita erros e melhora a organização. Python utiliza quatro espaços para cada nível de indentação:

python

```python
def process_request(request):
    if request:
        print("Processing request")
```

Linhas não devem ultrapassar 79 caracteres para facilitar a leitura em diferentes telas. Para trechos longos, é possível utilizar \ para quebra de linha:

python

```python
message = "This is a long message that needs to be split " \
        "to improve readability in the code editor."
```

O uso de **type hints** melhora a clareza do código, facilitando a manutenção e reduzindo erros:

python

```python
def add_numbers(a: int, b: int) -> int:
    return a + b
```

Comentários devem ser utilizados para esclarecer trechos críticos, sem redundância:

python

```
# Hashing password before storing in the database
hashed_password = hash_function(user_password)
```

A adoção de formatadores automáticos, como black, assegura padronização:

bash

```
pip install black
black app.py
```

Verificadores de estilo como flake8 identificam inconsistências:

bash

```
pip install flake8
flake8 app.py
```

A aplicação desses princípios melhora a eficiência no desenvolvimento web com Python, tornando o código mais confiável, legível e escalável.

CAPÍTULO 4. CONCEITOS DE HTTP E APIS RESTFUL

A comunicação entre clientes e servidores na web se baseia em um modelo de request-response. O cliente envia uma solicitação, e o servidor retorna uma resposta contendo os dados solicitados ou uma mensagem de erro. HTTP (Hypertext Transfer Protocol) surgiu como o protocolo subjacente a esse modelo, facilitando a troca de informações entre navegadores e servidores em todo o mundo. É um protocolo de aplicação que estabelece como as mensagens devem ser formatadas e transmitidas, influenciando a maneira como serviços e aplicações se comunicam.

A arquitetura cliente-servidor define papéis claros. O cliente, geralmente um navegador ou outra aplicação, inicia a requisição. O servidor, que recebe a solicitação, processa as informações e envia uma resposta adequada. Essa divisão cria um modelo escalável, onde múltiplos clientes podem interagir com um servidor sem precisar manter uma conexão contínua.

O HTTP funciona em cima do TCP/IP, confiando em camadas inferiores para garantir que as mensagens trafeguem corretamente na rede. As mensagens HTTP contêm cabeçalhos que descrevem detalhes da transmissão, como o tipo de conteúdo, tamanho dos dados e parâmetros de cache, além do corpo que transporta o conteúdo principal. Cabeçalhos comuns incluem Host, User-Agent, Accept, Content-Type e Content-Length. Essa flexibilidade facilita a evolução contínua do protocolo e a adoção de novos tipos de mídia.

A evolução do HTTP está ligada a melhorias de desempenho e segurança. Versões posteriores trouxeram mudanças

significativas, como o HTTP/2 e o HTTP/3, que introduziram técnicas de compressão de cabeçalhos, multiplexação de requisições e menor latência. Essa evolução contínua atende às demandas de aplicações modernas, que necessitam de respostas rápidas e escaláveis.

Desenvolvedores têm a liberdade de enviar e receber dados em formatos diversos. JSON (JavaScript Object Notation) se tornou o favorito em APIs modernas, pois combina leveza e legibilidade. XML ainda aparece em serviços legados ou integrações específicas, enquanto o HTML é mais comum em páginas renderizadas para usuários finais.

Métodos HTTP e códigos de status

O protocolo define métodos (ou verbos) que descrevem a intenção de cada requisição. Os métodos básicos são GET, POST, PUT, DELETE, PATCH, HEAD e OPTIONS. Cada um tem um propósito e semântica específicos, permitindo que clientes expressem claramente o tipo de operação desejada no servidor.

GET obtém informações sem alterar o estado do servidor. Uma requisição GET não deve ter efeitos colaterais, como inserir ou modificar dados, sendo ideal para leitura simples. Um exemplo de solicitação GET com a biblioteca requests em Python:

python

```python
import requests

response = requests.get("https://api.example.com/users")
if response.status_code == 200:
    data = response.json()
    print(data)
```

POST insere ou envia dados ao servidor. Esse método costuma ser usado para criar recursos, como adicionar um registro em um banco de dados. Um script simples em Python:

python

```
import requests

new_user = {
    "name": "Alice",
    "email": "alice@example.com"
}

response = requests.post("https://api.example.com/users",
json=new_user)
print(response.status_code)
```

PUT atualiza recursos existentes de forma completa, substituindo a representação anterior pelos dados enviados. DELETE remove recursos existentes. PATCH atualiza apenas campos específicos de um recurso. HEAD é semelhante ao GET, mas não retorna o corpo. OPTIONS permite que o cliente conheça quais métodos e interações o servidor aceita.

Os códigos de status informam se a operação foi bem-sucedida ou encontrou algum problema. Cada código é dividido em classes: 1xx (informativos), 2xx (sucesso), 3xx (redirecionamentos), 4xx (erros do cliente) e 5xx (erros do servidor). O uso correto desses códigos ajuda clientes e desenvolvedores a compreender o estado da requisição.

A categoria 2xx indica sucesso. O 200 OK confirma que a requisição foi processada sem problemas, enquanto 201 Created sinaliza que um novo recurso foi criado com sucesso. A categoria 4xx aponta que houve um erro do lado do cliente. O 400 Bad Request evidencia requisição malformada, 401 Unauthorized indica falhas de autenticação e 404 Not Found avisa que o recurso requisitado não existe. A categoria 5xx representa erros do servidor. O 500 Internal Server Error acontece quando o servidor encontra um problema interno, 503 Service Unavailable informa indisponibilidade

temporária.

A adoção consistente desses códigos e métodos traz clareza, permitindo que clientes se adaptem e tratem cada situação de forma apropriada. Sistemas que seguem essa abordagem se tornam mais previsíveis e fáceis de dar manutenção.

Princípios das APIs RESTful

APIs RESTful (Representational State Transfer) são baseadas em um conjunto de princípios que garantem escalabilidade, simplicidade e flexibilidade. Esses princípios incluem:

1. **Arquitetura cliente-servidor**
   A responsabilidade de apresentar dados ao usuário fica no cliente, enquanto o servidor gerencia o armazenamento e processamento. Essa separação promove maior organização e reuso de componentes.

2. **Interface uniforme**
   A comunicação entre cliente e servidor obedece a convenções de recursos, métodos e formatação de dados. Cada recurso é acessado por uma URI (Uniform Resource Identifier) e manipulado por métodos HTTP, o que traz previsibilidade.

3. **Sem estado (stateless)**
   Cada requisição é tratada como independente. O servidor não armazena o estado do cliente, o que facilita escalabilidade horizontal. Se o usuário precisa de informações de sessão, o cliente envia tokens ou credenciais a cada requisição.

4. **Cacheável**
   Respostas podem ser marcadas como armazenáveis (cacheable), melhorando desempenho e reduzindo tráfego na rede. Cabeçalhos como Cache-Control e ETag determinam regras de cache.

5. **Sistema em camadas**
   A arquitetura pode incluir proxies, balanceadores de carga ou outras camadas intermediárias que

garantem segurança, desempenho e escalabilidade sem alterar a lógica de aplicação.

6. **Código sob demanda (opcional)**
   Essa possibilidade permite que o servidor forneça código executável ao cliente. Em muitos casos, JavaScript é enviado para o navegador, tornando as aplicações mais dinâmicas.

Para construir APIs RESTful robustas, é comum representar recursos com substantivos no plural. Uma rota como /users representa a coleção de usuários, enquanto /users/{id} faz referência a um usuário específico. Esse padrão garante previsibilidade e facilita a compreensão do que a rota representa.

Um exemplo de rota básica em Flask para retornar todos os usuários:

python

```python
from flask import Flask, jsonify

app = Flask(__name__)

users = [
    {"id": 1, "name": "Alice"},
    {"id": 2, "name": "Bob"}
]

@app.route("/users", methods=["GET"])
def get_users():
    return jsonify(users)

if __name__ == "__main__":
    app.run(debug=True)
```

O método GET é aplicado para recuperar informações. A resposta contém um array em formato JSON com

as informações desejadas. Essa implementação reflete as diretrizes REST: uso de um método condizente com a ação pretendida, representação de recurso por meio de substantivo no plural e retorno de dados em formato padronizado.

Comparação com outras arquiteturas de API

A popularização de REST se deve à simplicidade e aderência ao protocolo HTTP. Porém, surgiram arquiteturas diferentes que atendem demandas específicas. O GraphQL, por exemplo, oferece uma linguagem de consulta que permite aos clientes especificar exatamente quais dados querem receber. A flexibilidade evita sobrecarga de dados (over-fetching) e limita requisições redundantes (under-fetching), mas exige um servidor que interprete e resolva as consultas dinamicamente. Esse modelo é útil para aplicativos complexos com múltiplas visualizações de dados.

Há soluções baseadas em RPC (Remote Procedure Call), onde as interações se assemelham a chamadas de funções remotas. Esse estilo é popular em sistemas distribuídos que prezam pela simplicidade de integrar microserviços. Em contrapartida, a semântica de recursos do REST, com métodos HTTP bem definidos, costuma ser mais clara para integrações externas.

Algumas empresas adotam o padrão SOAP (Simple Object Access Protocol) em integrações corporativas legadas. O SOAP depende de XML e de esquemas para validação e descrição de serviços. Embora seja robusto, é considerado mais complexo e pesado em comparação ao REST e JSON.

As APIs baseadas em eventos também ganham espaço, especialmente quando há necessidade de comunicação em tempo real. Protocolos como WebSockets permitem conexões persistentes, onde servidor e cliente podem trocar mensagens continuamente. Esse modelo se encaixa em aplicações de chat, streaming ou dashboards de monitoramento.

O REST mantém relevância por estabelecer convenções

simples que utilizam recursos e métodos HTTP de forma intuitiva. Muitos serviços e bibliotecas otimizam essa interação, e frameworks como Flask e FastAPI facilitam a criação de endpoints seguindo essas práticas. A escolha de outras arquiteturas depende do cenário, mas REST continua sendo a abordagem dominante por equilibrar simplicidade, escalabilidade e robustez.

APIs RESTful incentivam desenvolvedores a explorarem o padrão de recursos e endpoints bem definidos, que transmitem significado claro. O sucesso de uma API depende também de boas práticas de documentação e versionamento, já que integrações externas precisam de instruções precisas e estabilidade ao longo do ciclo de vida da aplicação. Ferramentas como OpenAPI (Swagger) automatizam esse processo, gerando documentação interativa a partir das rotas definidas no código.

Em muitos projetos, APIs REST servem como porta de entrada para sistemas mais complexos. Aplicações frontend, microserviços internos e até dispositivos IoT podem se comunicar com esses endpoints, tornando-se parte de um ecossistema escalável e interoperável. O protocolo HTTP, aliado aos métodos e códigos de status, cria um diálogo claro entre componentes que podem estar distribuídos globalmente. Esse cenário impulsiona a adoção de REST como principal padrão de comunicação entre diferentes plataformas.

A evolução do desenvolvimento web e a alta demanda por integrações mantêm o REST em destaque, já que muitas ferramentas de desenvolvimento fornecem suporte pronto. O grande volume de recursos disponíveis, como bibliotecas e artigos, possibilita a rápida adoção dessa arquitetura. A comunidade também oferece feedback e práticas consagradas para lidar com segurança, versionamento, autenticação e outras necessidades que surgem na construção de APIs maduras.

Quando uma equipe decide entre REST, GraphQL, gRPC ou SOAP, diversos fatores são avaliados: escalabilidade, familiaridade da equipe com o padrão, necessidades de performance e requisitos de versão. REST segue sendo uma escolha segura em inúmeras situações. Apesar de a comunidade explorar cada vez mais o GraphQL, e de gRPC atrair projetos que valorizam alta velocidade em comunicações internas, o REST ainda é a primeira opção em muitos projetos de integração entre serviços e sistemas legados.

A adoção de REST não impede a combinação com outros estilos. Uma solução pode expor um endpoint REST para clientes externos, enquanto internamente utiliza um protocolo diferente para serviços críticos. Esse modelo híbrido permite aproveitar a popularidade e os recursos de REST em conjunto com as vantagens de outro padrão nas comunicações internas.

O mais importante é manter a coerência na forma de definir rotas e recursos, documentar cada endpoint e adotar métodos e códigos de status de maneira correta. A padronização evita confusões e retrabalho, principalmente quando múltiplos desenvolvedores colaboram em um mesmo projeto ou quando novas equipes assumem a manutenção do sistema.

Esses conceitos formam o alicerce das aplicações modernas, guiando a forma como clientes e servidores interagem. O HTTP estabelece o mecanismo de transporte de dados, os métodos e códigos de status definem o comportamento das requisições, e o REST organiza as regras de acesso a recursos. Compreender esses elementos permite criar soluções resilientes, escaláveis e que seguem as boas práticas do desenvolvimento web. Quando essas soluções crescem, integrações com terceiros se tornam mais simples, pois muitas empresas esperam que as APIs sigam padrões de mercado. Isso reduz barreiras de adoção e acelera a construção de ecossistemas digitais cada vez mais complexos.

Projetos que seguem esse modelo têm mais chances de

sucesso a longo prazo, já que a comunidade e as ferramentas de monitoramento e documentação estão amplamente difundidas, oferecendo suporte e possibilitando melhorias contínuas. Portanto, dominar os fundamentos de HTTP, métodos, códigos de status e REST cria uma base sólida para avançar na criação de APIs robustas e confiáveis.

CAPÍTULO 5. INTRODUÇÃO AO FLASK

Flask surgiu no ecossistema Python como um projeto que prioriza a simplicidade e a liberdade de escolha na construção de aplicações web. A iniciativa partiu de Armin Ronacher e membros da comunidade do Pocoo, que buscavam criar uma base enxuta, sem imposições estruturais, mas que ainda oferecesse poder de expansão por meio de extensões. A criação do projeto ocorreu a partir de um experimento chamado Denied, uma brincadeira no Dia da Mentira, que acabou evoluindo para algo sério quando ficou evidente que havia necessidade de um microframework minimalista para Python.

A ideia central está fundamentada em fornecer apenas o essencial para iniciar um aplicativo web, deixando que cada desenvolvedor decida quais bibliotecas adicionais são apropriadas. Essa escolha contrasta com outros frameworks que adotam abordagens mais completas e opinativas, inserindo ferramentas internas para cada parte do desenvolvimento. Em Flask, a autonomia do programador permite integrar soluções específicas de banco de dados, autenticação, templates ou outras funcionalidades, sem ficar preso a um pacote monolítico.

A comunidade adotou rapidamente essa filosofia, pois combina leveza e flexibilidade. Muitos iniciam com um script simples em Python, adicionando peças conforme a aplicação cresce. Essa mentalidade agrada quem prefere controle total sobre cada dependência e não deseja aprender regras de um framework complexo. Flask abraça práticas do ecossistema Python, incentivando modularização, uso de ambientes

virtuais e adoção de padrões de codificação para manter a aplicação limpa e sustentável.

Essa história de origem ressalta a natureza experimental e colaborativa do ecossistema open source, pois a brincadeira se transformou em uma das soluções mais populares para desenvolvimento web em Python. A filosofia minimalista permanece até hoje, atraindo tanto iniciantes que desejam dar os primeiros passos, quanto profissionais que necessitam de total liberdade arquitetural.

Vantagens do micro framework

O conceito de micro framework refere-se à proposta de oferecer apenas funcionalidades mínimas para lidar com rotas, requisições e respostas, sem incluir ferramentas de banco de dados, sistemas de template ou módulos de autenticação. Muitas vantagens decorrem dessa abordagem:

- **Curva de aprendizado reduzida**
  Poucos conceitos internos tornam o framework mais simples de entender. Quem está começando pode assimilar os princípios básicos rapidamente, construindo APIs e servidores web sem sobrecarga de conhecimento.
- **Flexibilidade na escolha de extensões**
  A ausência de soluções pré-embutidas deixa espaço para que cada projeto use as bibliotecas de preferência. É possível adotar SQLAlchemy, MongoEngine ou outro ORM para persistência de dados, bem como implementar diferentes estratégias de autenticação conforme as necessidades da aplicação.
- **Manutenção facilitada**
  Uma base de código pequena e bem segmentada facilita atualizações e resolução de problemas. A estrutura enxuta agiliza a leitura do código, pois cada dependência adicional é escolhida conscientemente e segue um propósito claro.
- **Comunidade e suporte**

Flask permaneceu popular por anos, o que resultou em grande variedade de tutoriais, extensões e exemplos disponíveis em repositórios públicos. A vasta comunidade compartilha práticas recomendadas para segurança, escalabilidade e integração com serviços externos.

- **Escalabilidade gradual**
  Aplicações iniciadas de maneira simples podem crescer sem reescrever tudo. Quem precisa de mais recursos adiciona módulos e bibliotecas conforme a aplicação se expande.

Esses pontos tornam Flask atraente para protótipos rápidos, APIs RESTful, sistemas de administração interna e até grandes aplicações que se beneficiam da arquitetura flexível. A decisão de usar um micro framework costuma ser baseada em preferências pessoais, tamanho do projeto e requisitos de customização.

Instalação e primeiros passos

Flask requer Python instalado em uma versão atualizada. Muitas vezes, a criação de um ambiente virtual garante que as dependências fiquem isoladas. Seguindo as boas práticas mencionadas em tópicos anteriores, é comum iniciar assim:

bash

```
python -m venv venv
source venv/bin/activate # Linux/macOS
venv\Scripts\activate.bat # Windows
```

Com o ambiente virtual ativo, a instalação é feita via pip:

bash

```
pip install flask
```

O primeiro projeto costuma começar com um arquivo que

define rotas básicas. Muitos nomeiam esse arquivo como app.py ou main.py. Um exemplo de aplicação mínima:

python

```
# EXEMPLO 1
# PASSO 1: importando a classe Flask e a função jsonify
from flask import Flask, jsonify

# PASSO 2: criação da instância do Flask
app = Flask(__name__)

# PASSO 3: definição de uma rota simples que retorna uma
resposta JSON
@app.route("/")
def home():
    return jsonify(message="Hello Flask")

# PASSO 4: executando o servidor em modo debug para
desenvolvimento
if __name__ == "__main__":
    app.run(debug=True)
# FINALIZAÇÃO
```

No script acima, o método route vincula o caminho raiz ("/") à função home. Quando um cliente acessa esse endpoint, a resposta retorna um objeto JSON com a mensagem. A função run inicia o servidor local.

Erros Comuns e Como Corrigi-los

- **Erro Comum**: ModuleNotFoundError: No module named 'flask'
  Mensagem de Erro: Esse erro costuma aparecer quando Flask não foi instalado no ambiente correto ou o ambiente virtual não está ativado.
  Causa Provável: Falta de ativação do ambiente virtual ou instalação fora do ambiente virtual.

Solução Correta: Ativar o ambiente virtual e instalar Flask novamente.

- **Erro Comum**: NameError: name 'Flask' is not defined
  Mensagem de Erro: O Python não reconhece a classe Flask.
  Causa Provável: Falta de import ou erro de digitação no nome da classe.
  Solução Correta: Conferir se a linha from flask import Flask está presente e se o nome está escrito corretamente.

- **Erro Comum**: OSError: [Errno 98] Address already in use
  Mensagem de Erro: A porta usada pelo Flask está ocupada.
  Causa Provável: Outro processo está escutando na mesma porta (geralmente 5000).
  Solução Correta: Encerrar o processo em execução ou mudar a porta, por exemplo: app.run(debug=True, port=5001).

Estrutura básica de uma aplicação Flask

A simplicidade permite começar com um arquivo único, mas é comum reorganizar a aplicação em múltiplos módulos à medida que cresce. Uma estrutura típica:

plaintext

```
my_flask_app/
├── app.py
├── requirements.txt
├── config.py
├── static/
│   └── styles.css
├── templates/
│   └── index.html
└── .gitignore
```

Cada elemento cumpre um papel:

- app.py contém as rotas principais e a lógica inicial.
- requirements.txt lista as dependências, permitindo que outros desenvolvedores repliquem o ambiente.
- config.py pode armazenar configurações sensíveis, como credenciais de banco de dados ou chaves de API.
- A pasta static/ abriga arquivos estáticos, como CSS, imagens e JavaScript.
- A pasta templates/ armazena arquivos HTML, processados pelo mecanismo de template do Flask (Jinja2).

Um exemplo com rotas adicionais e uso de templates:

python

```python
# EXEMPLO 2
# PASSO 1: importando Flask e render_template
from flask import Flask, render_template

app = Flask(__name__)

# PASSO 2: rota para a página inicial, retornando um template
HTML
@app.route("/")
def index():
    return render_template("index.html")

# PASSO 3: rota para exibir detalhes de um usuário, usando
parâmetros de rota
@app.route("/user/<username>")
def show_user(username):
    return f"User Profile: {username}"

# PASSO 4: executando em modo debug
if __name__ == "__main__":
    app.run(debug=True)
# FINALIZAÇÃO
```

O render_template utiliza o Jinja2, um mecanismo de template que permite criar páginas dinâmicas. O arquivo index.html (dentro de templates/) pode ser:

html

```html
<!-- index.html -->
<!DOCTYPE html>
<html>
<head>
    <meta charset="utf-8">
    <title>Flask App</title>
</head>
<body>
    <h1>Welcome to Flask!</h1>
</body>
</html>
```

O Flask, por padrão, procura os templates na pasta templates. É possível customizar esse caminho se necessário. Quando a rota / é acessada, a função index chama render_template("index.html"), retornando o HTML para o navegador.

Erros Comuns e Como Corrigi-los

- **Erro Comum:** jinja2.exceptions.TemplateNotFound: index.html
  Mensagem de Erro: O Flask não localiza o arquivo de template solicitado.
  Causa Provável: Arquivo fora do diretório templates ou nome incorreto.
  Solução Correta: Confirmar que index.html está na pasta templates e que o nome do arquivo coincide com o que foi passado a render_template.
- **Erro Comum:** TypeError: 'NoneType' object is not

callable

Mensagem de Erro: Normalmente ocorre se a função render_template não foi importada corretamente ou foi sobrescrita.

Causa Provável: Falha no import: from flask import render_template.

Solução Correta: Garantir a importação e verificar se não há variável ou função nomeada como render_template.

Formatação e Estrutura do Código

O Flask aceita a organização do código em módulos, evitando concentração de lógica em um único arquivo. Em projetos maiores, a criação de uma pasta app/ com diversos submódulos melhora o encapsulamento:

plaintext

```
my_flask_app/
├── app/
│   ├── __init__.py
│   ├── routes.py
│   ├── models.py
│   └── forms.py
├── templates/
├── static/
└── run.py
```

Um arquivo __init__.py dentro de app/ inicializa a aplicação e registra rotas:

python

```
# EXEMPLO 3
# PASSO 1: importando Flask e criando a instância
from flask import Flask

def create_app():
```

```python
app = Flask(__name__)

# Configurações da aplicação
app.config["SECRET_KEY"] = "any-random-secret-key"

# Registrando rotas
from app.routes import main
app.register_blueprint(main)

return app
# FINALIZAÇÃO
```

No routes.py:

python

```python
# EXEMPLO 4
# PASSO 1: importando Blueprint
from flask import Blueprint, jsonify

main = Blueprint("main", __name__)

# PASSO 2: definindo rotas dentro do Blueprint
@main.route("/")
def index():
    return jsonify(message="Blueprint routing works")
# FINALIZAÇÃO
```

No run.py:

python

```python
# EXEMPLO 5
# PASSO 1: importando a função create_app
from app import create_app

# PASSO 2: instanciando a aplicação
app = create_app()
```

```
# PASSO 3: executando a aplicação
if __name__ == "__main__":
    app.run(debug=True)
# FINALIZAÇÃO
```

Essa forma de organização facilita separar rotas, modelos e formulários em arquivos distintos, mantendo o projeto limpo. O Blueprint é um recurso poderoso que ajuda a modularizar grandes aplicações. Cada módulo pode registrar suas rotas e configuração, e todos são integrados no arquivo principal que inicia o servidor.

Erros Comuns e Como Corrigi-los

- **Erro Comum:** ImportError: cannot import name 'main' from partially initialized module 'app.routes'
  Mensagem de Erro: O Python não conseguiu resolver a dependência entre módulos.
  Causa Provável: Import circular ou hierarquia incorreta.
  Solução Correta: Verificar se app.routes não está importando algo de app.__init__ que gera dependência recíproca. Ajustar a ordem dos imports e a separação de funções.
- **Erro Comum:** KeyError: 'SECRET_KEY'
  Mensagem de Erro: Uma chave de configuração que não existe foi acessada.
  Causa Provável: Falta de definição da SECRET_KEY ou erro de digitação.
  Solução Correta: Garantir a configuração app.config["SECRET_KEY"] = "some_key" ou checar o nome usado durante o acesso.

Destaque de boas práticas

Flask oferece flexibilidade, mas a adoção de determinadas práticas fortalece a aplicação:

- **Uso de Blueprints** para modularizar rotas

- **Boa organização de pastas** para não sobrecarregar um único arquivo
- **Gerenciamento de dependências** através de um arquivo requirements.txt ou Pipfile
- **Variáveis de ambiente** para manter segredos e chaves fora do código fonte
- **Uso de linters** como flake8 e formatadores como black para padronizar o estilo

Códigos segmentados facilitam o entendimento de cada parte do projeto. Comentários devem ser objetivos, descrevendo a motivação de trechos de código. Evitar comentários redundantes para manter a fluidez de leitura.

Flask possibilita um início rápido e sem bloqueios, oferecendo uma estrutura robusta para quem precisa de liberdade e crescimento progressivo. A filosofia minimalista direciona o desenvolvedor a tomar decisões arquiteturais conscientes. Quem abraça esse microframework tem acesso a uma comunidade extensa, além de um conjunto rico de extensões que cobrem áreas como segurança, banco de dados e autenticação.

A transição do protótipo simples a um projeto de larga escala acontece de maneira orgânica, graças à modularização e à capacidade de integrar ferramentas personalizadas. A partir dessas fundações, podem surgir aplicações altamente especializadas, prontos para atender nichos de negócio ou projetos mais gerais, como APIs, serviços de backend ou até sistemas de administração. Essa flexibilidade explica a constante popularidade do Flask em equipes que valorizam rapidez e autonomia na concepção de soluções web.

CAPÍTULO 6. ESTRUTURA E ROTEAMENTO NO FLASK

Configurar rotas e gerenciar o fluxo de requisições é um dos pontos centrais em qualquer aplicação web, principalmente em projetos que utilizam Flask para estruturar endpoints de API ou páginas HTML. O roteamento permite controlar como o servidor responde a solicitações específicas, definindo a lógica de cada URL e direcionando os usuários aos recursos adequados. Uma aplicação com rotas bem organizadas tende a ser mais fácil de manter, pois fica clara a relação entre cada endereço e a funcionalidade associada. As rotas formam a base para a criação de serviços RESTful, integrações com frontends e até comunicações internas entre microserviços. O Flask é conhecido pela simplicidade na hora de estabelecer esses caminhos, pois adota um sistema de decorators que torna o código mais legível.

Existe flexibilidade para modelar rotas de acordo com as preferências de cada equipe, oferecendo liberdade para uso de variáveis dinâmicas, tratamento diferenciado de métodos HTTP e, quando necessário, organização em múltiplos módulos. A maneira como cada rota é configurada impacta a experiência do usuário e a clareza da aplicação, já que bons nomes de endpoints ajudam a comunicar o propósito de cada recurso. O uso de parâmetros de rota facilita a criação de caminhos que refletem identidades únicas, como IDs de usuários ou nomes de categorias, sem precisar recorrer a query strings para informações simples.

Esse processo abrange as camadas de configuração, criação e mapeamento de endpoints, bem como o tratamento de

parâmetros dinâmicos. A abordagem adotada pelo Flask concentra essas definições nos decorators, tornando o fluxo do código claro. Em projetos maiores, a organização modular assume protagonismo, uma vez que a concentração de lógica de roteamento em um único arquivo pode dificultar manutenções futuras. A combinação de Blueprints e boas práticas de arquitetura permite escalar a aplicação sem sacrificar a legibilidade.

Essa sessão aborda a definição de rotas, o uso de decorators, a manipulação de variáveis dinâmicas e a melhor forma de estruturar roteamento para que o crescimento do projeto seja sustentado. São apresentados exemplos em Python que podem ser adaptados conforme a necessidade de cada aplicação. Sempre que um script for apresentado, são incluídas seções de troubleshooting para ajudar a identificar problemas comuns e resolvê-los de forma rápida.

Configuração e definição de rotas

O Flask utiliza o conceito de roteamento para associar URLs a funções Python responsáveis por gerar respostas. Quando um cliente faz uma requisição para um determinado caminho, o servidor Flask localiza a rota correspondente e executa a função vinculada. Em configurações simples, bastam poucas linhas de código para estabelecer rotas iniciais e verificar a funcionalidade da aplicação.

Um arquivo principal que ilustra a criação de rotas pode ser chamado de app.py:

python

```
# EXEMPLO 1
# PASSO 1: importando módulos necessários
from flask import Flask, jsonify, request

# PASSO 2: inicialização da aplicação Flask
app = Flask(__name__)
```

```
# PASSO 3: definição de rota para o caminho raiz
@app.route("/", methods=["GET"])
def home():
    return jsonify(message="Welcome to the home page")

# PASSO 4: rota para um endpoint de informações
@app.route("/info", methods=["GET"])
def info():
    return jsonify(app_name="MyFlaskApp", version="1.0")

# PASSO 5: executando o servidor em modo debug
if __name__ == "__main__":
    app.run(debug=True)
# FINALIZAÇÃO
```

Esse script cria duas rotas. A primeira corresponde ao caminho raiz "/" e responde apenas ao método GET com uma mensagem JSON. A segunda, em "/info", retorna informações adicionais sobre a aplicação. Cada rota está associada a uma função Python que executa tarefas específicas. Se o servidor estiver rodando na porta padrão (5000), acessar http://127.0.0.1:5000/info mostrará o objeto JSON definido pela função info.

Erros Comuns e Como Corrigi-los:

- **Erro Comum:** TypeError: 'NoneType' object is not callable
  Mensagem de Erro: Geralmente indica que algum decorator não foi importado ou foi sobrescrito.
  Causa Provável: Falta de import do app.route ou uso incorreto de decorators.
  Solução Correta: Garantir que from flask import Flask e o uso correto de @app.route(...). Verificar se app não foi redefinido posteriormente.
- **Erro Comum:** RuntimeError: Working outside of request

context

Mensagem de Erro: O Flask não reconhece o contexto de requisição durante uma operação que depende desse contexto.

Causa Provável: Função que acessa objetos da requisição (request, session) fora do fluxo de rota.

Solução Correta: Realizar essas operações dentro da função associada ao decorator, evitando chamadas fora do contexto.

- Erro Comum: Method Not Allowed (405)

  Mensagem de Erro: A rota foi acessada com um método HTTP diferente daquele configurado.

  Causa Provável: Ausência de methods=["GET", "POST"] ou método inválido.

  Solução Correta: Incluir todos os métodos permitidos no decorator.

Uso de decorators para mapeamento de endpoints

O Flask se destaca pela adoção de decorators para mapear rotas de forma declarativa. Em vez de registrar cada caminho em uma tabela de rotas manualmente, basta anotar as funções com o decorator @app.route("/caminho", methods=["..."]) para associá-las ao endpoint correspondente. Esse estilo facilita a leitura, pois a rota e a função ficam próximas, evitando buscas em diferentes partes do código.

Quando métodos HTTP são omitidos, o padrão é GET. Em projetos que exigem criação de recursos, POST costuma ser ativado. Para atualização, PUT ou PATCH podem ser especificados, enquanto DELETE remove dados. A anotação de métodos adequados torna a API mais clara, além de seguir práticas RESTful.

Um exemplo de rota para criar um item no banco de dados via POST:

python

```
# EXEMPLO 2
# PASSO 1: importando módulos
from flask import Flask, request, jsonify

app = Flask(__name__)

# PASSO 2: rota que aceita POST para criar um recurso
@app.route("/items", methods=["POST"])
def create_item():
    data = request.get_json()
    item_name = data.get("name")
    item_value = data.get("value")

    # Lógica de persistência em banco ou memória
    new_item = {"id": 123, "name": item_name, "value":
item_value}

    return jsonify(new_item), 201

if __name__ == "__main__":
    app.run(debug=True)
# FINALIZAÇÃO
```

O decorator possui @app.route("/items", methods=["POST"]) para registrar a função create_item. Ao enviar requisições POST para /items, esse código extrai dados do corpo da requisição via request.get_json(), cria um objeto, retorna em JSON com status 201 (Created). Esse fluxo exemplifica a abordagem recomendada em uma API que segue práticas REST, pois o caminho plural de /items sugere a criação de múltiplos itens.

Erros Comuns e Como Corrigi-los:

- **Erro Comum:** KeyError ao acessar data["name"]
  Mensagem de Erro: Indica que a chave "name" não está presente nos dados.

Causa Provável: Corpo da requisição não possui esse campo.

Solução Correta: Usar data.get("name") para evitar KeyError. Verificar se o cliente está enviando JSON válido.

- Erro Comum: 400 Bad Request ao chamar a rota

Mensagem de Erro: O servidor não compreende a requisição.

Causa Provável: O cliente pode estar enviando dados em formato incorreto ou sem cabeçalhos adequados, como Content-Type: application/json.

Solução Correta: Conferir o formato da requisição e o cabeçalho.

- Erro Comum: Falta de retorno JSON e status code

Mensagem de Erro: Em logs, pode se notar que a rota não está retornando a resposta desejada.

Causa Provável: A função não finaliza com return jsonify(...).

Solução Correta: Garantir a conversão dos dados em JSON e status code adequados.

Parâmetros de rota e variáveis dinâmicas

Aplicações costumam receber parâmetros que identificam recursos específicos. Um ID de usuário, por exemplo, pode ser parte da URL, ajudando a manter rotas sem query strings excessivas. O Flask permite definir rotas com variáveis dinâmicas usando sintaxe <tipo:variavel>. O tipo pode ser int, float, path, ou omitido para strings.

Exemplo de rota que obtém um item por ID:

python

```
# EXEMPLO 3
# PASSO 1: rota com parâmetro de rota inteiro
@app.route("/items/<int:item_id>", methods=["GET"])
def get_item(item_id):
    # Recuperar o item pelo ID em um banco de dados
```

```
# Caso seja encontrado, retorná-lo
sample_item = {"id": item_id, "name": "SampleItem", "value":
99}

return jsonify(sample_item), 200
# FINALIZAÇÃO
```

A rota /items/<int:item_id> captura o valor como inteiro, armazenando-o na variável item_id. Se o cliente requisitar /items/10, a função recebe item_id=10. Caso o tipo seja omitido, o valor será interpretado como string. No caso de <path:some_path>, é possível capturar barras adicionais.

Erros Comuns e Como Corrigi-los:

- Erro Comum: Not Found ao acessar /items/text
  Mensagem de Erro: A rota não aceita strings para item_id, pois foi declarada com <int:item_id>.
  Causa Provável: O caminho definido só aceita inteiros.
  Solução Correta: Mudar para <string:item_id> ou <item_id> se a intenção for capturar valores não numéricos.
- Erro Comum: Falha na conversão de tipo
  Mensagem de Erro: Pode ocorrer se <int:item_id> é usado, mas o valor recebido não é um número válido.
  Causa Provável: A URL continha caracteres não numéricos.
  Solução Correta: Verificar se o cliente envia valores corretos. Ajustar a rota se necessário.

Organização modular das rotas

Aplicações de maior porte se beneficiam de uma divisão do roteamento em diferentes módulos. Colocar todas as rotas no mesmo arquivo app.py pode se tornar inviável com o tempo, pois dificulta a manutenção e o entendimento. O Flask oferece Blueprints, que permitem agrupar rotas relacionadas em um único componente, favorecendo a modularização.

Um projeto pode ter a seguinte estrutura:

markdown

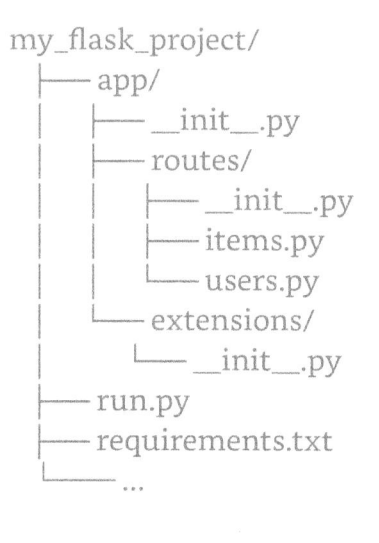

```
my_flask_project/
├── app/
│   ├── __init__.py
│   ├── routes/
│   │   ├── __init__.py
│   │   ├── items.py
│   │   └── users.py
│   └── extensions/
│       └── __init__.py
├── run.py
├── requirements.txt
└── ...
```

No arquivo items.py:

python

```python
# EXEMPLO 4
# PASSO 1: importando módulos
from flask import Blueprint, jsonify, request

items_bp = Blueprint("items_bp", __name__)

# PASSO 2: rota para obter todos os itens
@items_bp.route("/items", methods=["GET"])
def list_items():
    sample_items = [
        {"id": 1, "name": "Book", "value": 30},
        {"id": 2, "name": "Laptop", "value": 1500}
    ]
    return jsonify(sample_items), 200

# PASSO 3: rota para criar item
```

```
@items_bp.route("/items", methods=["POST"])
def create_item():
    data = request.get_json()
    name = data.get("name")
    value = data.get("value")
    new_item = {"id": 3, "name": name, "value": value}
    return jsonify(new_item), 201
# FINALIZAÇÃO
```

No users.py:

python

```
# EXEMPLO 5
# PASSO 1: importando módulos
from flask import Blueprint, jsonify

users_bp = Blueprint("users_bp", __name__)

# PASSO 2: rota para obter detalhes de usuário
@users_bp.route("/users/<int:user_id>", methods=["GET"])
def get_user(user_id):
    user_info = {"id": user_id, "name": "User Example", "role": "admin"}
    return jsonify(user_info), 200
# FINALIZAÇÃO
```

No __init__.py dentro de routes/:

python

```
# EXEMPLO 6
# PASSO 1: importando os Blueprints
from .items import items_bp
from .users import users_bp

# A variável __all__ pode ser usada para exportar publicamente
os objetos
```

```
__all__ = ["items_bp", "users_bp"]
# FINALIZAÇÃO
```

No app/__init__.py:

python

```
# EXEMPLO 7
# PASSO 1: importando Flask e os Blueprints
from flask import Flask
from app.routes import items_bp, users_bp

def create_app():
    app = Flask(__name__)

    # PASSO 2: registro dos Blueprints
    app.register_blueprint(items_bp)
    app.register_blueprint(users_bp)

    return app
# FINALIZAÇÃO
```

No run.py:

python

```
# EXEMPLO 8
# PASSO 1: importando create_app
from app import create_app

app = create_app()

if __name__ == "__main__":
    app.run(debug=True)
# FINALIZAÇÃO
```

Ao iniciar o servidor com python run.py, as rotas definidas em items.py e users.py ficam ativas. Os endpoints /

items e /users/<int:user_id> respondem conforme a lógica estabelecida. A modularização aumenta a clareza, pois cada módulo agrupa rotas com responsabilidade semelhante. Em grandes aplicações, é comum incluir subpastas para organizar cada macrofuncionalidade ou área de negócio, além de dividir código de rotas, lógica de domínio, modelos de dados e validações.

Erros Comuns e Como Corrigi-los:

- **Erro Comum:** ImportError: cannot import name 'items_bp' from 'app.routes'
  Mensagem de Erro: Indica que o módulo items_bp não foi encontrado em app.routes.
  Causa Provável: Falta da importação correta no __init__.py de routes.
  Solução Correta: Verificar se from .items import items_bp está presente no __init__.py e se o arquivo items.py existe.

- **Erro Comum:** AssertionError: View function mapping is overwriting an existing endpoint function
  Mensagem de Erro: O Flask detectou que duas rotas usam o mesmo nome de função ou endpoint.
  Causa Provável: Decorators duplicados ou endpoints que possuem a mesma URL e nome interno.
  Solução Correta: Ajustar nomes de funções ou caminhos. Pode-se usar endpoint='unique_name' para diferenciar explicitamente.

- **Erro Comum:** ValueError: View function did not return a response
  Mensagem de Erro: A função associada ao decorator não retornou nada.
  Causa Provável: Falta do return em alguma condição ou exceção silenciosa.
  Solução Correta: Garantir que a função retorne uma resposta em todos os caminhos de execução.

Um conjunto sólido de rotas facilita a colaboração, pois cada

desenvolvedor compreende a função de cada endpoint, seus parâmetros e qual payload é esperado ou retornado. O Flask se sobressai por simplificar a definição desses caminhos, usando decorators que combinam legibilidade com expressividade. Em projetos que crescem rapidamente, manter um único arquivo de rotas tende a gerar confusões e dificultar evolução, tornando a abordagem modular a escolha ideal para aplicações corporativas ou de médio a grande porte.

O uso de parâmetros de rota torna a aplicação mais intuitiva, pois enriquece a semântica dos caminhos e evita poluir o corpo das requisições com dados redundantes. As variáveis dinâmicas podem ser combinadas com diferentes métodos HTTP para implementar padrões REST. Mesmo sem focar unicamente em REST, essa prática traz coerência à arquitetura e torna as URLs mais previsíveis.

As vantagens do roteamento bem planejado aparecem na fase de manutenção. O programador que retorna a um projeto após semanas ou meses identifica rapidamente a função de cada rota. O hábito de criar Blueprints para cada área funcional diminui acoplamentos, ajudando no versionamento e integração contínua. Além disso, a separação de rotas colabora com a aplicação de segurança e autorização em pontos específicos, já que cada Blueprint pode receber regras e middlewares próprios.

Para equipes que lidam com múltiplos serviços, é possível integrar rotas que se comuniquem com APIs externas. Um microserviço Flask pode expor endpoints que se conectam a outro sistema, armazenando ou transformando dados conforme necessário. A modularização possibilita distribuir funcionalidades sem mesclar códigos distintos em um único arquivo enorme. Esse padrão é especialmente vantajoso quando se planeja escalar a aplicação, substituindo partes do sistema ou integrando novos módulos sem refatoração completa.

As rotas no Flask são mais do que simples caminhos. São o elo entre os usuários (ou clientes da API) e a lógica de negócio que a aplicação executa. Quando configuradas de modo claro, ajudam a criar uma experiência positiva para quem usa o serviço, além de facilitar o trabalho de quem o desenvolve. A sintaxe baseada em decorators, aliada às boas práticas de modularização, forma um conjunto coerente que atende desde projetos de estudo até aplicações em produção.

O roteamento orientado por convenções, como usar nomes em plural para coleções (ex.: /products, /users), já é um padrão no ecossistema Python e em outras linguagens que adotam REST. Essa consistência melhora a comunicação entre desenvolvedores de diferentes equipes, pois fica fácil identificar a função de cada endpoint sem precisar de extensas documentações. Sempre que possível, combina-se a abordagem com ferramentas de documentação automática, como Swagger ou outro gerador de especificações OpenAPI, oferecendo documentação atualizada conforme as rotas são definidas.

A escolha de nomes claros para funções e caminhos, o cuidado na definição de métodos adequados e o uso correto de códigos de status HTTP contribuem para a construção de APIs e aplicações bem estruturadas. O Flask, focado na simplicidade, oferece um ambiente propício a esse tipo de clareza. A partir dessas bases, os capítulos e tópicos subsequentes podem explorar recursos mais avançados do Flask, sempre sobre uma fundação consistente de roteamento e organização, onde cada parte da aplicação tem um lugar bem definido, minimizando retrabalhos e otimizando o dia a dia do time de desenvolvimento.

CAPÍTULO 7. TEMPLATES E RENDERIZAÇÃO COM JINJA2

Jinja2 é o mecanismo de template que possibilita separar a lógica de apresentação da lógica de negócio, permitindo a criação de layouts dinâmicos e reutilizáveis. A sintaxe intuitiva e flexível facilita a inserção de variáveis, a execução de laços e condicionais diretamente nos arquivos HTML, sem misturar código Python com marcação. Esse mecanismo permite desenvolver interfaces complexas e dinâmicas, integrando dados do servidor de maneira organizada e elegante. A linguagem de template adota delimitadores como {{ variable }} para exibir valores e {% ... %} para controle de fluxo, possibilitando a execução de estruturas condicionais e iterativas.

A sintaxe do Jinja2 utiliza variáveis, filtros e macros para transformar e formatar dados antes de apresentá-los. Por exemplo, ao utilizar uma variável em uma página, o conteúdo pode ser modificado por meio de filtros para alterar o formato, a capitalização ou aplicar funções customizadas. A estrutura condicional permite o uso de {% if condition %} para determinar quais trechos de HTML devem ser renderizados com base nos dados enviados. A iteração sobre listas e dicionários usa {% for item in items %} para gerar elementos de forma dinâmica. A clareza desses comandos torna a manutenção e evolução dos templates mais simples, com código que se aproxima de uma linguagem natural, sem misturar a lógica do servidor com a apresentação visual.

A compreensão dos fundamentos de Jinja2 é essencial para aproveitar ao máximo seu potencial. A linguagem suporta

a definição de macros, que são funções reutilizáveis em templates, e permite a inclusão de outros templates com {% include "header.html" %} para criar layouts modulares. Os filtros, como |capitalize ou |date, transformam os dados de maneira simples, facilitando a adaptação dos valores às necessidades de apresentação. A linguagem também possibilita a criação de expressões complexas com o uso de parênteses e operadores lógicos, mantendo o código limpo e organizado.

A organização de templates em um projeto Flask costuma seguir uma estrutura padrão, onde todos os arquivos HTML residem em uma pasta chamada templates, enquanto os arquivos estáticos, como CSS e JavaScript, ficam em uma pasta separada, geralmente chamada static. Essa separação de preocupações garante que a lógica de renderização esteja isolada dos arquivos de código e recursos, tornando o projeto mais modular e fácil de gerenciar. O fluxo de renderização passa pelo Flask, que, ao receber uma requisição, busca o template correspondente, injeta as variáveis necessárias e envia a resposta renderizada para o cliente.

A criação e organização de templates HTML envolve definir a estrutura da página e os pontos onde os dados dinâmicos serão inseridos. Cada arquivo HTML pode ter seções fixas e variáveis, e a reutilização de componentes é facilitada com a herança de templates. Essa técnica permite definir um layout base com seções padrão, como cabeçalho, rodapé e barra lateral, que serão estendidas por outros templates que apenas especificam o conteúdo diferenciado para cada página. A abordagem modular ajuda a manter consistência visual e facilita a manutenção, pois alterações no layout base se propagam automaticamente para todas as páginas que o herdam.

A estruturação dos templates deve considerar a clareza e a legibilidade do código HTML. Utilizar indentação consistente e comentários explicativos (de forma sucinta) ajuda a identificar

seções e blocos de código. A prática de separar componentes em arquivos menores, como dividir a barra de navegação em um arquivo à parte, permite incluir esse componente em várias páginas por meio do comando {% include "navbar.html" %}. Essa estratégia evita duplicação de código e torna as alterações mais simples, já que a modificação em um único arquivo atualiza todas as páginas que dependem dele.

A técnica de herança de templates é fundamental para evitar redundância e promover a reutilização. Um arquivo base, frequentemente chamado de base.html, define a estrutura geral da página e contém blocos marcados com {% block content %} e outros blocos identificados que serão substituídos pelos templates que herdam. O mecanismo de herança permite que o template filho apenas redefina as seções necessárias, mantendo o layout principal intacto. Essa abordagem melhora a manutenção, pois alterações no layout base se refletem automaticamente em todas as páginas derivadas.

A inclusão de templates, por meio do comando {% include "arquivo.html" %}, possibilita dividir o código em componentes menores. Componentes como rodapés, cabeçalhos e formulários podem ser desenvolvidos de forma isolada e incluídos nos templates principais. Essa modularização facilita a colaboração em equipes, pois diferentes desenvolvedores podem trabalhar em partes específicas sem afetar o conjunto. O uso de macros, que funcionam como funções, permite encapsular lógicas repetitivas de renderização, recebendo parâmetros e retornando trechos HTML já formatados. Tais recursos promovem a padronização e reduzem a duplicidade de código, o que é crucial para a manutenção de aplicações de larga escala.

O Flask utiliza Jinja2 como mecanismo de template de forma nativa. A função render_template é responsável por localizar o arquivo HTML na pasta templates, injetar as variáveis passadas pelo servidor e gerar o HTML final a ser enviado ao cliente. A

integração com o Flask torna o fluxo de renderização simples e transparente, onde os dados obtidos de bancos de dados ou de APIs podem ser passados diretamente para os templates, permitindo a criação de páginas dinâmicas e responsivas.

A seguir, é apresentado um exemplo de estrutura de templates que pode ser adaptado conforme a complexidade do projeto. Imagine um projeto com a seguinte organização:

```
my_flask_app/
    ├── app.py
    ├── templates/
    │   ├── base.html
    │   ├── index.html
    │   ├── about.html
    │   └── components/
    │       ├── header.html
    │       └── footer.html
    └── static/
        ├── css/
        │   └── main.css
        └── js/
            └── main.js
```

O arquivo base.html contém a estrutura comum a todas as páginas, com blocos definidos para conteúdo dinâmico. Um trecho do base.html pode ser estruturado da seguinte forma:

html

```html
<!-- base.html -->
<!DOCTYPE html>
<html lang="en">
<head>
    <meta charset="UTF-8">
    <meta name="viewport" content="width=device-width, initial-scale=1.0">
    <title>{% block title %}My Flask App{% endblock %}</
```

```
title>
    <link rel="stylesheet" href="{{ url_for('static',
filename='css/main.css') }}">
</head>
<body>
    {% include "components/header.html" %}
    <div class="container">
        {% block content %}{% endblock %}
    </div>
    {% include "components/footer.html" %}
    <script src="{{ url_for('static', filename='js/main.js') }}"></
script>
</body>
</html>
```

Em base.html, a estrutura HTML é definida com cabeçalho, rodapé e área de conteúdo principal. A inclusão dos componentes header.html e footer.html promove a reutilização, enquanto os blocos title e content possibilitam que páginas específicas personalizem o conteúdo de acordo com suas necessidades.

O arquivo index.html, que estende o layout base, define o conteúdo específico da página inicial. Por meio do comando extends, o template filho indica que herda toda a estrutura do base.html, sobrescrevendo apenas os blocos necessários:

html

```
<!-- index.html -->
{% extends "base.html" %}
{% block title %}Home - My Flask App{% endblock %}
{% block content %}
    <h1>Welcome to My Flask App</h1>
    <p>This is the home page rendered using Jinja2
templates.</p>
    <ul>
```

```
        {% for item in items %}
            <li>{{ item }}</li>
        {% endfor %}
    </ul>
{% endblock %}
```

O arquivo about.html pode seguir a mesma lógica, definindo informações sobre a aplicação:

html

```
<!-- about.html -->
{% extends "base.html" %}
{% block title %}About - My Flask App{% endblock %}
{% block content %}
    <h2>About Us</h2>
    <p>We build dynamic and responsive web applications
with Flask and Jinja2.</p>
{% endblock %}
```

Os componentes de header e footer são desenvolvidos de forma modular para inclusão em diversos templates. O header.html pode conter um menu de navegação simples:

html

```
<!-- components/header.html -->
<header>
    <nav>
        <ul>
            <li><a href="{{ url_for('index') }}">Home</a></li>
            <li><a href="{{ url_for('about') }}">About</a></li>
            <li><a href="{{ url_for('contact') }}">Contact</a></li>
        </ul>
    </nav>
</header>
```

Enquanto o footer.html pode incluir informações de copyright e links adicionais:

html

```html
<!-- components/footer.html -->
<footer>
    <p>&copy; 2025 My Flask App. All rights reserved.</p>
</footer>
```

A renderização desses templates é controlada pelo Flask. No arquivo principal, a função render_template injeta variáveis e seleciona o template correto para cada rota definida. Um trecho de código Python ilustrando a integração com Flask pode ser visto abaixo:

python

```python
# EXEMPLO 1: app.py structure
from flask import Flask, render_template

app = Flask(__name__)

@app.route("/")
def index():
    items = ["Item A", "Item B", "Item C"]
    return render_template("index.html", items=items)

@app.route("/about")
def about():
    return render_template("about.html")

@app.route("/contact")
def contact():
    contact_details = {
        "email": "contact@myflaskapp.com",
        "phone": "+1-234-567-890"
```

```
    }
    return render_template("contact.html",
contact=contact_details)

if __name__ == "__main__":
    app.run(debug=True)
```

No código acima, a rota raiz injeta uma lista de itens na variável items, permitindo que o template index.html itere sobre esse conjunto e gere uma lista dinâmica. A rota about apenas chama render_template para carregar o conteúdo definido no about.html. A rota contact pode ser configurada de forma similar, com dados passados para o template, que, em sua vez, exibe as informações de contato.

Problemas comuns durante o desenvolvimento com Jinja2 podem incluir a não localização dos arquivos de template ou erros de sintaxe. Mensagens de erro como TemplateNotFound indicam que o Flask não conseguiu localizar o arquivo especificado na pasta templates. Recomenda-se verificar se a estrutura de pastas está correta e se o nome do arquivo corresponde exatamente ao especificado na função render_template. Outros erros podem ocorrer se os delimitadores não forem fechados corretamente, gerando mensagens de erro de sintaxe. Garantir que cada abertura de tag {{ ou {% tenha sua correspondente de fechamento é crucial para evitar essas falhas.

A integração com variáveis e filtros é outra área de atenção. A utilização de filtros nativos, como |upper, |lower ou |capitalize, possibilita a transformação dos dados de forma dinâmica. Por exemplo, ao exibir um nome de usuário, pode-se usar {{ username | capitalize }} para garantir que a primeira letra esteja em maiúscula. A criação de filtros customizados também é suportada pelo Jinja2 e pode ser registrada no Flask durante a configuração da aplicação, ampliando a capacidade de formatação dos dados.

A implementação de macros permite criar blocos de código reutilizáveis, como formulários ou componentes repetitivos. Ao definir uma macro, o código HTML pode ser parametrizado e incluído em diversos pontos do template. Por exemplo, definir uma macro para exibir uma mensagem de alerta pode ser feito da seguinte forma em um arquivo separado, como macros.html:

html

```
<!-- macros.html -->
{% macro alert(message, alert_type="info") -%}
<div class="alert alert-{{ alert_type }}">
    {{ message }}
</div>
{%- endmacro %}
```

A macro alert pode ser incluída em qualquer template que precise exibir mensagens, bastando importar o arquivo de macros:

html

```
{% import "macros.html" as macros %}
{{ macros.alert("Operation completed successfully",
"success") }}
```

Essa abordagem centraliza a lógica de exibição de alertas e facilita alterações futuras, uma vez que basta editar o arquivo da macro para modificar o comportamento em todas as páginas que a utilizam. A modularidade é reforçada quando macros e componentes de template são divididos em arquivos específicos, permitindo uma manutenção mais eficiente e um fluxo de desenvolvimento colaborativo sem conflitos.

O uso de blocos para herança de templates cria um relacionamento hierárquico entre os arquivos. O arquivo base

define a estrutura global, enquanto os arquivos que o estendem só precisam sobrescrever os blocos relevantes para a página específica. Por exemplo, a área destinada ao conteúdo principal é definida no arquivo base como {% block content %}...{% endblock %}. Os templates que estendem o layout base apenas precisam fornecer o conteúdo para esse bloco, mantendo a consistência visual e estrutural da aplicação. Esse método reduz a duplicidade de código, pois elementos comuns, como cabeçalhos e rodapés, são definidos uma única vez no layout base e herdados por todas as páginas.

A renderização dinâmica com Jinja2 é poderosa e flexível, permitindo que dados complexos sejam exibidos de forma organizada. A passagem de dicionários, listas e objetos diretamente para o template possibilita a criação de interfaces interativas que se adaptam aos dados do servidor. Por exemplo, ao renderizar uma lista de produtos, o template pode iterar sobre cada item e exibir informações como nome, preço e descrição, utilizando laços de repetição e condicionais para tratar casos em que a lista esteja vazia ou contenha valores nulos.

Ferramentas de debugging podem ser úteis durante o desenvolvimento dos templates. A configuração do Flask em modo debug exibe mensagens detalhadas de erro na tela, facilitando a identificação de problemas na sintaxe ou na lógica dos templates. Recomenda-se também utilizar linters específicos para HTML e Jinja2, que apontam inconsistências e erros de formatação, contribuindo para a qualidade do código entregue. A integração de testes automatizados que verifiquem a renderização de templates com dados simulados é outra prática que ajuda a evitar regressões e falhas inesperadas em produção.

A gestão de templates torna-se ainda mais relevante quando se trabalha com aplicações que necessitam de personalização para diferentes dispositivos ou contextos. Utilizar CSS e

JavaScript integrados por meio do mecanismo de templates permite ajustar o layout e o comportamento da interface de forma dinâmica. A passagem de variáveis de ambiente para os templates possibilita a alteração de temas, logos ou outras propriedades visuais sem a necessidade de alterar o código fonte, bastando modificar os parâmetros no servidor.

A complexidade dos projetos modernos demanda uma organização bem estruturada dos arquivos de template. A separação em subpastas, como components, layouts e pages, facilita a navegação no código e a colaboração entre equipes. Cada arquivo tem uma responsabilidade clara, e a nomenclatura padronizada torna a identificação de funções intuitiva. Ao organizar os templates dessa forma, torna-se possível escalar a aplicação sem comprometer a legibilidade ou a performance da renderização.

A segurança na renderização também deve ser considerada, pois a injeção de dados provenientes de fontes externas pode representar riscos. O Jinja2 implementa automaticamente o escape de caracteres especiais para prevenir ataques de cross-site scripting (XSS). No entanto, ao usar o filtro |safe para marcar uma string como segura, é importante garantir que os dados já estejam sanitizados, evitando vulnerabilidades. A política de segurança deve ser clara e aplicada de forma consistente em todos os templates que recebem dados dinâmicos.

Uma integração robusta entre Flask e Jinja2 permite que a aplicação atue como uma plataforma unificada para a apresentação dos dados e a interação com o usuário. A separação de responsabilidades e a modularização dos componentes de interface reduzem a complexidade e promovem um desenvolvimento ágil. A flexibilidade do Jinja2, combinada com a simplicidade do Flask, possibilita a criação de sistemas responsivos, escaláveis e de fácil manutenção, adaptados às demandas dos projetos contemporâneos.

Ao trabalhar com Jinja2, é possível aproveitar diversos recursos avançados, como a criação de filtros customizados que transformam dados de formas específicas. Por exemplo, um filtro pode ser criado para formatar valores monetários ou datas de acordo com a localidade do usuário. Esses filtros são registrados no aplicativo Flask e se aplicam automaticamente aos dados renderizados, melhorando a experiência do usuário sem adicionar complexidade ao template.

A performance na renderização pode ser otimizada utilizando técnicas como caching de templates. Ao armazenar o HTML renderizado em cache, o servidor pode responder a requisições subsequentes de forma mais rápida, reduzindo o tempo de processamento e aliviando a carga em sistemas com alto volume de acesso. Essa estratégia é particularmente útil em aplicações que apresentam conteúdo estático ou que não sofrem alterações frequentes, permitindo que o usuário receba a resposta com latência mínima.

A organização e a modularização dos templates, aliadas à aplicação de boas práticas de desenvolvimento, garantem que a manutenção e a evolução da interface não se tornem gargalos no projeto. Cada componente, desde o layout base até os componentes individuais como menus e formulários, é desenvolvido com foco na reutilização e na simplicidade. A combinação de renderização dinâmica, herança e inclusão de componentes permite que a equipe de desenvolvimento adapte a interface conforme novas demandas surgem, sem a necessidade de reescrever grandes partes do código.

A experiência acumulada ao utilizar Jinja2 em projetos reais mostra que a flexibilidade desse mecanismo é capaz de atender desde pequenos sites até aplicações corporativas complexas. A facilidade de integração com frameworks modernos, a capacidade de tratar dados complexos e a simplicidade na escrita dos templates fazem dele uma ferramenta indispensável para quem deseja construir interfaces web

dinâmicas. A continuidade no uso de boas práticas, como o uso de Blueprints para organizar rotas e a separação de arquivos de template em estruturas lógicas, colabora para um desenvolvimento sustentável e de alta qualidade.

Para equipes que trabalham com múltiplos desenvolvedores, a padronização dos templates facilita o versionamento e a colaboração. Ferramentas de controle de versão, como Git, integradas com sistemas de Continuous Integration, permitem que alterações nos templates sejam revisadas, testadas e integradas de forma segura, evitando conflitos e regressões. O uso de testes unitários para verificar a renderização dos templates também contribui para a confiabilidade do sistema, garantindo que cada mudança preserve a integridade da interface apresentada.

A manutenção dos templates também envolve a adaptação constante a novas demandas, seja pela inclusão de novas seções, seja pela necessidade de compatibilidade com diferentes dispositivos e navegadores. A modularidade dos componentes permite que atualizações em um único arquivo sejam propagadas automaticamente para todas as páginas que dependem dele, otimizando o ciclo de desenvolvimento e reduzindo o tempo necessário para implementar mudanças de design. A integração com frameworks CSS e JavaScript modernos potencializa essa abordagem, possibilitando a criação de interfaces responsivas e interativas.

Os desafios encontrados durante o desenvolvimento de templates podem variar desde questões de compatibilidade até problemas de performance. O diagnóstico rápido e a aplicação de técnicas de troubleshooting são essenciais para minimizar impactos. Mensagens de erro fornecidas pelo Flask em modo debug apontam para falhas de sintaxe ou problemas na lógica dos templates, permitindo que a equipe corrija eventuais discrepâncias sem grandes atrasos. O conhecimento aprofundado dos recursos do Jinja2, aliado a uma

documentação interna bem estruturada, facilita a resolução de problemas e a transmissão de conhecimento entre os membros da equipe.

A transformação digital exige que as aplicações web sejam não apenas funcionais, mas também visualmente atraentes e intuitivas. A utilização de Jinja2 em conjunto com o Flask permite criar interfaces que atendem a esses requisitos, combinando a lógica do servidor com uma apresentação sofisticada. A separação clara entre os dados e a apresentação garante que mudanças no design possam ser realizadas sem interferir na lógica de negócio, facilitando atualizações frequentes e a adaptação a novas tendências de design.

A evolução contínua das tecnologias web exige que os desenvolvedores estejam sempre atentos a novos recursos e melhores práticas. O Jinja2 tem evoluído juntamente com o ecossistema Python, adotando melhorias de performance e novas funcionalidades que ampliam sua capacidade de renderização. A comunidade ativa de desenvolvedores contribui com plugins, filtros customizados e extensões que podem ser integrados ao Flask, enriquecendo o ambiente de desenvolvimento e possibilitando soluções inovadoras para problemas complexos.

A abordagem prática e teórica adotada por este manual proporciona uma compreensão profunda do funcionamento do Jinja2 e sua integração com o Flask, demonstrando como cada recurso pode ser aplicado para construir interfaces web dinâmicas, escaláveis e de alta qualidade. A combinação de código, estruturação de templates e técnicas de modularização forma um conjunto robusto que serve de base para o desenvolvimento de aplicações modernas, atendendo às necessidades de um mercado em constante transformação.

Aprofundar o conhecimento em Jinja2 é um investimento que permite ao desenvolvedor criar sistemas com uma interface mais consistente, de fácil manutenção e que se adapta

rapidamente às mudanças. A clareza da sintaxe, aliada à flexibilidade dos mecanismos de herança e inclusão, torna a construção de templates uma tarefa intuitiva e poderosa. A prática constante, a análise de casos reais e a exploração de recursos avançados garantem que os profissionais se mantenham atualizados e aptos a enfrentar desafios em projetos de qualquer escala.

Ao dominar os fundamentos, a organização e as técnicas avançadas de renderização com Jinja2, é possível transformar a forma como os dados são apresentados aos usuários, promovendo uma experiência de uso que une eficiência, estética e funcionalidade. Essa integração entre backend e frontend, mediada por templates bem estruturados, estabelece um padrão de excelência que se reflete em aplicações robustas e adaptáveis, capazes de atender às demandas de um ambiente digital em constante evolução.

O caminho para a excelência passa pelo entendimento detalhado de cada ferramenta e recurso disponível, a prática de boas práticas de desenvolvimento e a constante busca por melhorias. A capacidade de criar templates que sejam ao mesmo tempo dinâmicos e organizados permite que as aplicações não só respondam às necessidades atuais, mas também se preparem para os desafios futuros, integrando novas tecnologias e tendências sem comprometer a estabilidade e a eficiência do sistema. Com a aplicação dos conceitos apresentados, qualquer desenvolvedor poderá elevar a qualidade da interface de suas aplicações, garantindo que o design e a funcionalidade caminhem juntos em harmonia.

A renderização com Jinja2 torna possível transformar dados brutos em informações valiosas e visualmente agradáveis, utilizando a combinação de lógica e marcação para criar experiências de usuário que se destacam pela clareza e eficiência. A implementação cuidadosa de cada recurso, desde a definição de blocos e macros até a organização de templates e

componentes, contribui para a criação de um sistema robusto, onde cada parte cumpre um papel específico e interage de forma coerente com o todo. O conhecimento aprofundado desses recursos é fundamental para quem deseja construir aplicações web modernas e escaláveis, capazes de responder a um mercado dinâmico e competitivo.

A integração dos conceitos abordados neste guia com práticas de desenvolvimento ágil e colaborativo permite que equipes desenvolvam soluções de alta qualidade com rapidez e segurança. A padronização de templates, a reutilização de componentes e a adoção de ferramentas de documentação automática formam um ecossistema onde a comunicação entre as partes se torna natural e intuitiva, minimizando erros e acelerando o ciclo de desenvolvimento. A experiência adquirida ao trabalhar com Jinja2 e Flask prepara os profissionais para enfrentar desafios reais, transformando ideias em aplicações concretas e eficientes.

A jornada através dos recursos do Jinja2 mostra como a separação entre lógica e apresentação pode ser a chave para o sucesso em projetos de desenvolvimento web. Com a aplicação de técnicas de modularização, herança e inclusão, é possível construir interfaces que se adaptam facilmente a mudanças, promovendo a consistência e a escalabilidade necessárias para enfrentar demandas futuras. O domínio desses conceitos capacita os desenvolvedores a criar aplicações que não apenas atendem às necessidades atuais, mas que também se mantêm flexíveis e resilientes perante as constantes evoluções do mercado digital.

A prática constante e a exploração de novos recursos, como a criação de filtros e macros customizados, reforçam a importância de investir tempo na aprendizagem dos detalhes do Jinja2. Cada melhoria e cada nova técnica aprendida contribuem para uma base sólida que se reflete na qualidade das aplicações desenvolvidas. Essa dedicação garante que os

profissionais se mantenham atualizados e prontos para inovar, adaptando as melhores práticas às demandas específicas de seus projetos.

A integração harmoniosa entre Flask e Jinja2 representa uma das soluções mais poderosas para a criação de aplicações web modernas. Com a combinação de um framework leve e flexível e um mecanismo de template robusto, desenvolvedores podem focar na criação de funcionalidades inovadoras, sem abrir mão da clareza e da organização na apresentação dos dados. A separação de responsabilidades e a modularização dos componentes são fundamentais para o sucesso de qualquer projeto, permitindo que cada parte seja atualizada e melhorada de forma independente, sem comprometer o sistema como um todo.

Ao aplicar os conhecimentos adquiridos, torna-se possível construir interfaces dinâmicas e responsivas que se adaptam a diferentes contextos e dispositivos, garantindo uma experiência de usuário consistente e agradável. A utilização de técnicas avançadas de renderização, combinadas com uma organização estruturada dos templates, forma a base para o desenvolvimento de soluções que se destacam pela sua eficiência e elegância. Essa abordagem promove a criação de aplicações que não apenas funcionam de forma robusta, mas que também encantam os usuários com sua apresentação refinada e intuitiva.

A evolução constante das tecnologias web exige que os profissionais se mantenham em constante aprendizado e adaptação. O domínio do Jinja2, aliado ao uso eficiente do Flask, representa uma vantagem competitiva significativa para quem deseja criar aplicações escaláveis e de alta performance. A capacidade de transformar dados dinâmicos em interfaces visuais impactantes é um diferencial que se reflete em produtos de sucesso e em uma melhor experiência para o usuário final.

Ao final desta sessão, a compreensão dos fundamentos do Jinja2, a organização e criação de templates, as técnicas de herança e inclusão e os exemplos práticos de renderização fornecem uma base robusta para o desenvolvimento de interfaces web modernas. Essa base permite que os desenvolvedores construam aplicações com uma separação clara entre lógica de negócio e apresentação, promovendo a manutenção, a escalabilidade e a evolução contínua dos projetos.

A integração dos conceitos aqui apresentados com a prática diária no desenvolvimento web estabelece um padrão de excelência que prepara qualquer profissional para enfrentar os desafios de um mercado em constante transformação. O investimento em conhecimento e a aplicação rigorosa das boas práticas resultam em sistemas que aliam funcionalidade, design e eficiência, transformando a experiência do usuário e elevando o nível das soluções desenvolvidas.

Cada componente, cada macro, cada bloco de template e cada rota que interage com esses arquivos compõe um conjunto harmonioso que, quando bem executado, permite a criação de interfaces intuitivas, consistentes e robustas. Essa abordagem modular, dinâmica e orientada a reutilização não só otimiza o tempo de desenvolvimento, mas também garante a qualidade e a manutenção dos sistemas a longo prazo. Com esses fundamentos e práticas, a construção de aplicações web dinâmicas e modernas torna-se uma tarefa acessível e prazerosa, capaz de transformar ideias em soluções reais que impactam positivamente a experiência dos usuários.

CAPÍTULO 8. TRABALHANDO COM FORMULÁRIOS E VALIDAÇÃO

Criação e processamento de formulários costuma ser um ponto-chave em muitas aplicações web, pois usuários interagem por meio de campos e botões que enviam dados para o servidor. Em um fluxo de desenvolvimento com Flask, diversos recursos simplificam a captura, validação e manipulação dessas informações. Uma estrutura coerente reduz problemas de segurança, melhora a usabilidade e facilita o diagnóstico de erros. Ao associar boas práticas de organização de código e extensões adequadas, a aplicação se torna mais confiável e agradável para quem a utiliza.

Um sistema bem projetado normalmente apresenta um ou mais formulários que coletam dados importantes, como registros de usuários, submissões de contato, login e atualização de perfis. A maneira como esses campos são definidos e validados impacta a qualidade dos dados armazenados. A capacidade de validar se os valores se encontram em um formato esperado, se não ultrapassam limites de tamanho e se satisfazem regras de unicidade, por exemplo, aumenta a robustez. Erros em etapas iniciais podem levar a vulnerabilidades ou inconsistências que se refletem em falhas futuras.

O Flask oferece mecanismos nativos para lidar com envio de dados por método POST. O desenvolvedor acessa essas informações por request.form ou request.files, dependendo do tipo de campo. Para necessidades mais avançadas, extensões

como Flask-WTF trazem um conjunto integrado de validação, proteção contra ataques CSRF e gerenciamento de formulários. Aliar essas ferramentas a práticas de design, como exibir mensagens claras de erro e feedback, resulta em interfaces mais intuitivas.

A exibição de falhas ao validar os campos é fundamental. Sem retorno sobre eventuais problemas, o usuário se sente perdido e pode abandonar o processo. Mensagens que indicam exatamente qual campo está incorreto, e por quê, tornam o preenchimento mais simples. O uso de flash messages ou exibição inline abaixo dos campos garante a clareza do fluxo. Essa interação precisa ser acompanhada de mecanismos de segurança, para impedir manipulações indevidas ou ataques de injeção de código. O token CSRF, gerado a cada requisição, evita que sites externos forcem submissões em nome de usuários, protegendo o sistema.

A adoção de melhores práticas para captação de dados engloba verificação de campos obrigatórios, limites de tamanho, padrões de formatação (como e-mails válidos) e coerência de informações. Se o usuário digita um número fora do intervalo aceito, o sistema deve informar a falha. Em alguns cenários, a validação envolve regras complexas, que combinam múltiplos campos ou consultam o banco de dados para evitar duplicidades. Organizar essas verificações de forma modular e reutilizável simplifica expansões futuras, pois fica fácil adicionar novos formulários ou alterar regras sem refazer toda a lógica.

Criação e processamento de formulários

A forma mais direta de lidar com formulários no Flask é renderizar um arquivo HTML com campos e, em seguida, escrever rotas que processam os dados submetidos por POST. O fluxo básico envolve duas etapas: exibir o formulário quando a requisição for GET e receber os dados quando a requisição for POST. O trecho de código a seguir ilustra essa dinâmica sem

recorrer a extensões adicionais:

python

```
# EXEMPLO 1
# PASSO 1: imports
from flask import Flask, render_template, request, redirect,
url_for

app = Flask(__name__)
app.config["SECRET_KEY"] = "some_very_secret_key"

# PASSO 2: route to show the form
@app.route("/contact", methods=["GET"])
def contact_form():
    return render_template("contact_form.html")

# PASSO 3: route to process the form
@app.route("/contact", methods=["POST"])
def contact_process():
    name = request.form.get("name")
    email = request.form.get("email")
    message = request.form.get("message")

    if not name or not email:
        # Possibly redirect back with an error or handle the
problem
        return redirect(url_for("contact_form"))

    # Any additional logic, like saving to a database or sending
an email
    return f"Data received: {name}, {email}, {message}"

if __name__ == "__main__":
    app.run(debug=True)
```

O arquivo HTML que contém o formulário pode ficar organizado como a seguir:

html

```html
<!DOCTYPE html>
<html>
<head>
   <meta charset="utf-8">
   <title>Contact</title>
</head>
<body>
   <h1>Contact Form</h1>
   <form method="POST"
action="{{ url_for('contact_process') }}">
      <label>Name:</label>
      <input type="text" name="name" required>

      <label>Email:</label>
      <input type="email" name="email" required>

      <label>Message:</label>
      <textarea name="message"></textarea>

      <button type="submit">Send</button>
   </form>
</body>
</html>
```

Esse projeto permite que o usuário acesse o endpoint /contact por GET para ver o formulário e que o mesmo endpoint seja chamado por POST ao clicar em "Send." A rota contact_process recebe os dados via request.form, faz verificações básicas e retorna um texto. Em um projeto real, valeria a pena incluir algum retorno de erro claro caso falte informação, mas esse exemplo demonstra a estrutura.

Erros Comuns e Como Corrigi-los:

1. Bad Request (400)
   O servidor não pôde processar a requisição devido a

dados ausentes ou inválidos.

Causa provável: Formulário sem campos obrigatórios, ou HTML incorreto que não envia dados.

Solução: Ajustar name dos inputs e assegurar a presença de method="POST".

2. TypeError ao acessar form values

Ocorre se a rota espera algo que não existe no request.form.

Causa provável: Falta de verificação ou nome de campo divergente do que foi definido no HTML.

Solução: Usar request.form.get("campo") e manter nomes de campos consistentes.

Validação de dados com extensões (Flask-WTF)

Para casos em que validações mais elaboradas são necessárias, Flask-WTF fornece integração com WTForms e facilita a configuração de tokens CSRF. Essa extensão cria uma classe Python para cada formulário, concentrando as regras de validação em um só lugar. Caso o usuário omita campos ou insira valores fora do padrão, o processo é interrompido e as mensagens de erro ficam disponíveis.

bash

```bash
pip install flask-wtf
```

Um arquivo forms.py pode conter:

python

```python
# EXEMPLO 2
# PASSO 1: import FlaskForm and needed fields
from flask_wtf import FlaskForm
from wtforms import StringField, TextAreaField, SubmitField
from wtforms.validators import DataRequired, Email, Length
```

```python
class ContactForm(FlaskForm):
    name = StringField("Name", validators=[DataRequired(),
Length(min=2, max=50)])
    email = StringField("Email", validators=[DataRequired(),
Email()])
    message = TextAreaField("Message",
validators=[Length(max=500)])
    submit = SubmitField("Send")
```

O aplicativo Flask principal importa essa classe, criando instâncias do formulário que encapsulam as validações:

python

```python
# EXEMPLO 3
# PASSO 1: main application using the form
from flask import Flask, render_template, redirect, url_for
from forms import ContactForm

app = Flask(__name__)
app.config["SECRET_KEY"] = "some_very_secret_key"

@app.route("/contact", methods=["GET", "POST"])
def contact():
    form = ContactForm()
    if form.validate_on_submit():
        name = form.name.data
        email = form.email.data
        message = form.message.data
        # Example logic: store data or send an email
        return redirect(url_for("success"))
    return render_template("contact_wtf.html", form=form)

@app.route("/success")
def success():
    return "Form submitted successfully!"
```

```
if __name__ == "__main__":
    app.run(debug=True)
```

O template contact_wtf.html inclui a renderização do formulário e exibe mensagens de erro:

html

```html
<!DOCTYPE html>
<html>
<head>
    <meta charset="utf-8">
    <title>Contact with Flask-WTF</title>
</head>
<body>
    <h1>Contact Form</h1>
    <form method="POST">
        {{ form.hidden_tag() }}

        <div>
            {{ form.name.label }}<br>
            {{ form.name }}<br>
            {% for error in form.name.errors %}
                <span style="color: red;">{{ error }}</span><br>
            {% endfor %}
        </div>

        <div>
            {{ form.email.label }}<br>
            {{ form.email }}<br>
            {% for error in form.email.errors %}
                <span style="color: red;">{{ error }}</span><br>
            {% endfor %}
        </div>

        <div>
```

```
    {{ form.message.label }}<br>
    {{ form.message }}<br>
    {% for error in form.message.errors %}
        <span style="color: red;">{{ error }}</span><br>
    {% endfor %}
  </div>

    {{ form.submit }}
  </form>
</body>
</html>
```

A função validate_on_submit() verifica se a requisição é POST e se todos os validadores foram satisfeitos. Caso algum campo falhe, o template exibe erros individuais ao lado dos inputs. O hidden_tag() mantém o token CSRF e outros metadados. É fundamental que o app.config["SECRET_KEY"] esteja definido para que a proteção de token funcione.

Erros Comuns e Como Corrigi-los:

1. CSRF token missing
   Indica que o formulário não contém o token esperado.
   Causa provável: Ausência de form.hidden_tag() ou SECRET_KEY indefinido.
   Solução: Certificar-se de que form.hidden_tag() está no HTML e SECRET_KEY configurado.
2. Mensagens de erro não exibidas
   O if form.validate_on_submit() falha, mas o usuário não vê mensagens.
   Causa provável: Falta do loop {% for error in form.field.errors %} ou nomes de campo inconsistentes.
   Solução: Conferir cada campo no template, usando o mesmo nome definido no forms.py.
3. O formulário sempre retorna false em

validate_on_submit()

Algo impede a validação bem-sucedida, mesmo quando os campos estão corretos.

Causa provável: Campos divergentes, method diferente de POST ou problemas de token.

Solução: Revisar method="POST," a inclusão do token e se as chaves no HTML combinam com as do forms.py.

Exibição de mensagens de erro e feedback

Boas aplicações sinalizam claramente o que ocorreu após uma submissão de formulário. Erros devem ser mostrados de modo que o usuário saiba o que deve corrigir. Mensagens de sucesso reforçam que a operação foi bem-sucedida. O Flask oferece a função flash para armazenar mensagens que persistem até a próxima requisição, permitindo o uso de um padrão de feedback mais global.

python

```python
# EXEMPLO 4
# PASSO 1: example with flash messages
from flask import Flask, render_template, redirect, url_for, flash
from forms import ContactForm

app = Flask(__name__)
app.config["SECRET_KEY"] = "another_secret_key"

@app.route("/contact", methods=["GET", "POST"])
def contact():
    form = ContactForm()
    if form.validate_on_submit():
        flash("Form submitted successfully!")
        return redirect(url_for("contact"))
    return render_template("contact_flash.html", form=form)
```

```
if __name__ == "__main__":
    app.run(debug=True)
```

O template contact_flash.html pode exibir essas mensagens usando get_flashed_messages():

html

```html
<!DOCTYPE html>
<html>
<head>
    <meta charset="utf-8">
    <title>Contact with Flash</title>
</head>
<body>
    {% with messages = get_flashed_messages() %}
        {% if messages %}
            <ul>
            {% for msg in messages %}
                <li style="color: green;">{{ msg }}</li>
            {% endfor %}
            </ul>
        {% endif %}
    {% endwith %}

    <form method="POST">
        {{ form.hidden_tag() }}

        <label>{{ form.name.label }}</label><br>
        {{ form.name }}<br>
        {% for error in form.name.errors %}
            <span style="color: red;">{{ error }}</span><br>
        {% endfor %}

        <label>{{ form.email.label }}</label><br>
        {{ form.email }}<br>
```

```
{% for error in form.email.errors %}
    <span style="color: red;">{{ error }}</span><br>
{% endfor %}

<label>{{ form.message.label }}</label><br>
{{ form.message }}<br>
{% for error in form.message.errors %}
    <span style="color: red;">{{ error }}</span><br>
{% endfor %}

    {{ form.submit }}
</form>
</body>
</html>
```

Quando o usuário preenche tudo corretamente, a aplicação executa form.validate_on_submit() e chama flash("Form submitted successfully!"), retornando um redirect. No GET subsequente, a mensagem é exibida em verde. Caso falte algo, os erros específicos surgem abaixo de cada campo.

Erros Comuns e Como Corrigi-los:

1. Mensagens duplicadas
   O usuário vê a mesma mensagem toda vez que recarrega a página.
   Causa provável: Falta de redirect ou repetição de flash sem condicional.
   Solução: Usar redirect após flash, garantindo que a mensagem seja exibida uma única vez.
2. Mensagem não aparece
   get_flashed_messages() retorna vazio, mesmo havendo flash.
   Causa provável: Falta de import flash ou a execução do flash ocorreu depois do redirect, impossibilitando o armazenamento.
   Solução: Verificar a ordem, import e modo de uso da

função flash.

Melhores práticas para captação de dados

A captação de dados demanda cuidados que abrangem design, validação e segurança. Alguns pontos relevantes:

1. Uso de CSRF Token
   Impedir que aplicações externas forcem submissões. O token gerado por Flask-WTF impede ataques de Cross-Site Request Forgery.

2. Validadores adequados
   Cada campo tem características próprias. Emails requerem Email(), campos obrigatórios necessitam DataRequired(), limites de texto usam Length(), e assim por diante. Validadores customizados ajudam em regras específicas, como verificar se um usuário já existe no banco.

3. Mensagens de erro claras
   Indicar exatamente o campo que falhou e sugerir correções. Erros genéricos desorientam o usuário e reduzem a eficácia do formulário.

4. Layout amigável
   Organizar campos para que seja fácil entender a sequência de preenchimento. Utilizar estilos que destaquem as falhas de forma intuitiva.

5. Estrutura de código modular
   Declarar formulários em classes separadas evita confusão e facilita testes unitários e manutenção.

6. Integração com banco de dados
   Depois de validar e sanitizar os dados, armazenar corretamente usando consultas parametrizadas ou ORMs, protegendo contra injeções.

7. Manter coerência e segurança
   Não gravar senhas em texto puro. Aplicar hashing e salting. Excluir dados sensíveis quando desnecessários.

8. Front-end colaborativo
   Javascript pode validar parte dos campos para oferecer feedback imediato, mas a validação de servidor permanece fundamental.
9. Testes automatizados
   Verificar fluxos de preenchimento de formulários. Garantir que cenários de falha são tratados e que as mensagens de erro aparecem.
10. Observação de logs e alertas
    Quando algo falha, logs de debug podem mostrar tracebacks indicando onde e por que surgiu a exceção. Mensagens de erro devem ajudar a identificar campos incorretos ou ausentes.

Regras Troubleshooting e Formatação de Código

Manter o padrão de colocar trechos de código em blocos, com comentários como # STEP 1 e # EXAMPLE 1, facilita a leitura. Identificar cada parte do script torna o aprendizado mais didático, pois o leitor compreende a sequência lógica. Criar uma seção de Erros Comuns e Como Corrigi-los auxilia quem digita o código a solucionar problemas.

O uso de identação coerente e variáveis autoexplicativas melhora a clareza. Ferramentas como black e isort padronizam a formatação, enquanto flake8 identifica inconsistências. Em projetos grandes, dividir a lógica de formulários, rotas e modelos de dados ajuda a reduzir a complexidade. Cada arquivo mantém foco em uma responsabilidade, simplificando a manutenção.

A interação com formulários faz parte do cotidiano de qualquer sistema web que precise coletar dados. Não se trata apenas de exibir campos, mas de processar valores, checar coerência, fornecer feedback e garantir segurança contra ações maliciosas ou entradas fora do escopo. A adoção de Flask-

WTF e suas validações simplifica boa parte desse fluxo, permitindo que o desenvolvedor foque em regras de negócio ao invés de escrever repetitivamente as mesmas checagens. A apresentação de erros de maneira detalhada orienta o usuário na correção de campos, melhorando a experiência.

A qualidade no tratamento de formulários tem impacto direto na confiabilidade do banco de dados, já que entradas inválidas podem gerar inconsistências difíceis de reparar. A integração com tokens CSRF reduz ameaças, e a modularização do código facilita evoluções futuras. Uma equipe que domina essas práticas constrói aplicações robustas, onde cada formulário segue padrões semelhantes de validação, feedback e design. Isso resulta em consistência, manutenção simples e menor propensão a bugs.

Ao longo do tempo, novos campos, rotas ou validações específicas podem ser acrescentados. Manter tudo documentado e organizado evita retrabalhos. O uso sistemático de bancos de dados com ORMs ou consultas bem planejadas assegura que os dados aceitos sejam registrados corretamente. A conscientização sobre segurança garante que tokens, senhas e dados sensíveis sejam tratados com rigor. Em síntese, formular uma base sólida para o processamento de entradas do usuário define o nível de qualidade de toda a aplicação, pois essa etapa é onde o mundo externo interage e molda a lógica interna do sistema.

CAPÍTULO 9. INTEGRAÇÃO COM BANCOS DE DADOS NO FLASK

O desenvolvimento de aplicações web robustas em Flask frequentemente exige a persistência de dados em um banco, seja para armazenar informações de usuários, produtos, postagens ou qualquer tipo de entidade relevante. A adoção de um ORM (Object-Relational Mapping) facilita essa interação ao criar uma ponte entre as estruturas de dados do Python e as tabelas de um banco relacional. SQLAlchemy se destaca como uma das bibliotecas mais utilizadas para essa finalidade, pois combina performance, flexibilidade e boas práticas de arquitetura.

Uma implementação coerente cuida de toda a jornada, desde a configuração inicial do banco, passando por modelagem de tabelas e objetos, até operações de CRUD (Create, Read, Update, Delete). A capacidade de versionar esquemas e aplicar migrações incrementais assegura que mudanças de estrutura ocorram de forma controlada, evitando perdas de informação ou inconsistências. O fluxo fica ainda mais organizado quando se separam as definições do modelo em arquivos específicos, seguindo princípios de modularidade que simplificam a manutenção em projetos de médio a grande porte.

A introdução ao SQLAlchemy começa pela distinção entre seu Core e seu ORM. O Core oferece acesso direto a expressões SQL e é útil em situações onde se deseja um maior controle sobre as consultas. Já o ORM permite mapear classes Python para tabelas, facilitando a manipulação de registros como objetos. Esse estilo de abstração reduz a quantidade de código SQL manual e harmoniza a persistência de dados com a linguagem

da aplicação.

Configuração de conexões com bancos de dados, como PostgreSQL, MySQL, SQLite e outros sistemas, requer a definição de strings de conexão e a criação de uma instância de engine do SQLAlchemy. Em Flask, a biblioteca Flask-SQLAlchemy simplifica ainda mais esse processo, fornecendo uma integração nativa com o ambiente do framework. Essa extensão elimina parte da configuração repetitiva, mas ainda permite acesso ao poder total do SQLAlchemy.

A modelagem de dados e operações CRUD está no cerne de qualquer aplicação que manipule informação persistente. Cada entidade se torna uma classe Python com atributos que representam colunas de uma tabela, enquanto métodos adicionais podem encapsular lógicas específicas. Operações de inserção, consulta, atualização e remoção são realizadas invocando métodos do ORM, que gera SQL sob o capô. Esse método centraliza as regras de negócio em classes e métodos Python, evitando a proliferação de instruções SQL dispersas pela aplicação.

Por fim, migrações e versionamento de esquemas geram um histórico de alterações ao banco. Cada atualização na estrutura de tabelas (inclusão de colunas, índices, chaves estrangeiras) é registrada como um script de migração que pode ser aplicado ou revertido. A ferramenta Alembic se destaca para esse propósito e, quando integrada ao Flask, facilita a evolução do schema de forma incremental e segura.

Introdução ao SQLAlchemy e ORM

SQLAlchemy é um projeto maduro e amplamente adotado no ecossistema Python. Ele permite interagir com bancos relacionais por meio de consultas expressas em Python, ao invés de strings SQL brutas. O ORM do SQLAlchemy define mapeamentos entre classes e tabelas, transformando cada instância em um registro do banco. Esse estilo impulsiona a produtividade, pois operações como criar um usuário ou

atualizar informações ficam reduzidas a manipulações de atributos e invocações de sessões do ORM.

Alguns benefícios:

1. Redução de código SQL repetitivo.
2. Maior clareza na organização das queries e modelos.
3. Mecanismos de caching e lazy loading para otimizar acessos.
4. Manipulação robusta de relacionamentos (um-para-muitos, muitos-para-muitos, etc.).
5. Integração com ferramentas de migração e suporte a múltiplos bancos.

A adoção do SQLAlchemy não impede o uso de consultas SQL diretas quando necessário. Situações específicas podem exigir otimizações avançadas ou instruções personalizadas. Ainda assim, a grande parte dos cenários se beneficia do estilo ORM, que mantém a aplicação limpa e de fácil entendimento.

Configuração de conexões com bancos de dados

Um dos primeiros passos é definir como a aplicação vai se conectar ao banco. A biblioteca Flask-SQLAlchemy adiciona uma camada que lida com a integração e simplifica a criação de sessões para interagir com o banco. Para instalar:

bash

```
pip install flask-sqlalchemy
```

Em um arquivo principal, como app.py, é possível estabelecer a configuração:

python

```
# EXEMPLO 1
# PASSO 1: imports
from flask import Flask
from flask_sqlalchemy import SQLAlchemy
```

```
app = Flask(__name__)
# PASSO 2: config string for database connection
app.config["SQLALCHEMY_DATABASE_URI"] = "sqlite:///
mydatabase.db"
app.config["SQLALCHEMY_TRACK_MODIFICATIONS"] = False

# PASSO 3: instantiating the db object
db = SQLAlchemy(app)

if __name__ == "__main__":
    app.run(debug=True)
```

Nesse exemplo, a aplicação usa um arquivo local SQLite chamado mydatabase.db. Em projetos maiores, seria comum utilizar um SGBD robusto como PostgreSQL, substituindo a string de conexão por algo como postgresql+psycopg2:// username:password@localhost/mydatabase.

Erros Comuns e Como Corrigi-los:

1. ModuleNotFoundError: No module named 'psycopg2'
   Ocorre se a aplicação configura PostgreSQL sem instalar a dependência psycopg2.
   Causa provável: Falta de instalação do driver.
   Solução: Executar pip install psycopg2-binary ou pip install psycopg2 conforme o ambiente.

2. sqlalchemy.exc.OperationalError
   Aparece quando a string de conexão está incorreta ou o banco não está acessível.
   Causa provável: Usuário, senha ou host invalidos, ou servidor de banco inoperante.
   Solução: Verificar se o endereço do banco, credenciais e porta estão corretos.

3. RuntimeError: application not registered on db instance and no application bound to current

context

Indica problema com o contexto do Flask na inicialização do SQLAlchemy.

Causa provável: Uso incorreto do padrão de criação da aplicação e do objeto db.

Solução: Vincular app a db ou usar o padrão de factory, chamando init_app(app) se adotado.

Modelagem de dados e operações CRUD

Definir um modelo é o passo que transforma uma classe Python em uma tabela no banco. Cada atributo corresponde a uma coluna e pode ter tipos como String, Integer, Boolean, DateTime, entre outros. É possível adicionar constraints, relacionamentos e configurações específicas.

python

```
# EXEMPLO 2
# PASSO 1: importing the db instance
from app import db

class User(db.Model):
    # PASSO 2: table name and columns
    __tablename__ = "users"

    id = db.Column(db.Integer, primary_key=True)
    username = db.Column(db.String(50), unique=True,
nullable=False)
    email = db.Column(db.String(120), unique=True,
nullable=False)
    active = db.Column(db.Boolean, default=True)

    # PASSO 3: a custom method for demonstration
    def __repr__(self):
        return f"<User {self.username}>"
```

O decorator @property e métodos adicionais podem

enriquecer a classe com lógicas específicas. Uma vez definida, a aplicação pode criar a tabela correspondente chamando db.create_all() ou usando migrações.

Operações CRUD tornam-se simples ao usar a Session do SQLAlchemy, encapsulada pelo db.session no Flask-SQLAlchemy:

python

```
# EXEMPLO 3
# PASSO 1: creating a new user
new_user = User(username="alice",
email="alice@example.com")

# PASSO 2: adding to the session
db.session.add(new_user)

# PASSO 3: committing to persist in the database
db.session.commit()
```

Para consultar registros, a classe define métodos como query.filter_by(...).first() ou query.all():

python

```
# EXEMPLO 4
# PASSO 1: retrieving all active users
active_users = User.query.filter_by(active=True).all()
for user in active_users:
    print(user.username, user.email)
```

Para atualizar, basta modificar atributos e realizar um commit:

python

```
# EXEMPLO 5
# PASSO 1: retrieving a user
user = User.query.filter_by(username="alice").first()
```

```
# PASSO 2: updating fields
user.email = "alice.new@example.com"
# PASSO 3: committing the changes
db.session.commit()
```

Para deletar:

python

```
# EXEMPLO 6
user_to_delete = User.query.get(1)
if user_to_delete:
    db.session.delete(user_to_delete)
    db.session.commit()
```

Erros Comuns e Como Corrigi-los:

1. sqlalchemy.exc.IntegrityError
   Geralmente ocorre se a tabela requer valores únicos ou não nulos e a aplicação tenta inserir dados em conflito.
   Causa provável: Tentar inserir um email duplicado em uma coluna unique, por exemplo.
   Solução: Verificar unicidade antes do insert, capturar a exceção ou remover a constraint dependendo da regra de negócio.
2. AttributeError: 'NoneType' object has no attribute '...'
   Aparece quando a query não encontra nenhum registro e retorna None.
   Causa provável: Falta de checagem se user_to_delete existe.
   Solução: Incluir um if user_to_delete: antes de acessar o objeto.
3. sqlalchemy.orm.exc.DetachedInstanceError
   Surge se um objeto foi removido da sessão e está sendo manipulado novamente sem associação.
   Causa provável: Encerramento antecipado da sessão

ou manipulação em outro contexto.

Solução: Acessar os atributos antes de encerrar a sessão ou reanexar o objeto.

Migrações e versionamento de esquemas

Em projetos que evoluem, é comum precisar alterar a estrutura do banco: adicionar colunas, mudar tipos, criar novas tabelas. O Alembic é a ferramenta padrão do SQLAlchemy para migrações, e a extensão Flask-Migrate integra Alembic ao Flask de modo simples. A instalação:

bash

```
pip install flask-migrate
```

No arquivo principal, é possível configurar Flask-Migrate:

python

```
# EXEMPLO 7
# PASSO 1: imports
from flask import Flask
from flask_sqlalchemy import SQLAlchemy
from flask_migrate import Migrate

app = Flask(__name__)
app.config["SQLALCHEMY_DATABASE_URI"] = "sqlite:///
mydatabase.db"
app.config["SQLALCHEMY_TRACK_MODIFICATIONS"] = False

db = SQLAlchemy(app)
migrate = Migrate(app, db)

if __name__ == "__main__":
    app.run(debug=True)
```

No terminal, algumas operações ficam disponíveis:

bash

```
flask db init
flask db migrate -m "Initial migration."
flask db upgrade
```

Cada migração gera um script no diretório migrations/, contendo instruções para criar, alterar ou remover tabelas e colunas. O comando upgrade aplica a mudança, e downgrade reverte. Assim, a equipe mantém registro versionado do schema, evitando surpresas ao implantar em produção.

Exemplo de um script de migração gerado (parcialmente editado para demonstração):

python

```python
# EXEMPLO 8
# PASSO 1: auto-generated by Alembic
def upgrade():
    op.create_table(
        "users",
        sa.Column("id", sa.Integer(), nullable=False),
        sa.Column("username", sa.String(length=50),
nullable=False),
        sa.Column("email", sa.String(length=120),
nullable=False),
        sa.Column("active", sa.Boolean(), nullable=True),
        sa.PrimaryKeyConstraint("id"),
        sa.UniqueConstraint("email"),
        sa.UniqueConstraint("username")
    )

def downgrade():
    op.drop_table("users")
```

O Alembic analisa o modelo atual e compara com a estrutura

do banco, criando instruções adequadas. É possível editar manualmente esses scripts para refinar a lógica, caso seja necessário manipular dados durante a transição.

Erros Comuns e Como Corrigi-los:

1. sqlalchemy.exc.OperationalError during migration
   Ocorre se a migração tenta criar ou alterar algo que conflita com restrições existentes.
   Causa provável: Colunas com constraints duplicadas, ou colunas já existentes no schema.
   Solução: Ajustar o script de migração para lidar com dados antigos ou remover constraints desnecessárias.

2. AttributeError: module 'migrations' has no attribute '...'
   Pode aparecer quando o projeto não foi inicializado corretamente ou as variáveis de ambiente não estão definidas.
   Causa provável: Faltou rodar flask db init ou a estrutura de pastas está fora do padrão.
   Solução: Realizar o init e manter o diretório migrations/ no mesmo local do manage script.

3. Targets Not Up to Date
   Acontece quando a estrutura do modelo no código está diferente do que o Alembic reconhece como atualizado.
   Causa provável: Falha em rodar flask db upgrade antes de rodar flask db migrate novamente.
   Solução: Aplicar as migrações pendentes ou reverter para o estado anterior, sincronizando modelo e schema.

Regras Troubleshooting e Formatação de Código

Seguir uma estratégia de segmentação de código, adicionando # EXAMPLE X e # STEP Y, torna o texto didático. Adicionar uma seção "Erros Comuns e Como Corrigi-los" ajuda no diagnóstico

rápido. Cada script deve ser funcional e manter identação adequada.

Identificar cada parte do script, como importações, configuração, criação de modelos e execução, auxilia quem lê e quem digita o código. Evitar códigos muito extensos em um único bloco, preferindo dividir em passos curtos. Em aplicações grandes, separar models.py, config.py, e migrations/ (pelo Alembic) assegura que cada arquivo cumpra uma função específica e facilite a manutenção a longo prazo.

Ao adicionar relacionamentos (um-para-muitos, muitos-para-muitos) e configurações avançadas, o mesmo princípio de organização e troubleshooting se aplica. No caso de falhas, a mensagem do SQLAlchemy costuma trazer detalhes sobre a query gerada e o erro retornado pelo banco. Logar essa mensagem e compará-la com a lógica do modelo é o caminho para solucionar problemas.

Boa parte dos erros surge de divergências entre o que está definido no modelo e o que já existe no banco. Manter a base de migrações limpa e aplicar as mudanças de maneira incremental evita confusões. O time de desenvolvimento deve sempre atualizar suas bases locais antes de introduzir novas alterações, reduzindo conflitos.

A adoção de um ORM como SQLAlchemy, aliado às funcionalidades do Flask, possibilita desenvolvimento ágil e sustentável. O código ganha expressividade ao manipular registros como objetos Python, sem escrever SQL repetitivo. A extensão Flask-SQLAlchemy minimiza configurações redundantes e oferece acesso simplificado à sessão, enquanto Flask-Migrate e Alembic gerenciam a evolução do schema com segurança.

Do ponto de vista de design, cada entidade define uma classe que espelha a tabela no banco. Esse arranjo promove clareza,

pois a aplicação inteira compartilha um modelo de dados unificado. A orquestração de relacionamentos complexos, como posts que pertencem a usuários ou pedidos que contêm múltiplos produtos, torna-se mais previsível graças aos recursos de cardinalidade e chaves estrangeiras definidas no ORM.

A utilização de migrações garante que a evolução das tabelas seja rastreada, permitindo que diferentes membros da equipe sincronizem alterações sem sobrescrever dados existentes. Esse controle é inestimável em sistemas que necessitam de estabilidade e rastreabilidade.

Operações CRUD ficam mais simples e menos propensas a erro, pois a manipulação do banco é mediada pela camada ORM. Criar novos registros envolve instanciar uma classe e realizar commits, atualizar é só atribuir novos valores a atributos, e deletar é remover o objeto da sessão. Consultas usam a interface de query, transformando buscas em expressões Python ao invés de instruções SQL manuais.

Entretanto, a flexibilidade permanece: consultas altamente específicas ou exigentes podem recorrer ao SQLAlchemy Core ou até mesmo instruções SQL brutas, caso haja necessidade de otimização avançada. Esse balanceamento entre abstração e acesso de baixo nível atende tanto quem prefere a comodidade do ORM quanto quem precisa de configurações sob medida.

Manter boas práticas de organização do projeto, com módulos separados para configurações, modelos e rotas, fortalece a coesão do código. A adoção de logs e a implementação de testes automatizados voltados ao acesso do banco detectam regressões em estágios iniciais. A aplicação de patterns como Repository ou Service Layer pode elevar a robustez, isolando ainda mais as camadas de persistência e lógica de negócio.

Em resumo, a integração com bancos de dados no Flask, por meio do SQLAlchemy e seu ecossistema, estabelece um alicerce sólido para aplicações dinâmicas que gerenciam dados

persistentes. Uma configuração bem projetada, aliada ao versionamento de esquemas, garante segurança e consistência durante todo o ciclo de vida do projeto. A padronização no uso de CRUD, a clareza na modelagem e o cuidado com relacionamentos fornecem a base para sistemas escaláveis e organizados, prontos para lidar com cenários de médio e grande porte sem sacrificar qualidade ou velocidade de desenvolvimento.

CAPÍTULO 10. AUTENTICAÇÃO E AUTORIZAÇÃO EM FLASK

A criação de aplicações que exigem acesso restrito ou gerenciamento de perfis envolve configurar um processo seguro de identificação e controle de permissões. O Flask permite implementar fluxos de login, logout e tratamento de sessões de forma integrada, apoiado por extensões que simplificam a administração de dados sensíveis. Esse mecanismo garante que apenas pessoas autorizadas entrem em áreas críticas, definindo ainda quais recursos cada grupo pode visualizar ou alterar. Sessões são blocos de dados que residem no servidor ou em cookies assinados, permitindo que o sistema reconheça o usuário em cada requisição sem a necessidade de autenticar repetidamente. O Flask-Login aparece como um dos complementos mais populares, pois gerencia toda a lógica de lembrar se alguém está logado e de assegurar que cada rota seja bloqueada ou liberada de acordo com as credenciais fornecidas.

Autenticação consiste em provar a identidade de alguém, seja por login e senha, tokens, OAuth ou outros métodos, enquanto autorização decide se esse usuário pode acessar ou manipular um determinado recurso. Esses conceitos, embora complementares, exercem papéis distintos. O primeiro passo é sempre confirmar quem está se conectando, para depois checar se existem privilégios específicos. As aplicações modernas frequentemente combinam várias técnicas, incluindo cookies de sessão para ambientes web e tokens JWT em APIs. O Flask permite personalizar essa abordagem, mas a adoção de padrões consolidados poupa retrabalho e abre

caminho para atualizações futuras.

Sessões de usuários podem ser armazenadas usando cookies assinados, em que o servidor anexa dados criptografados ou assinados com um segredo, devolvendo-os ao navegador. A cada requisição seguinte, o navegador envia esse cookie, permitindo que o Flask recupere as informações necessárias. Outra alternativa é manter o estado no servidor, identificando unicamente o usuário por meio de um ID contido no cookie. Em ambos os casos, um app.config["SECRET_KEY"] é fundamental para evitar fraudes, pois sem essa chave um atacante poderia forjar cookies. Esse valor precisa ser forte e bem guardado, já que o comprometimento dele leva ao controle total das sessões.

A extensão Flask-Login cuida do fluxo fundamental de login, logout e verificação de permissões em rotas específicas. Esse conjunto de recursos inclui gerenciamento de sessão, lembretes de login e proteções contra acesso não autenticado. O uso começa com a instalação e importação, definindo um objeto LoginManager que se vincula ao Flask. Esse objeto é responsável por interceptar solicitações a rotas protegidas, garantindo que somente usuários devidamente logados as acessem. Esse processo preserva a simplicidade, pois cada rota sensível pode ser decorada com um login_required, forçando a verificação de autenticação antes de prosseguir.

O trecho abaixo mostra como configurar o Flask-Login no ambiente:

python

```python
# EXEMPLO 1
# PASSO 1: imports and initialization
from flask import Flask, render_template, request, redirect,
url_for
from flask_sqlalchemy import SQLAlchemy
from flask_login import LoginManager, UserMixin, login_user,
```

```
logout_user, login_required, current_user

app = Flask(__name__)
app.config["SECRET_KEY"] = "any_very_secure_key"
app.config["SQLALCHEMY_DATABASE_URI"] = "sqlite:///
users.db"
app.config["SQLALCHEMY_TRACK_MODIFICATIONS"] = False

db = SQLAlchemy(app)

login_manager = LoginManager()
login_manager.init_app(app)
login_manager.login_view = "login"  # name of the login route
```

Esse login_manager gerencia a lógica de redirecionar usuários deslogados ao endpoint de login e de armazenar a sessão após a validação. O login_view define para onde o usuário deve ir quando tenta acessar uma rota protegida sem estar autenticado. A classe UserMixin facilita a integração de qualquer modelo com o Flask-Login, fornecendo métodos e propriedades padrão, como is_authenticated ou is_active.

Abaixo se encontra um modelo de usuário integrado ao SQLAlchemy, combinando colunas relevantes e a herança do UserMixin:

python

```
# EXEMPLO 2
# PASSO 1: user model
class User(db.Model, UserMixin):
    __tablename__ = "users"
    id = db.Column(db.Integer, primary_key=True)
    username = db.Column(db.String(64), unique=True,
nullable=False)
    password_hash = db.Column(db.String(128),
nullable=False)
    role = db.Column(db.String(32), default="user")
```

```
def __repr__(self):
    return f"<User {self.username}>"
```

O role pode ser empregado para distinguir privilégios, enquanto o password_hash armazena a senha de forma criptografada (jamais em texto puro). No fluxo de registro, convém aplicar hashing seguro (por exemplo, bcrypt ou scrypt). O Flask-Login exige ainda uma função de callback que localize o usuário com base em um ID armazenado na sessão. Esse callback aparece como user_loader:

python

```
# EXEMPLO 3
@login_manager.user_loader
def load_user(user_id):
    return User.query.get(int(user_id))
```

Quando a sessão indica que um certo usuário está logado, o Flask-Login chama load_user, fornecendo o ID para buscar o objeto correspondente no banco. Se não for encontrado, a autenticação será invalidada.

Para efetuar login, é possível criar uma rota que valide as credenciais. Assim que confirmadas, login_user registra o sucesso e gera a sessão apropriada:

python

```
# EXEMPLO 4
# PASSO 1: login route
@app.route("/login", methods=["GET", "POST"])
def login():
    if request.method == "POST":
        username = request.form["username"]
        password = request.form["password"] # plain password
from form
```

```
        user = User.query.filter_by(username=username).first()
        if user and check_password(password,
user.password_hash):
            login_user(user)
            return redirect(url_for("protected"))
        return "Invalid credentials"
    return render_template("login.html")
```

O check_password seria uma função que compara a senha em texto claro ao hash armazenado, usando bcrypt ou equivalente. A rota GET exibe um template com campos de usuário e senha, enquanto o método POST lida com a verificação. login_user cria a sessão e marca esse usuário como autenticado. O redirecionamento pode ir para uma rota de sucesso ou a página requisitada originalmente.

Controlar permissões e acesso exige identificar quem está logado, o que Flask-Login faz por meio de current_user. Esse objeto reflete a instância do modelo, então usar current_user.role ou current_user.id recupera dados persistidos. Rotas sensíveis podem ser decoradas com login_required, garantindo que apenas pessoas autenticadas cheguem até elas:

python

```
# EXEMPLO 5
@app.route("/protected")
@login_required
def protected():
    return f"Hello, {current_user.username}. This is a protected
page."
```

Se alguém deslogado tentar acessar, o Flask-Login redireciona ao login_view configurado. Isso resolve o fluxo de autenticação básica, mas não diferencia ainda as permissões. Para conceder acesso seletivo, pode-se verificar o role antes de exibir

conteúdo:

python

```
# EXEMPLO 6
@app.route("/admin")
@login_required
def admin_area():
    if current_user.role != "admin":
        return "Access denied"
    return "Welcome to the admin area."
```

A verificação do campo role é uma abordagem simples. Em aplicações maiores, pode-se criar um sistema de grupos e permissões, ou integrar a um servidor de identidade externo. Independentemente do esquema, Flask-Login se mantém responsável apenas por vigiar se alguém está logado, delegando a lógica de níveis de acesso a outro módulo ou a customizações no modelo.

Sair do sistema envolve liberar o token de sessão e marcar o usuário como não autenticado:

python

```
# EXEMPLO 7
@app.route("/logout")
@login_required
def logout():
    logout_user()
    return redirect(url_for("login"))
```

logout_user elimina da sessão as informações que ligam o usuário atual ao ID no banco. O login_required no logout impede qualquer ação se não houver um usuário logado, embora, nesse caso, não faça grande diferença.

Para impedir ataques de sequestro de sessão, convém usar

HTTPS e definir o cookie como secure, impedindo seu envio por conexões não criptografadas. A adoção de tokens de renovação ou rotating session IDs dificulta que um invasor use cookies interceptados. Ajustar tempo de expiração e inatividade também melhora a proteção, encerrando sessões que ficam muito tempo inativas.

A proteção de dados envolve, além da guarda segura da SECRET_KEY, o armazenamento adequado das senhas. É indispensável usar funções de derivação de chave, como bcrypt, argon2 ou scrypt, que inserem salt e repetem a hash. Com esse procedimento, mesmo que o banco seja comprometido, as senhas não estarão expostas em texto puro. Dependendo das necessidades, é possível implementar verificação de força de senha ou perguntas extras para recuperar credenciais.

Em projetos que exigem estratégias mais sofisticadas, o Flask pode interoperar com OAuth 2.0 ou SAML para autenticar via serviços externos, como Google, GitHub ou provedores corporativos. Nesse fluxo, a aplicação redireciona o usuário para o provedor, que valida as credenciais e devolve um token. O Flask, então, registra esse token e extrai as informações de perfil para construir ou atualizar o usuário local. Esse método simplifica o processo para usuários que já possuem contas em plataformas conhecidas, eliminando a necessidade de criar novas senhas.

O controle de acesso, por outro lado, pode ser refinado ao usar bibliotecas de ACL ou RBAC. A ideia é modelar conjuntos de permissões que se apliquem a determinados papéis ou até individualmente a cada usuário. Uma rota que manipula relatórios confidenciais pode verificar se o usuário possui a permissão "view_reports," enquanto outra que exclui registros verifica "delete_records." Esse nível de granularidade depende do design do sistema. Em alguns casos, basta dividir o perfil em admin e user, mas em outros, há dezenas de permissões a

tratar.

A manipulação de cookies com tokens de sessão precisa de um ciclo de vida bem definido. A aplicação pode configurar o tempo de expiração do cookie, informando se a sessão expira ao fechar o navegador ou se permanece até certo prazo. Uma vez que a pessoa feche a aba ou fique inativa por longo período, um idle timeout pode invalidar a sessão no servidor. Esse mecanismo requer que o Flask ou a camada associada armazene o horário da última atividade do usuário, efetue a comparação a cada requisição e encerre a sessão se exceder o limite.

Quando se busca alta segurança, é importante registrar eventos de login e logout, ou mesmo tentativas de falha. Esse registro pode incluir IP, data e hora, user agent e outras informações que facilitem a auditoria ou detecção de acessos indevidos. Conectar logs do Flask a sistemas de análise ou monitoramento de segurança ajuda a detectar anomalias, como várias tentativas erradas em sequência ou acessos vindos de localidades incomuns.

Em aplicações que lidam com dados médicos, financeiros ou pessoais, cifrar parte do conteúdo no banco pode ser necessário, complementando a parte de autenticação. Em tais cenários, o login garante que apenas usuários autorizados entrem, mas o próprio servidor precisa manipular dados criptografados. Nesse caso, surgem soluções de key management e segmentação de privilégios, pois mesmo desenvolvedores de banco podem ser incapazes de ler certas colunas se não tiverem as chaves.

Para simplificar o fluxo de desenvolvimento, alguns adotam scaffolding que gera rotas de login e logout já prontas, armazenando senhas com hashing e provendo templates de autenticação. Esse método acelera protótipos e garante certa padronização, mas quem deseja total controle normalmente implementa manualmente as rotas de login, logout e

recuperação de senha, seguindo as práticas mencionadas. Testes unitários e de integração são cruciais para confirmar que as restrições funcionam, pois um descuido pode abrir brechas de segurança ou impedir usuários legítimos de acessar áreas necessárias.

Ao lidar com permissões mais complexas, é possível criar um decorador customizado que, além do login_required, cheque se o usuário cumpre requisitos adicionais. Algo como:

python

```
def role_required(role_name):
    def decorator(func):
        @login_required
        def wrapper(*args, **kwargs):
            if current_user.role != role_name:
                return "Access denied"
            return func(*args, **kwargs)
        return wrapper
    return decorator

@app.route("/settings")
@role_required("admin")
def settings():
    return "Admin Settings"
```

Esse wrapper primeiro exige autenticação e depois verifica se o atributo role bate com o valor esperado, bloqueando caso contrário. Isso pode ser ampliado para aceitar múltiplos papéis ou até receber uma lista de permissões. Como cada aplicação tem requisitos únicos, a flexibilidade do Flask-Login e do Flask permite que a lógica seja encaixada onde for mais conveniente.

É importante planejar o ciclo de vida do token de sessão, especialmente quando se gerencia logins em múltiplos dispositivos ou quando o usuário troca de senha. Em situações de segurança máxima, forçar logout de todos os dispositivos

após uma alteração crítica de credenciais impede uso indevido de tokens antigos. Esse tipo de controle exige que o servidor mantenha uma lista de sessões ativas, associando cada uma a um ID e validando esse registro no banco antes de aceitar a sessão de cookie. Caso haja revogação, a sessão é invalidada na base, e um cookie previamente válido passa a ser recusado.

Estratégias de proteção de dados também incluem monitorar se as senhas armazenadas atendem a certos requisitos de complexidade. É recomendável oferecer feedback imediato ao usuário, mostrando se a senha cumpre padrões mínimos, como comprimento e diversidade de caracteres. Entretanto, o servidor não deve armazenar a senha real nem exibi-la em logs. Em fluxos de redefinição, o envio de links temporários ou tokens por e-mail, com prazo de validade, substitui práticas antigas que exibiam senhas em claro.

Em termos de implementação, toda rota que lida com dados sensíveis deve usar HTTPS para evitar interceptação de informações, e cabeçalhos como Strict-Transport-Security podem fortalecer a imposição de TLS. O cookie de sessão precisa ter as flags Secure e HttpOnly, bloqueando acesso via JavaScript e evitando envio em conexões inseguras. Sessões de grande porte ou ambientes com várias máquinas podem exigir um repositório compartilhado para as sessões, como Redis ou um database central, garantindo que as informações estejam disponíveis independentemente de qual servidor receba a requisição.

Quando uma aplicação expande para um ecossistema de microserviços, a autenticação distribuída se torna mais complexa, muitas vezes partindo para tokens JWT ou OAuth2. O Flask se adapta a esses cenários, mas é fundamental sincronizar as políticas de expiração e revogação em todos os serviços. Cada microserviço deve saber como validar tokens e como descobrir se foram revogados ou expiraram. Esse nível de complexidade requer uma abordagem mais avançada,

possivelmente integrando um provedor de identidade centralizado ou um gateway de API que coordene autenticação.

A autenticidade do usuário não se limita a meras credenciais. Algumas aplicações investem em fatores adicionais, como MFA (Multi-Factor Authentication), pedindo um código enviado por SMS ou gerado por um aplicativo TOTP. O Flask aceita bibliotecas que tratam TOTP, integrando a rota de login a esse fator extra caso o usuário tenha MFA habilitado. Esse tipo de incremento reduz drasticamente a chance de invasão quando alguém obtém a senha, mas não o segundo fator.

Também convém considerar mecanismos de limitação de tentativas, evitando ataques de força bruta. Essa prática implementa contadores no servidor ou no banco, bloqueando temporariamente o IP ou a conta após várias tentativas falhas. O tempo de bloqueio aumenta progressivamente em caso de insistência, desestimulando tentativas automatizadas de descobrir senhas. Em qualquer desses processos, é valioso fornecer mensagens claras ao usuário, evitando confusões e sem revelar detalhes em excesso que facilitem a vida de potenciais invasores.

A integração de cada aspecto — login, logout, controle de sessões, checagem de permissões, hashing de senhas, segurança de cookies, logs e auditoria — gera um ecossistema coeso e resistente a ataques. O Flask, pela sua natureza minimalista, não obriga a seguir nenhum padrão específico, mas disponibiliza hooks e extensões para que seja flexível. O Flask-Login cumpre bem a parte de autenticação e fornece uma base forte para o que virá a seguir, que é estabelecer camadas de autorização sofisticadas ou trocar dados de sessão com serviços externos.

Para manter a manutenção do código de forma clara, muitos preferem separar o fluxo de autenticação em um blueprint próprio, contendo as rotas de login, logout e recuperação de senha. Esse blueprint se registra na aplicação principal e

exporta as funções de callback do Flask-Login. O modelo de usuário pode residir em outro arquivo, definindo as colunas e as lógicas de validação. Essa distribuição modular simplifica a colaboração em equipes e o reuso de partes do código em outros projetos.

Também é relevante ter testes que cubram o fluxo de login e logout. Um teste de integração poderia simular o envio de um POST com credenciais válidas e verificar se a rota redireciona corretamente. Com credenciais inválidas, deve retornar a mensagem de falha. Ao tentar acessar uma rota protegida sem autenticação, o sistema deve redirecionar ao login. Esse procedimento garante que uma mudança futura não quebre o fluxo de autenticação, sobretudo quando se altera a forma de armazenar sessões ou se implementa uma lógica de token.

Em ambientes de grande escala, as sessões podem sobrecarregar o banco se forem armazenadas nele. Uma opção é usar caches distribuídos, como Redis, para gerenciar o estado da sessão, evitando escritas e leituras intensivas em disco. Essa abordagem melhora a performance, pois a recuperação dos dados de sessão se torna mais rápida e escalável, principalmente se existirem múltiplas réplicas do servidor Flask por trás de um balanceador de carga. Cada instância do Flask precisa compartilhar o acesso ao mesmo local de sessão.

Finalmente, o design de telas e templates que recolhem usuário e senha deve cuidar de detalhes de usabilidade, como mensagens de erro claras, suporte a lembre-me para manter a sessão além do tempo padrão e avisos sobre tempo de inatividade. Quando o usuário for redirecionado, é bom lembrar qual rota sensível ele tentava acessar, levando-o para lá após efetuar login com sucesso. A adoção de flash messages orienta a experiência, mostrando se a ação foi realizada, se a senha foi alterada ou se a permissão faltou para visualizar certo recurso.

Em resumo, a aplicação de login e gerenciamento de sessões no

Flask compõe a base de qualquer sistema que separe o público geral de áreas protegidas. O uso de extensões sólidas, como Flask-Login, reduz a complexidade de administrar cookies, tokens e callbacks, levando a fluxos confiáveis que garantem a segurança. O controle de acesso e permissões pode ser construído em camadas, desde verificações simples de perfil até infraestruturas robustas com grupos, papéis e herança de privilégios. A proteção de dados passa por um conjunto de medidas, como hashing de senhas, TLS para tráfego, cookies HttpOnly e Secure, além de logs que suportam auditoria e monitoramento. Esse conjunto se ajusta às necessidades específicas de cada projeto, moldando a autenticação e autorização de modo a proporcionar simplicidade para o usuário final, solidez para os dados e tranquilidade para os desenvolvedores que mantêm o sistema vivo.

CAPÍTULO 11. ERROS COMUNS E TROUBLESHOOTING NO FLASK

Aplicações Flask podem apresentar comportamentos inesperados em ambientes de desenvolvimento ou produção, e localizar a origem de um problema exige uma estratégia de investigação sistemática. Falhas de configuração, erros lógicos nos roteamentos, conflitos de versão entre extensões e deficiências de desempenho são ocorrências frequentes, especialmente em projetos que crescem sem organização rigorosa. O processo de diagnóstico compreende monitoramento de logs, uso de ferramentas de debugging e análise cuidadosa do fluxo de requisições e dependências. Essas técnicas ajudam a identificar a causa exata de cada inconveniente, tornando possível resolver ou contornar situações sem comprometer a estabilidade geral.

A primeira etapa costuma ser entender em que momento a falha aparece. Alguns problemas surgem ao iniciar a aplicação, como uma exceção ao carregar módulos ou uma variável de ambiente ausente. Outros só aparecem durante requisições específicas, quando uma rota não foi definida adequadamente ou um objeto não está disponível. Em certos casos, o aplicativo funciona localmente, mas falha no servidor de produção, revelando divergências de ambiente ou requisitos não atendidos. Observar os sintomas iniciais orienta a busca pela causa.

Situações comuns englobam exceções de import, como ModuleNotFoundError, que ocorre quando o Flask não encontra o arquivo ou biblioteca declarada. Essa falha indica que a biblioteca não foi instalada ou o nome está digitado de

forma diferente no script. Verificar o arquivo requirements.txt ou o pipenv/poetry e garantir que o pacote realmente consta ali é o primeiro passo. Também é útil conferir se a versão do Python utilizada localmente coincide com a do ambiente de produção, pois divergências podem levar a comportamentos diferentes.

Alguns erros aparecem ao iniciar o servidor: "Address already in use" surge quando outra aplicação já ocupa a porta que Flask tenta escutar. Para contornar, é possível finalizar o processo que está usando a porta ou modificar a porta do Flask usando app.run(port=5001). Se a mensagem for "ValueError: signal only works in main thread," indica uma tentativa de configurar sinais de interrupção fora da main thread, algo que algumas bibliotecas fazem involuntariamente. Esse tipo de problema se resolve ajustando a forma de rodar a aplicação ou movendo trechos de código que registram handlers de sinal para o local certo.

A exibição de erros em modo debug do Flask mostra um traceback com a linha exata onde a exceção ocorreu. Em produção, esse traceback não deve ser exposto ao usuário, pois pode conter detalhes sensíveis, mas no ambiente de desenvolvimento, é essencial para compreender o que falhou. Ver a pilha de chamadas e identificar a função que desencadeou a falha facilita correções imediatas. Ativar debug é feito com app.run(debug=True) ou FLASK_DEBUG=1 no terminal, mas jamais se recomenda usar debug em produção.

O Python possui um modo integrado de breakpoint que interrompe a execução e permite inspecionar variáveis. Inserir breakpoint() em pontos críticos do código, junto a prints estratégicos, ajuda a confirmar valores e fluxos lógicos. Outro recurso envolve IDEs como Visual Studio Code ou PyCharm, que oferecem depuração visual, definindo pontos de parada e examinando o estado da aplicação durante cada passo. Esse processo revela erros lógicos como laços que não terminam ou

condições que nunca são satisfeitas.

O registro de logs viabiliza a análise retrospectiva de um problema. Quando o serviço cai ou retorna erros inesperados, os logs são a única fonte que descreve o que aconteceu. O Flask permite configurar a escrita de logs no terminal ou em arquivos, além de integrar a bibliotecas como logging, definindo níveis (DEBUG, INFO, WARNING, ERROR, CRITICAL) e formatos de mensagem. Em projetos mais elaborados, é comum enviar esses logs para plataformas de observabilidade como Elasticsearch, Splunk ou serviços especializados de log. Assim, torna-se possível pesquisar e correlacionar eventos ao longo de um período, localizar picos de erro ou identificar requisições que precederam uma falha grave.

O snippet abaixo mostra uma configuração mínima do Python logging, associada ao Flask:

python

```
# EXEMPLO 1
# PASSO 1: basic logging setup
import logging
from flask import Flask

app = Flask(__name__)

# PASSO 2: define a logger with debug level
logging.basicConfig(level=logging.DEBUG, format='%(asctime)s [%(levelname)s] %(name)s: %(message)s')

@app.route("/")
def index():
    app.logger.debug("Index route accessed.")
    return "Hello from Flask!"

if __name__ == "__main__":
    app.run(debug=True)
```

O item logging.basicConfig configura o formato de data/hora e o nível de registro, exibindo inclusive o nome do logger e a mensagem. Quando a rota index é acessada, "Index route accessed." aparece nos logs, junto ao horário e nível. Em situações complexas, é possível criar loggers diferentes para cada módulo, setar níveis específicos e separar mensagens de debug de problemas genuínos.

Erros de roteamento acontecem quando a aplicação recebe requisições que não foram tratadas por rota alguma ou quando se chamam parâmetros de rota inexistentes. Se a rota define /user/int:user_id, mas a URL acessada for /user/john, o Flask retorna 404 Not Found ou aborta por tipo incorreto. Confirmar se as rotas batem com a sintaxe de placeholders e se cada método (GET, POST, PUT, DELETE) está configurado adequadamente resolve a maior parte das queixas.

Conflitos de dependência ocorrem quando duas bibliotecas requerem versões diferentes de um mesmo pacote ou quando se misturam pacotes instalados globalmente com pacotes de um ambiente virtual. Esse efeito surge em logs como "ImportError: cannot import name 'X' from partially initialized module 'Y'," sugerindo conflito ou import circular. Verificar o usage de um gerenciador de pacotes, como pipenv ou poetry, unifica a instalação e congela versões no Pipfile.lock ou poetry.lock, evitando surpresas. Também é recomendável isolar cada projeto em um venv, evitando que bibliotecas de outro projeto interfiram.

Falhas de config também aparecem se variáveis de ambiente essenciais não estiverem definidas. Em algumas aplicações, app.config["SECRET_KEY"] ou app.config["DATABASE_URL"] dependem de um .env ou do servidor de produção. Quando inexistentes, a aplicação não inicializa ou se comporta de maneira insegura. Conferir se o Docker, o Heroku ou a plataforma em uso está injetando corretamente as variáveis é

fundamental.

Hangs ou timeouts podem ser mais difíceis de diagnosticar, pois a aplicação aparentemente não falha, mas não responde. Isso pode significar que há um loop infinito ou que alguma chamada externa (como requests.get) bloqueia esperando resposta de um serviço inoperante. Uma forma de localizar o ponto exato do bloqueio é usar debug ou inserir logs em trechos suspeitos, por exemplo, antes e depois de cada chamada de função. Se a segunda mensagem nunca aparece, sabe-se qual chamada travou. Em produção, um time limit no WSGI server (como gunicorn) pode abortar a requisição caso exceda alguns segundos.

Questões de desempenho pedem análise de gargalos. Em Flask, fatores comuns são consultas ineficientes a banco de dados, loops que processam grandes volumes de dados sem paginar, e uso inadequado de extensões que não escalam bem. É recomendável inserir métricas para medir o tempo gasto em cada rota, ou empregar um profiler que detalhe quanto tempo cada função consome. Ferramentas como cProfile, pyinstrument ou snakeviz permitem mapear qual parte do código mais consome CPU. Para gargalos de E/S, a adoção de async com frameworks ASGI ou a configuração de filas de tarefas para processos demorados alivia a carga do serviço web principal, respondendo ao usuário de forma mais rápida.

Para otimizações, caches podem ser implementados: em algumas rotas que geram conteúdo estático ou resultados que mudam pouco, a aplicação armazena a resposta pronta por um período. Isso reduz processamento e acessos redundantes ao banco. Bibliotecas como Flask-Caching apoiam esse processo, guardando os resultados em memória local ou em Redis. Monitorar logs e métricas ajuda a detectar acertos de cache (cache hits) versus acertos de fallback (cache misses), avaliando se a política de expiração está adequada.

Alguns erros surgem em extensões ou middlewares, por

exemplo, ao usar Flask-Login sem definir a função user_loader, resultando em "NoneType object is not callable." Ou se um blueprint tiver rota duplicada, Flask avisa "View function mapping is overwriting an existing endpoint function." As mensagens descrevem o conflito, e a ação recomendada é renomear as funções, endpoints ou remover sobreposições. Ler cuidadosamente a mensagem de erro e buscar a linha de código implicada quase sempre aponta para a solução.

O snippet seguinte ilustra a sobreposição de endpoints:

python

```python
# EXEMPLO 2
# PASSO 1: blueprint definition
from flask import Blueprint

bp = Blueprint("main_bp", __name__)

@bp.route("/hello")
def hello():
    return "Hello from blueprint"

@bp.route("/hello")
def another_hello():
    return "Hello again"
```

Nesse código, as duas funções usam @bp.route("/hello"), gerando conflito. O log de Flask diz que a segunda rota tenta sobrescrever a primeira. Basta renomear ou mudar o caminho para /hello2, dependendo do objetivo.

Dependências de bibliotecas que dependem de C-extensões, como psycopg2 ou uwsgi, podem falhar se não houver compiladores ou pacotes de sistema instalados. Em logs, surge "gcc not found" ou "No module named 'psycopg2'," mas a real causa é a ausência de pacotes dev no sistema. Em containers Docker, é preciso instalar libpq-dev e gcc para compilar

psycopg2. Em servidores cloud, apt-get ou yum resolvem parte das necessidades. A versão exata do driver pode também ser fundamental, pois determinadas versões de psycopg2 não suportam funcionalidades de PostgreSQL mais recentes ou invertido.

Conflitos de enconding "UnicodeEncodeError" aparecem quando o Flask gera respostas com caracteres que não podem ser codificados no charset definido ou quando strings de caminho contêm acentos sem a devida codificação. Assegurar que os arquivos e o Python usem UTF-8 costuma resolver. A adoção de from **future** import unicode_literals e a verificação de que as routes e templates trabalham em UTF-8 já bastam na maioria dos casos.

No caso de problemas com import circular, a exceção "ImportError: cannot import name X from partially initialized module Y" se manifesta. Geralmente, um arquivo importa outro que, por sua vez, retorna ao primeiro. Em Flask, isso ocorre se app.py importa algo de routes.py, e routes.py também importa app.py. A solução passa por reorganizar o projeto, talvez definindo a instância Flask num factory ou movendo as importações do interior das funções que delas dependem, para reduzir interdependências de topo de arquivo.

Ao investigar problemas de template, jinja2.exceptions.TemplateNotFound é recorrente quando o Flask não encontra o arquivo HTML. Isso pode resultar de um path diferente do esperado ou do arquivo ausente na pasta templates. Verificar se a nomenclatura coincide com o que se passa a render_template, e se a pasta templates está na raiz do projeto ou em local análogo a app/templates, ajuda a resolver.

Para resolver divergências que ocorrem somente em produção, habilitar logs em níveis inferiores no servidor WSGI (gunicorn, uwsgi) e registrar localmente as exceções ajuda a correlacionar. Integrações de logging podem disparar alertas a cada error 500 que a aplicação retorna, enviando notificação a serviços

como Sentry ou Rollbar. Esse monitoramento em tempo real é essencial para sistemas críticos, pois detecta anomalias imediatamente, permitindo correções mais rápidas.

Erros referentes a SSL podem incluir "ssl.SSLError: [SSL: WRONG_VERSION_NUMBER]" se a aplicação tenta estabelecer uma conexão criptografada com um endpoint que não fala TLS ou se a porta está incorreta. Corrigir a configuração do server ou usar http:// no local correto normalmente resolve. Em setups de proxy, como NGINX ou Apache, a criptografia termina no proxy e a conexão ao Flask segue em HTTP simples. Ajustar cabeçalhos X-Forwarded-Proto e as configurações do Flask-HTTPS pode ser necessário para que a aplicação gere URLs seguras.

Alguns apps grandes sofrem com memória crescente, pois objetos ficam retidos, causando "MemoryError" ou matando processos. Um profiler de memória em Python, como pympler, auxilia a detectar se há referência cíclica ou se dados não são liberados após as requisições. Investigar se bibliotecas retenham caches que não expiram ou se existe um gerador infinito mal projetado evita esse acúmulo. Em containers Docker, o escalonamento horizontal também pode diluir a carga, mas corrigir a raiz do problema é primordial.

Picos de CPU ou travamentos podem indicar loops que percorrem milhões de registros do banco sem paginação ou algoritmos ineficientes. Paginar resultados em blocos menores e exibir apenas o que o usuário precisa elimina a carga exagerada de operações e de memória. Também é válido analisar se há repetição de consultas para cada item em um loop, substituindo por uma única query que já retorna tudo pronto. Ferramentas de APM (Application Performance Monitoring) analisam as rotas e exibem onde o tempo é gasto, gerando gráficos de execução.

Em integrações com APIs externas, timeouts e falhas de conexão se manifestam. A aplicação Flask pode ficar lenta

esperando a resposta, travando outras requisições se estiver em um servidor WSGI com poucas workers. Introduzir limites de tempo e cenários de fallback impede que a aplicação fique refém de serviços externos. Por exemplo, requests.get(url, timeout=5) gera uma exceção se não houver retorno em 5 segundos, permitindo ao Flask responder com uma mensagem de erro ao cliente em vez de travar indefinidamente.

É recomendável planejar testes unitários e de integração para exercitar cada rota e cada dependência, garantindo a cobertura dos fluxos principais. Quando se faz um push de código que introduz alguma regressão, esses testes falham e indicam a alteração culpada. Se um bug chega em produção, logs e monitoramento auxiliam a rastrear a origem.

Para problemas de concurrency, caso a aplicação acesse recursos externos com manipulações simultâneas, travamentos ou condições de corrida podem ocorrer. Python, por natureza do GIL, não sofre muita disputa de threads na CPU, mas E/S simultânea exige cuidado. Quando se usam processos paralelos, objetos na memória não podem ser compartilhados diretamente. Armazenar estado no disco ou em um cache central, usando travas apropriadas, resolve inconsistências.

Em termos de otimização de performance, a substituição do servidor de desenvolvimento nativo do Flask por um WSGI server como gunicorn ou uwsgi é crucial para cargas reais. Configurar o número de workers e threads adequados impede saturação e aproveita os núcleos disponíveis. Em ambientes com alta demanda, balancear a aplicação em vários contêineres e distribuir a carga remove gargalos. Monitorar a latência de cada rota e a taxa de erro ajuda a dimensionar a quantidade de instâncias necessária.

Resolver conflitos e erros de dependência em cenários multicamadas exige uma visão global de como a aplicação é implantada. Cada pipeline de integração contínua deve

instalar as mesmas versões definidas no lock file, evitando surpresas. Se uma biblioteca X exige a 2.0 e outra demanda a 3.0 do mesmo pacote, será preciso encontrar uma versão que atenda ambas ou migrar para uma substituta. Observando atentamente a mensagem de erro gerada no pip, geralmente se encontra a menção a "Cannot install X because Y requires version <=2.0 but you have 3.0 installed." Ajustar a dependência resolve.

Algumas aplicações exigem reordenação da importação para evitar partial initialization. Se routes.py importa algo de app.py, mas app.py também importa algo de routes.py, o Flask pode travar pois o app não está totalmente definido quando routes é carregado. Uma forma de contornar é usar um application factory, no qual se cria uma função create_app que instancia e retorna a aplicação, e rotas são registradas dentro dessa função ou importadas após a criação do app. Assim, a import circular se anula, pois a lógica se executa em ordem linear.

Como última recomendação, a disciplina no uso de logs e o estudo constante dos tracebacks ajudam a resolver a maioria dos erros em Flask. Confirmar a existência e coerência das variáveis de ambiente, checar a integridade do ambiente virtual ou container e observar as mensagens de erro na inicialização reduzem bastante o tempo gasto em correções. Testar se o erro é reprodutível localmente, e se surge em modo debug ou apenas em produção, direciona a análise do que difere entre os ambientes.

O domínio de troubleshooting permite que as aplicações Flask evoluam sem se tornarem caóticas. Um projeto bem organizado, com logs em níveis adequados, pacotes versionados e scripts de inicialização claros, faz com que a maioria dos problemas seja resolvida rapidamente. Cada erro vira uma oportunidade de aprimorar o processo e fortalecer a aplicação contra falhas similares no futuro. Erros que

antes levariam horas para solucionar podem ser rastreados em minutos quando há visibilidade do fluxo de requisições, do estado interno da aplicação e do pipeline de implantação. Essa maturidade na gestão de problemas e na adoção de boas práticas torna o Flask apto a lidar tanto com protótipos quanto com sistemas cruciais em ambientes corporativos.

CAPÍTULO 12. INTRODUÇÃO AO FASTAPI

FastAPI ganhou destaque no ecossistema Python pela capacidade de criar APIs rápidas, assíncronas e escaláveis usando tipagem estática e validações eficientes. Esse framework se baseia em Starlette e Pydantic, combinando uma arquitetura assíncrona de alto desempenho com a facilidade de uso típica de bibliotecas Python. A proposta é oferecer desenvolvimento de serviços e microserviços com foco na velocidade de resposta, legibilidade de código e documentação automatizada. O conjunto dessas características torna o processo de criação de rotas e manipulação de dados mais simples, sem sacrificar qualidade ou robustez.

A filosofia do FastAPI está ancorada em fornecer uma experiência de desenvolvimento fluida e produtiva. A tipagem estática e a validação de dados acontecem por meio de modelos Pydantic, o que protege a aplicação contra valores inesperados e falhas silenciosas. Rotas definidas com funções Python ganham suporte a anotações de tipo, e o framework utiliza essas informações para gerar automaticamente documentações interativas no padrão OpenAPI (Swagger e Redoc). O uso de async/await aproveita os benefícios do servidor ASGI, trazendo melhorias na escalabilidade e na capacidade de lidar com requisições simultâneas.

A instalação e configuração inicial são bastante diretas. Em um ambiente com Python 3.7 ou superior, basta obter fastapi e um servidor ASGI (como uvicorn) para executar a aplicação. A tipagem avançada da linguagem e o modelo de concorrência baseado em corotinas asseguram que o mesmo

aplicativo possa lidar com múltiplas requisições ao mesmo tempo, sem bloquear o loop principal. Esse fluxo se encaixa em cenários modernos, onde microserviços precisam responder a chamadas de diversos clientes rapidamente, e cada rota pode fazer consultas a bancos ou serviços externos sem manter a aplicação inteira parada.

Um dos diferenciais mais elogiados é a forma como FastAPI trata validação. Cada parâmetro, seja de rota, query ou corpo, pode ser anotado para tipagem. Esses tipos são convertidos em modelos Pydantic, que verificam valores, garantem limites, formatos e até transformam dados. A resposta ao cliente é imediata quando algo está errado, pois o framework retorna erros de validação bem formatados, simplificando a identificação de inconsistências. Essa abordagem diminui a repetição de código, pois não há necessidade de escrever validadores manuais em cada rota.

Para se configurar, é comum instalar o pacote e rodar uvicorn para servir a aplicação. Um primeiro passo pode ser:

bash

```
pip install fastapi uvicorn
```

Em seguida, um arquivo principal define as rotas:

python

```
# EXEMPLO 1
# PASSO 1: basic app initialization
from fastapi import FastAPI

app = FastAPI()

# PASSO 2: define a root endpoint
@app.get("/")
def read_root():
    return {"message": "Hello from FastAPI"}
```

```
# PASSO 3: run with uvicorn (cli)
# uvicorn main:app --host 0.0.0.0 --port 8000
```

O objeto FastAPI é instanciado e recebe as rotas via decorators. O exemplo read_root corresponde a uma rota GET em "/", retornando um dicionário que é automaticamente serializado em JSON. A aplicação pode ser executada com uvicorn main:app, onde main é o nome do arquivo (sem a extensão .py) e app é a variável do objeto FastAPI. No localhost:8000, essa rota exibe { "message": "Hello from FastAPI" }.

Uma comparação entre Flask e FastAPI revela filosofias parecidas na simplicidade do roteamento, mas com focos diferentes na execução. Flask é um microframework que oferece grande liberdade, sem impor estilos ou bibliotecas adicionais. A adoção de async no Flask requer configurações extras ou bibliotecas separadas, enquanto no FastAPI a ideia de funções assíncronas é nativa. O fluxo de validação em Flask tende a demandar extensões como Flask-WTF ou Marshmallow, enquanto no FastAPI a tipagem com Pydantic substitui a abordagem de configuradores e validadores tradicionais.

Outro ponto de distinção envolve documentação automática. Em Flask, a criação de documentação depende de bibliotecas externas ou escrita manual de especificações no padrão OpenAPI. No FastAPI, anotações de tipo e uso de classes Pydantic geram automaticamente endpoints /docs e /redoc, exibindo descrições completas das rotas, parâmetros e respostas esperadas. Essa funcionalidade é vantajosa para quem integra serviços de terceiros ou precisa compartilhar a API com outros times.

A estrutura básica de uma aplicação FastAPI costuma organizar cada rota como uma função, decorada com @app.get, @app.post, @app.put ou outros métodos HTTP. O

framework também aceita async def, permitindo operações assíncronas não-bloqueantes. Isso possibilita lidar com várias requisições sem usar threads tradicionais, reduzindo overhead de contexto e oferecendo alta escalabilidade. Em cenários de alta concorrência, a adoção de async gera vantagens de desempenho, pois a aplicação não fica parada durante esperas de E/S.

A introdução de parâmetros de rota segue o padrão de anotações:

python

```
# EXEMPLO 2
# PASSO 1: route with path parameter
@app.get("/users/{user_id}")
def read_user(user_id: int):
    return {"user_id": user_id}
```

Ao acessar /users/123, o user_id é convertido para int, e a função recebe esse valor. Caso o valor não seja um inteiro válido, o FastAPI retorna automaticamente um erro de validação 422 Unprocessable Entity, informando que "user_id" não atende aos critérios. Esse fluxo melhora a segurança e a robustez.

A leitura de parâmetros de consulta (query) se faz indicando parâmetros de função que não constam no path, mas com valores padrão ou sem default:

python

```
# EXEMPLO 3
# PASSO 1: route with query parameter
@app.get("/items")
def read_items(limit: int = 10, skip: int = 0):
    return {"limit": limit, "skip": skip}
```

Requisições a /items?limit=5&skip=2 retornam JSON com limit=5 e skip=2. A tipagem garante validação e conversão. Se o usuário enviar strings, o framework tentará converter, retornando erro caso falhe.

O manuseio de corpo de requisição em rotas POST ou PUT emprega modelos Pydantic para validação. Esse método define classes Python que descrevem cada campo esperado, inclusive suas restrições. Ao receber JSON, o FastAPI converte e valida tudo antes de chamar a função:

python

```
# EXEMPLO 4
# PASSO 1: pydantic model
from pydantic import BaseModel

class UserCreate(BaseModel):
    username: str
    email: str
    is_active: bool = True

# STEP 2: route using the model
@app.post("/users")
def create_user(user: UserCreate):
    return {"msg": "User created", "data": user.dict()}
```

Ao enviar um POST para /users com um corpo JSON no formato {"username": "alice", "email": "alice@example.com"}, o user: UserCreate faz o parse e a validação automática. Se email não for string ou is_active estiver com tipo inválido, a rota falha informando detalhadamente o problema. Esse estilo poupa a necessidade de if not field in request ou checagens manuais.

A mesma classe Pydantic pode possuir validadores avançados que conferem formatos de e-mail, comprimentos mínimos,

regex e transformações. Isso se estende a submodelos que aninham estruturas, viabilizando descrições ricas de payloads complexos. Esse arranjo acelera a criação de APIs bem definidas, pois erros de contrato param antes de chegar na lógica de negócio.

A performance do FastAPI baseia-se no servidor ASGI uvicorn ou hypercorn. Por padrão, uvicorn lida com o loop de eventos que despacha as requisições. A cada requisição, se a rota for síncrona, o evento é bloqueado até a resposta estar pronta. Se a rota for async e contiver await, o loop pode servir outras requisições enquanto espera E/S, como consultas a banco ou chamadas externas. Em sistemas com grande volume de acessos, essa arquitetura aproveita ao máximo a natureza cooperativa do async, mantendo alta taxa de throughput com menos recursos.

Configurar a aplicação em estruturas maiores segue princípios semelhantes a frameworks como Flask. É comum ter um arquivo principal, outras pastas para rotas, modelos, serviços e configurações. Em substituição a Blueprints, o FastAPI oferece APIRouter para agrupar endpoints. Esse router define um conjunto de rotas que podem ser montadas na aplicação principal, permitindo modularizar áreas diferentes do sistema, como /users e /products:

python

```
# EXEMPLO 5
# PASSO 1: user router
from fastapi import APIRouter

router = APIRouter()

@router.get("/profile")
def get_profile():
    return {"profile": "User profile data"}
```

```
# STEP 2: main app
from fastapi import FastAPI
from .user_router import router as user_router

app = FastAPI()

app.include_router(user_router, prefix="/users",
tags=["users"])
```

No snippet, prefix="/users" faz com que /profile fique acessível em /users/profile. tags=["users"] serve para documentação, agrupando as rotas relacionadas ao recurso users. Esse método modular melhora a manutenibilidade.

A documentação automática é acessada por padrão em /docs (Swagger) e /redoc (Redoc). Esses endpoints permitem testar as rotas e visualizar cada parâmetro, facilitando a colaboração com frontends ou outros serviços. É possível customizar títulos, descrições e exemplos. Ao definir a aplicação, pode-se fornecer metadata para alterar o título do projeto, a versão e informações de contato, refletindo no JSON OpenAPI.

Um ponto elogiado em FastAPI está na facilidade de criar websockets para comunicação em tempo real. Graças ao Starlette subjacente, a aplicação pode definir endpoints que aceitam conexões WebSocket, enviando e recebendo mensagens assíncronas. Esse estilo é útil em chats, dashboards e apps colaborativos. Ao unir endpoints HTTP e WebSockets no mesmo framework, o projeto diminui a complexidade de adotar servidores separados.

A comparação com Flask, no que se refere a comunidade, mostra que Flask possui enorme base de usuários, muitas extensões e material produzido ao longo de anos. O FastAPI, embora mais recente, cresceu rapidamente e atrai quem necessita de alta performance e doc automatizada. Os dois frameworks coexistem bem no ecossistema Python, cada qual

atendendo demandas específicas. Quem já domina Flask tende a aprender FastAPI rapidamente, pois a ideia de decorators e rotas é bastante similar. A maior diferença está na tipagem e no uso padrão de async.

Em termos de deployment, FastAPI requer um servidor ASGI. uvicorn e hypercorn são as escolhas usuais, mas há quem use daphne (da família Django Channels). Em ambientes Docker, o Dockerfile define a instalação do python, do fastapi, do uvicorn, e com docker run se abre a porta 8000. Nos provedores de nuvem, apontar para uvicorn main:app ajusta para servir as conexões. A escalabilidade advém de instanciar múltiplos workers do uvicorn ou usar um gerenciador como gunicorn com uvicorn workers, que combina escalabilidade de processos com concurrency assíncrona em cada processo.

Outro recurso fundamental do FastAPI é a manipulação de segurança e autenticação. Ele fornece classes prontas para OAuth2, Bearer tokens e integrações com senhas e hashing. Declarar parâmetros de segurança com o Security e o Depends gera endpoints que recusam requisições se o token não estiver presente. Assim, a criação de rotas protegidas e roles se torna mais simples. Vale lembrar que o framework não impõe um sistema de login pronto, mas disponibiliza blocos de construção para JWT, OAuth ou outro método que atenda às exigências do projeto.

Muitos projetos usam Pydantic não só para entradas de rotas, mas também para representar saídas ou interagir com bancos de dados. Um item que se lê do banco pode ser convertido num modelo Pydantic e retornado ao cliente, mantendo uniformidade nas estruturas. Esse costume evita a "bagunça" de dicionários avulsos e strings sem formatação. Ao anotar cada campo com um tipo e descrições, a aplicação gera um dicionário de OpenAPI que descreve detalhadamente qual JSON se espera. É comum ver classes ModelIn e ModelOut, separando o shape do dado de entrada e o shape de saída.

Existe ainda a possibilidade de adicionar middlewares em FastAPI para interceptar requisições antes de chegarem às rotas ou processar respostas antes de retornar ao cliente. Esse padrão é útil para logging, compressão, CORS ou verificação de tokens. A API do Starlette, que serve de base, oferece decorators e classes para customizar esse comportamento, pois o fluxo da requisição é passível de interceptação.

A estrutura fundamental de um projeto maior pode incluir um diretório app, com subpastas como routers, models, schemas, e um main.py que instancia o FastAPI e realiza o include_router em cada componente. Cada rota se organiza em seu router, cada model Pydantic em schemas, e cada ligação ao banco de dados pode ficar em uma pasta services. Esse layout modulariza o código, permitindo que cada equipe ou cada parte do projeto evolua sem confundir o resto.

Um snippet exemplificando esse arranjo:

plaintext

```
my_fastapi_project/
├── app/
│   ├── main.py
│   ├── routers/
│   │   ├── user.py
│   │   ├── product.py
│   │   │   └── ...
│   ├── models/
│   │   │   └── ...
│   ├── schemas/
│   │   │   └── ...
│   └── services/
│           └── ...
├── requirements.txt
```

main.py pode conter:

python

```
# EXEMPLO 6
# PASSO 1: main file
from fastapi import FastAPI
from .routers import user, product

app = FastAPI(title="My FastAPI Project", version="1.0.0")

app.include_router(user.router, prefix="/users",
tags=["Users"])
app.include_router(product.router, prefix="/products",
tags=["Products"])
```

user.py em routers define endpoints específicos de usuários, while product.py trata de produtos. Em schemas, as classes Pydantic modelam as entradas e saídas de cada rota. Em models, caso haja banco relacional, as classes do ORM podem residir. A pasta services reúne lógicas adicionais, como serviços de email ou integrações com APIs externas. Esse estilo garante manutenibilidade e facilita o versionamento, pois cada mudança tende a se concentrar em um arquivo ou pasta temática.

Durante o desenvolvimento, uvicorn main:app --reload levanta o servidor com recarga automática ao detectar alterações no código. O fluxo de trabalho é ágil: o desenvolvedor cria ou altera uma rota, salva, e o servidor reinicializa em instantes. A grande aceitação do FastAPI entre a comunidade Python deve-se a essa simplicidade aliada ao poder assíncrono, tipagem robusta e documentação gerada instantaneamente.

Em termos de uso corporativo, a tendência é integrar o FastAPI a bancos de dados como PostgreSQL ou NoSQL, definindo pacotes de repositórios e reusando as classes Pydantic para checar a consistência. A adoção de containers Docker

e orquestração Kubernetes encaixa bem, pois uvicorn tem overhead pequeno e inicia rapidamente. Em microssistemas, cada serviço pode ser um contêiner FastAPI distinto, escalando conforme a necessidade.

Ao planejar uma API com foco em alto desempenho, a abordagem reativa do async evita blocos de E/S. Se a aplicação conversa bastante com bancos remotos, APIs externas ou filas, cada await libera o loop para processar outras requisições. Isso faz FastAPI brilhar em cenários de throughput elevado, comparado a frameworks síncronos que exigem configurações extras de threads ou workers. Entretanto, para tarefas CPU-bound, a async sozinha não resolve o GIL, e seria preciso delegar a processos separados ou usar bibliotecas como multiprocessing.

A adoção de path operations, com HTTP methods padronizados e anotações sobre status_code e responses, também enriquece as rotas. É simples declarar retornos específicos, como status_code=201 para um POST que cria recursos. O framework registra essa informação na documentação, tornando a API mais clara. Rota e doc se mantêm unidas no código, evitando divergências entre a implementação real e o que a doc diz.

Para quem deseja personalizar a geração de documentação, é permitido adicionar descrições, sumários, parâmetros extras e exemplos. Isso facilita a vida de consumidores externos, que podem testar a API diretamente na interface web gerada por / docs. A função de Try it out do Swagger é muito útil: basta clicar, inserir dados e enviar, visualizando a resposta na hora. Com essa ferramenta, a validação e a depuração de endpoints ficam mais rápidas, pois não é preciso usar clientes externos como Postman ou cURL (embora eles ainda sejam populares em diversos fluxos).

Por fim, a introdução ao FastAPI destaca a flexibilidade: é possível iniciar com poucas linhas e evoluir até uma aplicação

complexa, distribuída em múltiplos arquivos e pacotes. A abordagem fortemente tipada, a execução assíncrona e a documentação automática trazem um modelo moderno de desenvolvimento de APIs. O estilo de roteamento com decorators, a manipulação intuitiva de dados e a extensibilidade do ecossistema Starlette asseguram que projetos podem crescer sem ficarem engessados.

O framework se torna atrativo para times que precisam entregar rapidamente APIs robustas, documentadas e com boa performance. Suporte a websockets, background tasks e middlewares integra facilidades nativas para construir serviços completos. A comunidade e a manutenção ativa do projeto reforçam a confiança de quem investe na tecnologia. Em diversas comparações, FastAPI mostra resultados próximos ou superiores a ferramentas famosas em outras linguagens, embora a performance real dependa de como o código lida com E/S e se aproveita do async.

Em meio a um universo de bibliotecas Python para desenvolvimento web, FastAPI se destaca pelo pragmatismo, pela adoção de recursos modernos e pela simplicidade de uso. A curva de aprendizado não é íngreme para quem conhece Python, e o acréscimo de recursos como anotações e corotinas se revela fluido. Muitos desenvolvedores que migraram a partir de frameworks síncronos relatam ganhos em legibilidade, velocidade e redução de bugs de validação. O suporte oficial a Python 3.7+ e a conformidade com PEPs de tipagem mostram a sintonia do projeto com as tendências da linguagem.

Portanto, o ponto fundamental de todo o processo é entender que um servidor ASGI, o uso de async/await e a combinação com Pydantic formam um trio poderoso. A aplicação tem rotas definidas por decorators, cada rota aproveita as anotações de tipo para gerar doc e validar parâmetros, e o servidor executa as funções de forma concorrente. Quem está habituado a trabalhar com Flask perceberá semelhanças no estilo de

decorators, mas notará diferenças ao manipular async e ao lidar com o sofisticado esquema de validação. Esse modelo representa uma opção sólida para APIs e serviços de médio a grande porte, especialmente em arquiteturas que privilegiem escalabilidade e robustez.

CAPÍTULO 13. CRIANDO APIS COM FASTAPI

Desenvolvedores buscam criar interfaces que permitam a comunicação entre diferentes sistemas de forma confiável e eficiente. Uma das abordagens modernas para alcançar esse objetivo se baseia em criar APIs seguindo padrões RESTful ou arquiteturas semelhantes, onde cada rota manipula recursos e parâmetros. O FastAPI oferece recursos avançados para lidar com requisições e respostas, validação de dados e documentação automática, sem exigir configurações extras. O foco principal está na performance e na clareza, graças à combinação de tipagem estática, Pydantic e Starlette. Esse conjunto facilita a construção de serviços escaláveis, tornando o processo de desenvolvimento mais simples e seguro.

A definição e criação de endpoints começa pela instância de FastAPI, que recebe decoradores para cada rota. Os métodos HTTP podem ser usados para organizar diferentes tipos de operações, como GET, POST, PUT e DELETE. O comportamento e a validação de cada endpoint se tornam previsíveis, já que cada função anota seus parâmetros e retorno. O ambiente assíncrono permite que a aplicação atenda diversas requisições ao mesmo tempo, evitando bloqueios durante operações de entrada e saída.

Um script de inicialização pode ilustrar como definir uma API mínima, já capaz de lidar com requisições HTTP:

python

```
# EXEMPLO 1
# PASSO 1: importing the necessary modules
```

```python
from fastapi import FastAPI

# PASSO 2: creating the FastAPI instance
app = FastAPI()

# PASSO 3: defining a simple GET endpoint
@app.get("/")
def read_root():
    return {"message": "Welcome to the API"}

# PASSO 4: running with uvicorn
# uvicorn main:app --reload
```

O snippet acima contém uma única rota para GET na raiz. Ao acessar "/", o servidor retorna um dicionário serializado como JSON. O host padrão é 127.0.0.1 e a porta 8000, caso uvicorn seja invocado sem parâmetros adicionais. O parâmetro --reload aciona recarga automática quando o código é modificado.

A manipulação de requisições e respostas pode ir além do retorno de dicionários simples. O FastAPI aceita a definição de classes Pydantic que descrevem a estrutura dos dados esperados ou retornados, bem como a configuração de status code e cabeçalhos de forma explícita. As funções Python podem receber objetos Request para inspecionar metadados de cabeçalhos e cookies, retornando objetos Response para personalizar status e corpo.

Um trecho demonstrando como enviar um JSON específico e cabeçalhos customizados:

python

```python
# EXEMPLO 2
# PASSO 1: import modules for request, response, status
from fastapi import FastAPI, Response, status

app = FastAPI()
```

```python
@app.post("/items")
def create_item(response: Response):
    response.status_code = status.HTTP_201_CREATED
    response.headers["Custom-Header"] = "MyValue"
    return {"detail": "Item created successfully"}
```

O response.status_code define o código de status HTTP a ser enviado, e response.headers adiciona cabeçalhos. Em modo default, a função retornaria 200 OK, mas aqui a rota define 201 Created para indicar a criação de um recurso.

Os parâmetros de rota e query strings permitem capturar valores que influenciam a lógica do endpoint. No FastAPI, qualquer trecho entre chaves { } no caminho representa uma variável de rota. O framework converte automaticamente o tipo, caso se especifique uma anotação. Já as query strings são parâmetros opcionais que aparecem após "?", e podem ser definidos com valores-padrão ou sem default para torná-los obrigatórios.

Um exemplo que exibe a definição de ambos:

```python
# EXEMPLO 3
# PASSO 1: route with path parameter and query
from fastapi import FastAPI

app = FastAPI()

@app.get("/users/{user_id}")
def read_user(user_id: int, active_only: bool = True):
    return {"user_id": user_id, "active_only": active_only}
```

Ao acessar /users/10?active_only=false, o user_id se torna 10 (int) e o active_only vira False (bool), graças ao conversor automático. Caso se envie algo inválido como user_id=abc, o

framework retorna um erro de validação 422 Unprocessable Entity. A manipulação de parâmetros de rota e query strings não exige validações manuais, pois o FastAPI as faz usando os tipos declarados.

Para lidar com requisições complexas, a adoção de modelos Pydantic é fundamental. Ao descrever um corpo de requisição, a rota define um parâmetro que recebe um objeto do tipo BaseModel. Esse objeto valida campos, tipos e formatos, retornando erro estruturado em caso de falha. O fluxo de trabalho se torna confiável: a aplicação garante que os dados recebidos atendem ao esquema e, se correto, a rota procede sem checks extras.

Um modelo Pydantic e um endpoint para criar recursos:

python

```python
# EXEMPLO 4
# PASSO 1: import from pydantic
from pydantic import BaseModel

class Item(BaseModel):
    name: str
    description: str | None = None
    price: float

@app.post("/items")
def create_item(item: Item):
    return {"result": "Item created", "item_data": item.dict()}
```

Ao receber um JSON como {"name": "Laptop", "price": 1299.99}, o framework converte para um objeto item: Item. Se o campo price for string ou name estiver ausente, a validação falha e a resposta chega ao cliente na forma de JSON contendo detalhes do erro. Esse comportamento evita problemas de digitação e lacunas de dados que poderiam se espalhar pela aplicação.

O retorno da função é também transformado em JSON. Caso se

queiram status codes específicos, pode-se usar a sintaxe:

python

```
# EXEMPLO 5
# PASSO 1: custom status code
from fastapi import status

@app.post("/items",
status_code=status.HTTP_201_CREATED)
def create_item(item: Item):
    return {"msg": "Item created", "data": item.dict()}
```

Esse estilo clarifica que a rota retorna 201 Created. Também se pode retornar objects do tipo Response, mas o modo acima é o mais comum e idiomático.

O desenvolvimento de APIs com FastAPI traz a documentação automática em endpoints /docs (Swagger) e /redoc (Redoc). Tudo que se define na tipagem e nas rotas aparece nesses painéis interativos, onde é possível testar cada chamada, inserir parâmetros e verificar resultados. Esse recurso agiliza a integração com clientes, sejam frontends ou outros microserviços. Sair da rota trivial e partir para casos mais completos envolve introduzir rotas adicionais e agrupar lógicas, possivelmente com APIRouter.

Um router de exemplo, separando endpoints de usuários:

python

```
# EXEMPLO 6
# PASSO 1: create a user router
from fastapi import APIRouter
from pydantic import BaseModel

router = APIRouter()

class User(BaseModel):
```

```
    username: str
    email: str
    active: bool = True

@router.get("/list")
def list_users():
    return {"users": ["alice", "bob", "charlie"]}

@router.post("/new")
def create_user(user: User):
    return {"msg": "User created", "user_data": user.dict()}
```

No main.py, a aplicação central pode importar esse router e registrá-lo:

python

```
# EXEMPLO 7
# PASSO 1: main app
from fastapi import FastAPI
from .user_router import router as user_router

app = FastAPI()

app.include_router(user_router, prefix="/users",
tags=["users"])

@app.get("/")
def root():
    return {"message": "API up and running"}
```

As rotas list_users e create_user ficam acessíveis em /users/list e /users/new, carregando o prefix. O usage de tags é para a documentação, agrupando esses endpoints como parte do conjunto "users." A modularização evita confusão quando o projeto escala, permitindo que cada domínio (orders, products, authentication) tenha seu próprio router.

A manipulação de métodos HTTP e o envio de respostas personalizadas torna a API mais expressiva. Um endpoint PUT que atualiza um recurso pode exigir o ID na rota e o corpo com dados:

python

```python
# EXEMPLO 8
# PASSO 1: update route
@app.put("/items/{item_id}")
def update_item(item_id: int, item: Item):
    return {
        "message": "Item updated",
        "item_id": item_id,
        "updated_data": item.dict()
    }
```

Essa rota extrai item_id de path e item do corpo, ambos validados. Em cenários reais, poderia-se buscar o item no banco, aplicar modificações e retornar o resultado. Se item_id não existir, um erro ou outra forma de sinalização poderia ser retornada.

O uso de async def permite tratamento não-bloqueante de E/S. Em scripts intensivos de rede ou banco, a aplicação pode gerenciar diversas conexões simultâneas:

python

```python
# EXEMPLO 9
# PASSO 1: asynchronous route
import httpx

@app.get("/external")
async def call_external():
    async with httpx.AsyncClient() as client:
        r = await client.get("https://api.example.com/data")
```

```
    return r.json()
```

Aqui, ao aguardar a resposta do cliente HTTP, o loop de eventos do Python cuida de outras requisições, em vez de ficar parado. Esse modelo escalável é um dos maiores destaques do FastAPI, possibilitando alta taxa de throughput para serviços que dependem de várias chamadas a APIs externas ou bancos de dados assíncronos.

A adoção de dependências, por meio do Depends, introduz outra forma de criar APIs bem estruturadas. Um método define a lógica para verificar tokens de autenticação ou extrair conexões de banco, e cada rota declara uma dependência que será executada antes de entregar o controle. Essa abordagem gera código limpo e testável, pois rotas focam em suas operações, enquanto a autenticação, ou a manipulação de recursos externos, se mantém isolada.

Um exemplo de dependência para checar tokens:

python

```python
# EXEMPLO 10
# PASSO 1: a function that raises an exception if token is invalid
from fastapi import Depends, HTTPException, status

def verify_token(token: str):
    if token != "supersecrettoken":
        raise HTTPException(status_code=status.HTTP_401_UNAUTHORIZED, detail="Invalid token")
    return token

@app.get("/secure")
def secure_endpoint(token: str = Depends(verify_token)):
    return {"message": "Access granted"}
```

Se o token for diferente de "supersecrettoken," a função verify_token lança HTTPException. A rota secure_endpoint recebe token como parâmetro, mas não precisa checar nada: o Depends já garantiu a validação. Essa técnica se torna essencial em grandes aplicações, pois a lógica de verificação de credenciais, logs, rate-limiting ou injeção de serviços pode ser centralizada.

A introdução de query strings e filtros para busca é outro ponto essencial em APIs:

python

```python
# EXEMPLO 11
# PASSO 1: listing items with optional filtering
@app.get("/products")
def list_products(skip: int = 0, limit: int = 10, search: str | None = None):
    # hypothetical data
    all_products = [
        {"id": 1, "name": "Laptop"},
        {"id": 2, "name": "Mouse"},
        {"id": 3, "name": "Monitor"},
        # ...
    ]
    if search:
        filtered = [p for p in all_products if search.lower() in p["name"].lower()]
    else:
        filtered = all_products

    return filtered[skip: skip + limit]
```

Esse endpoint aplica skip e limit para paginar resultados, e search para filtrar por nome. As anotações definem o tipo e o valor-padrão, então se skip ou limit não forem passados, 0 e

10 serão usados. O framework converte search em None se não houver um valor, e booleans se fosse um campo boolean. Com isso, a rota pode lidar com as entradas sem checagens manuais, beneficiando-se do sistema de validação e conversão embutido.

Em APIs com rotas que retornam listas, a exibição de metadados de paginação ajuda consumidores a saber quantos registros totais existem, qual página atual e quantos itens restam. A aplicação pode retornar algo como:

python

```python
# EXEMPLO 12
# PASSO 1: return metadata and data
@app.get("/products")
def list_products(skip: int = 0, limit: int = 10):
    data = [
        {"id": 1, "name": "Laptop"},
        {"id": 2, "name": "Mouse"},
        {"id": 3, "name": "Monitor"},
        {"id": 4, "name": "Keyboard"},
        # ...
    ]
    total = len(data)
    return {
        "total": total,
        "skip": skip,
        "limit": limit,
        "results": data[skip: skip + limit]
    }
```

Esse estilo padroniza a forma de retornar coleções, facilitando a vida de quem consome a API, pois a aplicação não só devolve o subconjunto mas também informa quantos itens existem ao todo.

Outro uso comum de APIs com FastAPI é a documentação de

exemplos práticos. É possível fornecer exemplos de payloads para cada rota, que aparecerão na interface /docs. Isso ensina rapidamente como chamar a rota e que dados esperar. Por exemplo, para o endpoint de criação de item:

python

```
# EXEMPLO 13
# PASSO 1: usage of docstrings and examples
@app.post("/items", response_description="Create a new
item")
def create_item(
    item: Item = Body(
        ...,
        examples={
            "normal": {
                "summary": "A normal example",
                "description": "A normal item with name and
price",
                "value": {
                    "name": "iPhone",
                    "description": "Apple smartphone",
                    "price": 999.99
                }
            }
        }
    )
):
    return {"message": "Item created", "item_data": item.dict()}
```

O Body(...) recebe a opção examples, que definem um dicionário com possíveis cenários. Esse snippet gera um dropdown de exemplos na documentação do Swagger, permitindo ao usuário clicar e preencher o corpo do request automaticamente com os campos. Esse recurso reduz ambiguidades, principalmente quando se trabalha com

estruturas mais complexas ou aninhadas.

O fluxo de manipulação de requisições e respostas também se estende ao uso de middlewares. O FastAPI, por meio do Starlette subjacente, permite registrar funções que interceptam requisições antes e depois de chamar a rota. Esse estilo é aplicado para logging, compressão ou autenticação genérica:

python

```
# EXEMPLO 14
# PASSO 1: define a middleware
from starlette.requests import Request
from starlette.responses import Response

@app.middleware("http")
async def log_requests(request: Request, call_next):
    print(f"Request path: {request.url.path}")
    response = await call_next(request)
    print(f"Response status: {response.status_code}")
    return response
```

Esse middleware imprime o caminho e, depois de processar a rota, o status. É uma forma simples de entender o fluxo das requisições sem repetir prints em cada função.

A criação de APIs robustas também pode incluir tratamento de exceções personalizadas. Se for preciso retornar um formato de erro específico ou lidar com exceções do banco de dados, se define handlers com a anotação app.exception_handler():

python

```
# EXEMPLO 15
# PASSO 1: handle a custom exception
class MyCustomError(Exception):
    def __init__(self, detail: str):
```

```
      self.detail = detail

@app.exception_handler(MyCustomError)
async def custom_error_handler(request: Request, exc:
MyCustomError):
   return JSONResponse(
      status_code=400,
      content={"error": exc.detail},
   )
```

Se a rota lançar MyCustomError("Invalid operation"), a função custom_error_handler é invocada, retornando JSON com status 400. Esse design centralizado mantém o código limpo e padroniza a estrutura de erros sem espalhar lógica de formatação por toda parte.

A manipulação de dados em formato diferente de JSON, como text/plain ou file uploads, também é suportada. Ao receber uploads, a rota anota File e UploadFile, e ao devolver arquivos, pode-se usar classes da Starlette, como FileResponse. O objetivo é cobrir todas as necessidades de uma API moderna, inclusive quando surge a necessidade de rotas que devolvem binários ou imagens.

Um exemplo de rota que recebe arquivos:

python

```
# EXEMPLO 16
# PASSO 1: receive file uploads
from fastapi import File, UploadFile

@app.post("/upload")
async def upload_file(file: UploadFile = File(...)):
   contents = await file.read()
   return {"filename": file.filename, "size": len(contents)}
```

O upload usa form data no body, e o File(...) diz ao FastAPI que

esse parâmetro vem de um campo do tipo file. O UploadFile contém metadados como filename, content_type e métodos para ler ou gravar seu conteúdo sem armazenar tudo na memória, dependendo da configuração. Esse fluxo abrange cenários de manipulação de imagens, documentos e backups.

Como forma de exemplificar a versatilidade, é viável criar routes para APIs de terceiros, combinando a abordagem async e transformando as respostas. Se a aplicação é um gateway ou orquestra calls a diversos microservices, a sintaxe não difere muito: basta usar um client HTTP assíncrono e retornar os dados no formato conveniente.

Uma rota que chama outro serviço e concatena dados:

python

```python
# EXEMPLO 17
# PASSO 1: external call
import httpx

@app.get("/aggregate")
async def aggregate():
    async with httpx.AsyncClient() as client:
        users_resp = await client.get("https://api.example.com/users")
        products_resp = await client.get("https://api.example.com/products")

    users_data = users_resp.json()
    products_data = products_resp.json()
    return {"users_count": len(users_data), "products_count": len(products_data)}
```

Ao acessar /aggregate, a aplicação faz duas chamadas paralelas e soma resultados, retornando algo simples. Esse estilo define a base para integrações e composições de serviços sem travar o loop durante as operações remotas.

Com esses exemplos, cria-se uma visão abrangente de como projetar APIs com o framework, desde rotas simples a cenários que incluem validação de payloads, manipulação de query strings e interceptação de requisições. A performance é favorecida pelo modo assíncrono e pela leveza do Starlette subjacente, enquanto a segurança e consistência derivam do Pydantic e das facilidades de erro e doc automáticas.

A adoção de convenções, como sempre retornar JSON no formato { "data": ..., "error": ... } ou { "message": ..., "payload": ... }, também dá uniformidade. O gerador de documentação do FastAPI destaca cada parâmetro e esquema, auxiliando quem consome a API. Numa equipe maior, esse recurso reduz ambiguidades, pois a doc se mantém sincronizada com o código em tempo real.

A adição de logs e monitoramento é feita usando loggers ou middlewares, e a robustez contra erros se atinge ao definir handlers de exceção e ao aproveitar a tipagem do Python para barrar inputs indevidos. Caso seja preciso elevar o nível de validação, Pydantic é expandido com validators, regex e constraints de valores, minimizando falhas e potencial de ataques.

Com a abordagem descrita, qualquer projeto se beneficia, seja para protótipos rápidos, seja para sistemas em produção que precisam de alta escalabilidade e conformidade de dados. As boas práticas incluem dividir a API em módulos (APIRouter) por domínio, organizar modelos Pydantic em um local claro e aproveitar as annotations para manter o código limpo. O uso de environment variables para configurações e a adoção de Docker e uvicorn em múltiplos workers completam uma stack de implantação sólida.

Portanto, ao criar APIs com FastAPI, cada rota se expressa como uma função Python decorada, que lida com entradas e saídas fortemente tipadas. Essa clareza acelera o desenvolvimento e reduz erros, apoiada por uma performance

competitiva e pela documentação embutida. A manipulação de requisições e respostas flui naturalmente, sem retrabalho para converter dados, e as query strings e parâmetros de rota seguem a mesma lógica tipada. Assim, a criação de serviços incrementais, práticos e de fácil manutenção se torna realizável em uma linguagem dinâmica como Python, demonstrando a força de técnicas assíncronas e tipagens avançadas.

CAPÍTULO 14. TIPAGEM E VALIDAÇÃO COM PYDANTIC

Desenvolvedores de APIs e serviços web enfrentam desafios constantes ao manipular dados vindos de clientes, bancos ou outras fontes externas. As informações podem estar incompletas, malformadas ou conter tipos inesperados, causando falhas que só são detectadas em tempo de execução ou, pior ainda, em produção. O Pydantic surge como uma ferramenta que alia o poder da tipagem estática do Python a uma validação automática de dados, evitando que erros se espalhem e garantindo maior confiabilidade no código. O FastAPI se apoia fortemente nesse conceito, utilizando as anotações de tipo para converter e verificar parâmetros de rota, query strings e corpos de requisição.

A introdução ao Pydantic e modelos de dados começa pelo entendimento de que essa biblioteca não se limita a validações pontuais. As classes que herdam de BaseModel se tornam o centro da definição das estruturas aceitas ou retornadas pela aplicação, contendo não apenas os tipos de cada campo, mas também comportamentos adicionais, como restrições, valores-padrão e até métodos de pré e pós-processamento. O Python 3.7 ou superior, que suporta anotações mais modernas, facilita ainda mais a adoção dessa abordagem.

O snippet abaixo demonstra como criar um modelo básico para representar itens em um sistema de comércio:

python

```
# EXEMPLO 1
# PASSO 1: import from pydantic
```

```python
from pydantic import BaseModel

class Item(BaseModel):
    name: str
    price: float
    description: str | None = None
    in_stock: bool = True
```

A classe Item define os campos name, price, description e in_stock com tipos concretos. Se a aplicação recebe um JSON que corresponde a esse modelo, Pydantic converte cada valor e verifica se eles seguem as anotações de tipo. Caso a deserialização falhe, o erro é reportado de forma estruturada, apontando qual campo está incorreto e por quê. O param description é opcional por estar anotado como str | None, e in_stock define um valor-padrão True. Essa estratégia elimina a necessidade de se checar manualmente se a requisição incluiu determinado campo ou se o tipo dele corresponde ao esperado.

Os benefícios da tipagem estática em FastAPI aparecem com clareza quando rotas usam esses modelos como parâmetros. Cada endpoint define o modelo para entrada (ou saída), e o framework lida com a conversão e validação. Esse processo se aplica tanto a rotas POST e PUT, que exigem corpos de requisição, quanto a query strings e path parameters. O uso de anotações, por exemplo, name: str, garante que, se o usuário enviar um inteiro em vez de uma string, o erro seja identificado imediatamente.

Um endpoint que recebe um corpo do tipo Item e retorna uma resposta:

python

```python
# EXEMPLO 2
# PASSO 1: import and define the FastAPI app
from fastapi import FastAPI
```

```python
from pydantic import BaseModel

app = FastAPI()

class Item(BaseModel):
    name: str
    price: float

@app.post("/items")
def create_item(item: Item):
    return {"msg": "Item created", "item_data": item.dict()}
```

O decorador @app.post diz que esse endpoint processa requisições POST no caminho /items. A função create_item recebe item: Item, e o FastAPI extrai os valores do JSON presente no corpo. A tipagem define automaticamente a validação e, se algo divergir do esquema, a resposta retorna com status 422 e um corpo descrevendo o erro. Isso evita que a aplicação precise programar manualmente a checagem do tipo ou da presença de cada campo.

A validação automática de dados protege contra inconsistências e ataques mal-intencionados que tentem enviar payloads inválidos. Se price for string ou name estiver ausente, o framework bloqueia a requisição. Em vez de colapsar silenciosamente em exceções ou gravar dados errôneos no banco, a aplicação informa ao cliente que o formato não satisfaz os requisitos. Esse mecanismo de triagem é um passo crucial para APIs robustas.

O Pydantic vai além de uma simples checagem de tipos, oferecendo validadores e configurações adicionais. As classes podem definir restrições, como comprimentos mínimos, intervalos numéricos ou formatação de campos. Para endereços de email, a biblioteca inclui EmailStr, que verifica se o valor segue o padrão de emails. Para strings que devem obedecer a uma regex, a classe Field aceita parâmetros de regex

e imposições de tamanho. Um exemplo de configurações mais avançadas:

python

```
# EXEMPLO 3
# PASSO 1: advanced model with validations
from pydantic import BaseModel, Field, EmailStr

class User(BaseModel):
    username: str = Field(..., min_length=3, max_length=50)
    email: EmailStr
    age: int = Field(..., gt=0, lt=150)
    bio: str | None = Field(default=None, max_length=200)
```

O username precisa ter de 3 a 50 caracteres, age deve ser maior que 0 e menor que 150. O campo bio é opcional, mas caso seja fornecido, não pode passar de 200 caracteres. O email usa EmailStr para validar a estrutura. Se o JSON não cumprir essas regras, a rota rejeita a solicitação. Esse grau de proteção poupa retrabalho posterior, pois garante que as rotas só recebam dados coerentes. Rotas que usam esse User podem assumir que age é um número válido e email segue o padrão de email, simplificando a lógica interna.

Casos práticos de aplicação ocorrem em qualquer parte do fluxo de dados. Se o sistema envia respostas que devem seguir um formato, as rotas podem retornar modelos Pydantic, e o FastAPI converte o objeto em JSON. Esse método padroniza as saídas, mantendo compatibilidade e evitando campos faltantes. Em aplicações que distribuem dados a diversos clientes, essa consistência traz grandes ganhos de confiança.

Um endpoint que retorna um objeto User:

python

```
# EXEMPLO 4
```

```python
# PASSO 1: define user schema
class User(BaseModel):
    username: str
    email: EmailStr

@app.get("/users/{user_id}", response_model=User)
def get_user(user_id: int):
    # hypothetical retrieval
    data = {"username": "alice", "email": "alice@example.com"}
    return data
```

O parâmetro response_model=User indica que a rota devolve algo no formato da classe User. Se o dicionário retornado não se encaixar perfeitamente (por exemplo, faltando email), o FastAPI gera erro. Essa checagem final impede que, por descuido, um campo essencial fique ausente ou que se retorne outro campo que a doc não menciona.

Outro aspecto poderoso do Pydantic é a capacidade de pré e pós-processar dados usando métodos de validação. A biblioteca permite criar validadores específicos que rodam antes de definir o valor de um campo ou depois, ajustando ou verificando consistência entre campos. Esse recurso se torna útil se a aplicação precisa, por exemplo, garantir que a soma de dois campos não exceda certo limite ou que um campo data_fim seja posterior a data_início. O snippet:

python

```python
# EXEMPLO 5
# PASSO 1: custom validator
from pydantic import BaseModel, validator
from datetime import date

class Event(BaseModel):
    name: str
    start_date: date
```

```
end_date: date

@validator("end_date")
def check_dates(cls, v, values):
    start = values.get("start_date")
    if start and v < start:
        raise ValueError("end_date must be after start_date")
    return v
```

A função check_dates roda toda vez que end_date é lido, verificando se end_date >= start_date. Se não, gera ValueError, que Pydantic converte em erro de validação. Assim, a aplicação é protegida de registros onde um evento acaba antes de começar. Em APIs de reservas, agendas e calendários, esse recurso é valioso para garantir integridade de dados.

O Pydantic aceita herança de modelos, possibilitando compor estruturas de dados mais amplas. Podem-se criar submodelos aninhados, como a classe Address para dados de endereço, e a classe UserProfile que inclui address: Address. Esse design distribui responsabilidades e simplifica a manutenção, pois cada sub-bloco se valida independentemente. Ao retornar ou receber objetos complexos, a aplicação mantém coerência e reaproveita validações em diversos contextos.

Um cenário de logs ou rastreamento exemplifica a vantagem da tipagem estática. Se uma rota exige que o usuário informe param user_id: int, mas o chamador envia user_id: "abc," a falha seria detectada imediatamente, poupando a API de lidar com strings indevidas. Em uma solução sem Pydantic, o programador poderia descobrir essa falha apenas em runtime, ou tratar manualmente com if type(...) checks. O Pydantic libera esse fardo e gera relatórios claros de onde e como a conversão falhou.

Outra força do Pydantic é a modelagem de data e hora usando Python datetime. Ao receber datas em formato ISO 8601,

a aplicação converte automaticamente a string em objetos datetime, gerando erro se a sintaxe estiver incorreta. Ao lidar com fusos horários (timezones), as configurações do Pydantic podem ser ajustadas, e a rota valida se a data é ciente de timezone ou não. Esse cuidado evita confusões que poderiam surgir quando as datas se misturam com valores arbitrários.

No contexto do FastAPI, a adoção de Pydantic e tipagem estática se estende também aos parâmetros de rota, query e cabeçalho. É possível definir, por exemplo, classes que descrevem múltiplos parâmetros de query, usando a dependência do FastAPI:

python

```python
# EXEMPLO 6
# PASSO 1: query model
from fastapi import Depends

class FilterOptions(BaseModel):
    search: str | None = None
    limit: int = 10
    offset: int = 0

def get_filters(
    search: str | None = None,
    limit: int = 10,
    offset: int = 0
):
    return FilterOptions(search=search, limit=limit,
offset=offset)

@app.get("/items")
def list_items(filters: FilterOptions = Depends(get_filters)):
    # filters is a validated instance
    # hypothetical data
    return {
        "search": filters.search,
```

```
        "limit": filters.limit,
        "offset": filters.offset
    }
```

Nesse mecanismo, a função get_filters lê query parameters e constrói uma FilterOptions. O constructor do BaseModel faz a verificação e a conversão necessárias. Se search deve ser string ou None, e limit deve ser inteiro, a rota não precisa repetir a validação. O list_items recebe filters como um objeto já coerente. Esse estilo injeta a tipagem e a lógica de validação sem poluir cada rota individual. Em projetos grandes, esse approach evita redundância em rotas que compartilham parâmetros similares.

Em aplicações que envolvem criação de múltiplos registros, o Pydantic ajuda a gerenciar listas de objetos. Uma rota que insere diversos itens pode usar:

python

```
# EXEMPLO 7
# PASSO 1: batch insertion
from typing import List

@app.post("/batch/items")
def batch_create_items(items: List[Item]):
    return {"created_count": len(items), "items": [i.dict() for i in items]}
```

O items: List[Item] define que o corpo deve ser um array de JSON, cada qual validado como Item. Se qualquer item falhar, a requisição toda é marcada como inválida. Em algumas situações, a aplicação pode desejar validação parcial, mas o comportamento padrão é recusar tudo se um objeto na lista não se encaixa.

A capacidade de realinhar dados também brilha quando se recebe nomes de campos divergentes do que a aplicação quer

usar internamente. O Pydantic disponibiliza argumentos do tipo alias para mapear um campo JSON a uma propriedade Python:

Python

```python
# EXEMPLO 8
# PASSO 1: alias usage
class Article(BaseModel):
    title: str = Field(alias="headline")
    body: str = Field(alias="content")

@app.post("/articles")
def create_article(article: Article):
    return {
        "title": article.title,
        "body": article.body
    }
```

Se o JSON vier com "headline" e "content," o modelo Article mapeia automaticamente para title e body, mas no Python interno, usa esses nomes. Esse truque é útil quando a API precisa manter compatibilidade com um cliente que já adota uma nomenclatura diferente ou algum padrão legado.

Para casos em que a aplicação devolve dados em grande volume, a definição de response_model no decorador da rota orquestra a conversão de volta ao formato Pydantic. Assim, a JSON gerada segue o padrão do modelo. Se a rota retorna colunas sensíveis, pode-se criar um modelo derivado sem esses campos, assegurando que a informação não vaze. O Pydantic se torna, então, o ponto único de configuração tanto para dados de entrada quanto de saída, reforçando a segurança e a clareza de propósitos.

A flexibilidade do Pydantic se mostra igualmente nos cenários em que é preciso converter formatos complexos, por exemplo, quando se recebe dados aninhados. Considere um carrinho de

compras com diversos itens e um subtotal calculado:

python

```
# EXEMPLO 9
# PASSO 1: nested models
class CartItem(BaseModel):
    product_id: int
    quantity: int
    price: float

class Cart(BaseModel):
    user_id: int
    items: list[CartItem]
    subtotal: float

@app.post("/cart")
def create_cart(cart: Cart):
    return {"message": "Cart created", "cart": cart.dict()}
```

Se a requisição mandar um JSON contendo user_id, items e subtotal, cada CartItem será validado individualmente, garantindo que product_id e quantity sejam inteiros e price seja float. Se qualquer item quebrar as regras, a validação falha globalmente. Assim, a aplicação tem certeza de que, se a função create_cart for chamada, todos os objetos do carrinho são consistentes.

Um ponto notável é a performance. Embora o Pydantic faça conversões e checagens adicionais, seu design eficiente em Cython e cache interno possibilita alta velocidade de validação. Em muitos benchmarks, a performance satisfaz grande parte das cargas de produção. O overhead adicional compensa o ganho enorme em confiabilidade e redução de bugs. Se a API atende milhões de requisições, ainda há maneiras de otimizar ou de usar modelos parciais, mas na maioria dos casos, a adoção de Pydantic se encaixa sem gargalos.

Quando se fala em casos práticos de aplicação, é comum ver Pydantic aliada a bancos de dados. Uma rota GET lê dados do banco, converte em dicionário e retorna um modelo Pydantic, ou o inverso para inserir registros. Ferramentas como SQLAlchemy definem classes ORM, e as classes Pydantic definem o contrato de entrada e saída. Pode-se mapear a ORM para a Pydantic e vice-versa, evitando que dados sem validez cheguem ao repositório.

Um fluxo de manipulação com ORM e Pydantic:

python

```python
# EXEMPLO 10
# PASSO 1: SQLAlchemy model
from sqlalchemy import Column, Integer, String
from sqlalchemy.ext.declarative import declarative_base

Base = declarative_base()

class UserDB(Base):
    __tablename__ = "users"
    id = Column(Integer, primary_key=True, index=True)
    username = Column(String, unique=True)
    email = Column(String, unique=True)

# PASSO 2: Pydantic model
class UserCreate(BaseModel):
    username: str
    email: EmailStr

@app.post("/users")
def create_user(user: UserCreate, db: Session =
Depends(get_db)):
    user_db = UserDB(username=user.username,
email=user.email)
    db.add(user_db)
    db.commit()
```

```
db.refresh(user_db)
return {"message": "User created", "id": user_db.id}
```

A classe UserDB reflete a tabela no banco, enquanto UserCreate define o payload que a rota aceita. Se o JSON não tiver username ou email, ou se o email for inválido, a rota falha imediatamente, preservando a integridade do banco. Esse design assegura que o back-end mantenha coerência e retorne feedback imediato a quem consumiu o endpoint.

Existem também recursos de Pydantic para transformar valores, como lowercasing strings ou gerando defaults com funções. Se um campo demands timestamp, o modelo pode criar auto_now:

python

```
# EXEMPLO 11
# PASSO 1: auto now
from pydantic import BaseModel, Field
from datetime import datetime

class LogEntry(BaseModel):
    timestamp: datetime =
Field(default_factory=datetime.utcnow)
    level: str
    message: str
```

A Field(default_factory=...) indica que cada instância gera um timestamp atual. Assim, a rota não precisa se preocupar em inserir manualmente esse valor. Em logs ou auditorias, poupa esforço, pois todo log já vem com data. No momento em que a JSON é parseada, se timestamp não for fornecido, o default_factory chama datetime.utcnow.

Outro caso prático é a manipulação de senhas e hashing. A rota pode aceitar uma password, mas não armazená-la como está. O validator do Pydantic chama uma função de hashing e

substitui esse valor:

python

```
# EXEMPLO 12
# PASSO 1: hashing password in Pydantic
from pydantic import BaseModel, validator

def hash_password(raw: str) -> str:
    # hypothetical hashing function
    return "hashed_" + raw

class UserRegistration(BaseModel):
    username: str
    password: str

    @validator("password")
    def hash_pwd(cls, v):
        return hash_password(v)

@app.post("/register")
def register_user(data: UserRegistration):
    return {"user": data.username, "pwd_hash": data.password}
```

O hash_pwd substitui o campo password pelo resultado do hashing. Quem chama a função register_user recebe a string "hashed_original" no lugar da senha, evitando que a rota precise escrever esse hash manualmente. A classe centraliza a lógica, facilitando a manutenção e impedindo acessos diretos à senha pura.

O Pydantic também gerencia alias e campos extras. Em algumas APIs, o consumidor envia snake_case, mas a aplicação interna usa camelCase, ou vice-versa. Há configurações para converter automaticamente um estilo no outro, garantindo compatibilidade. Esse recurso de alias_generator ajusta cada atributo e poupa repetição de alias em todos os campos.

Por fim, no contexto do FastAPI, a adoção dessas práticas enriquece a experiência de desenvolvimento, pois a doc interativa exibe com clareza quais campos existem em cada modelo, quais são opcionais, quais têm default e quais tipos se esperam. A valiosa verificação impede que erros se propaguem ao banco, a caches ou a outros microserviços. Em aplicações que se comunicam com front-ends, o feedback imediato no caso de dados inválidos agiliza a correção do lado do cliente, e a consistência de uso de Pydantic nos endpoints assegura que a aplicação mantenha uma API uniforme.

Em resumo, tipagem e validação com Pydantic fornecem uma base sólida para gerenciar dados confiáveis no Python, especialmente em aplicações FastAPI. Cada rota informa explicitamente as estruturas que aceita e retorna, cada campo recebe um tipo exato, e as validações automáticas tratam a coerência. Essa abordagem diminui consideravelmente a probabilidade de bugs relacionados a tipos ou formatos, acelera o desenvolvimento graças à documentação automática e liberta a equipe de checks manuais e repetitivos. A robustez desse ecossistema faz com que as APIs em FastAPI se tornem mais previsíveis, seguras e simples de evoluir, integrando com bancos, serviços externos e estruturas complexas sem comprometer a clareza.

CAPÍTULO 15. DOCUMENTAÇÃO AUTOMÁTICA COM FASTAPI

Projetos que disponibilizam APIs para consumo por equipes internas ou parceiros externos encontram um grande desafio na clareza e manutenção das especificações. O FastAPI se destaca ao gerar documentação de maneira automática, exibindo de forma interativa rotas, parâmetros, corpos de requisição e respostas esperadas. Essa funcionalidade reduz a necessidade de escrever especificações manualmente, pois o framework lê as anotações de tipo e as classes Pydantic para produzir um documento compatível com OpenAPI. Profissionais que usam a API ganham eficiência, pois consultam um painel para testar cada rota, inspecionar modelos e verificar erros comuns.

A geração de documentação interativa usa duas interfaces principais: Swagger e Redoc. Por padrão, o FastAPI expõe a rota /docs, que apresenta a interface do Swagger UI, e a rota /redoc, que traz a interface do ReDoc. Ambas interpretam o arquivo OpenAPI gerado automaticamente, incluindo endpoints, métodos HTTP, parâmetros de rota e query, além de modelos de dados. O desenvolvedor não precisa instalar bibliotecas extras para essa parte, pois já faz parte do pacote principal, desde que a aplicação rode em modo normal com FastAPI e um servidor ASGI como uvicorn.

A experiência se torna simples para quem deseja explorar a API. Basta iniciar a aplicação e visitar /docs. A tela mostra uma lista de endpoints com suas descrições, parâmetros, formatos de entrada e saída, e status codes possíveis. Também há um botão que permite testar a chamada no próprio navegador,

enviando dados, capturando a resposta e exibindo cabeçalhos e corpo. Essa abordagem substitui a necessidade de ferramentas adicionais, como cURL ou Postman, principalmente nos primeiros estágios de desenvolvimento. Usuários técnicos conseguem interagir com a API e entender o comportamento de cada rota.

O snippet a seguir oferece uma visão mínima de como o desenvolvedor inicia uma aplicação e conta com a documentação interativa:

python

```
# EXEMPLO 1
# PASSO 1: create a FastAPI instance
from fastapi import FastAPI
from pydantic import BaseModel

app = FastAPI()

# STEP 2: define a data model
class Item(BaseModel):
    name: str
    price: float

# PASSO 3: define a route that creates items
@app.post("/items")
def create_item(item: Item):
    return {"msg": "Item created", "item": item.dict()}

# PASSO 4: run the server with uvicorn
# uvicorn main:app --reload
```

Visitando /docs é possível ver a rota /items do tipo POST, exibindo o corpo esperado como um objeto Item, com name e price. Qualquer alteração no modelo ou na rota reflete-se imediatamente na documentação. Isso mantém o conteúdo sincronizado e impede divergências entre o que está

implementado e o que é descrito.

A customização da documentação da API permite ajustar o título, descrição e informações de contato. É comum querer exibir, no topo da interface, um nome de projeto, a versão e uma explicação geral. Esse cuidado facilita a adoção por outras equipes. O arquivo OpenAPI é gerado a partir dos metadados fornecidos na construção do objeto FastAPI. Um código ilustrativo:

python

```python
# EXEMPLO 2
# PASSO 1: configure metadata
app = FastAPI(
    title="Inventory Service API",
    description="Manages items and stocks in the inventory
system",
    version="2.3.0",
    contact={
        "name": "Support Team",
        "url": "https://company.example.com/support",
        "email": "support@company.example.com"
    }
)

@app.get("/health")
def health_check():
    return {"status": "ok"}
```

O /docs exibe "Inventory Service API" como título, "Manages items and stocks in the inventory system" como descrição geral, e a seção de contato na parte inferior. Esse layout também é refletido no arquivo JSON do OpenAPI, que se encontra na rota /openapi.json por padrão. A interface Redoc, disponível em /redoc, mostra a documentação com outro estilo, focado em uma navegação lateral e maior ênfase nos

modelos. Ambas as interfaces podem ser úteis, dependendo das preferências dos usuários.

A importância da documentação para a comunidade e para a equipe interna reside em garantir que os desenvolvedores compreendam o que cada endpoint faz, quais parâmetros são aceitos, qual formato de retorno esperar e quais erros podem ocorrer. Uma API sem documentação gera confusão e retrabalho. Quando a aplicação evolui, os times precisam atualizar a doc. Se essa atualização for manual, surgem brechas ou omissões. Ao adotar a geração automática, cada modificação no modelo ou rota reflete-se no OpenAPI e, portanto, no painel de leitura, eliminando inconsistências.

Muitos times usam esse recurso para fornecer ambientes de sandbox, onde consumidores podem brincar com a API sem recorrer a ferramentas externas, descobrindo endpoints e testando payloads. Em integrações B2B, a adoção de doc interativa acelera a curva de aprendizado e reduz e-mails de suporte, pois a equipe parceira pode ver tudo que precisa, testar e ajustar suas requisições diretamente na interface do Swagger. As rotas que aceitam autenticação ou parâmetros específicos podem exibir campos para inserir tokens ou credenciais, demonstrando a forma correta de enviar cabeçalhos de Authorization.

Várias práticas úteis surgem para aproveitar ao máximo essas funcionalidades. Uma delas é o uso de tags, que categorizam endpoints em grupos, como "items," "users," "auth," e "inventory." Cada rota pode receber tags em seu decorator, agrupando em seções na interface:

python

```
# EXEMPLO 3
# PASSO 1: grouping endpoints with tags
@app.get("/items", tags=["inventory"])
def list_items():
```

```python
    return [{"name": "Pen", "price": 1.2}]

@app.post("/items", tags=["inventory"])
def create_item(item: Item):
    return {"msg": "Item created"}
```

O /docs ou /redoc exibe uma aba para "inventory," listando essas rotas. Em sistemas maiores, esse esquema de tags facilita encontrar endpoints relacionados a recursos específicos. Outra prática é adicionar docstrings ou parâmetros de docstring na definição da rota, descrevendo finalidades, possíveis valores e retornos:

python

```python
# EXEMPLO 4
# PASSO 1: docstring approach
@app.post("/login", tags=["auth"])
def login_user(
    username: str,
    password: str
):
    """
    Authenticates a user by username and password.
    Returns an access token that can be used for subsequent requests.
    """
    # hypothetical logic
    return {"token": "abc123"}
```

A docstring é incluída na descrição do endpoint no painel, ajudando quem consome a entender o contexto. Ou pode-se usar o parâmetro summary e description do decorator:

python

```python
# EXEMPLO 5
```

```python
@app.post("/login", summary="User login",
description="Authenticates a user and returns a JWT token.")
def login_user(username: str, password: str):
    return {"token": "abc123"}
```

O summary surge como título, e description traz detalhes adicionais. A doc gerada inclui esses textos, facilitando a leitura. Quando um endpoint tem parâmetros de entrada ou retorna modelos, as classes Pydantic definem um schema que também aparece na doc, exibindo cada campo, tipo e restrição.

Outro recurso consiste em prover exemplos de uso, para que a interface do Swagger apresente exemplos pré-preenchidos. Cada parâmetro de rota ou corpo pode ter um examples. Ao clicar nesses exemplos, o usuário carrega o payload na interface e executa a requisição, sem precisar digitar manualmente. Esse método reduz a probabilidade de erros de digitação e oferece instruções claras de como formatar a requisição.

Uma forma de demonstrar:

python

```python
# EXEMPLO 6
# PASSO 1: parameter with example
from fastapi import Body
from pydantic import BaseModel, Field

class Customer(BaseModel):
    name: str = Field(..., example="Alice")
    age: int = Field(..., example=30)

@app.post("/customers")
def create_customer(cust: Customer = Body(..., example={
    "name": "Bob",
    "age": 25
})):
```

```python
return {"created": cust.dict()}
```

Na interface, ao expandir /customers, o payload de body sugere name: "Bob" e age: 25. O campo name, dentro da classe, também possui example "Alice," que aparece no schema. Assim, a doc combina todas essas informações, exibindo configurações e formatações sem exigir esforço extra do time. A rota se mantém atualizada conforme se mudam as anotações de classe ou as docstrings.

A documentação gerada automaticamente pode ser desabilitada ou movida para outro caminho se a aplicação desejar esconder endpoints sensíveis em produção. Em sistemas que não querem expor /docs ao mundo, há configurações para trocar a rota ou exigir autenticação. Uma abordagem é fornecer a doc somente em ambientes internos ou protegidos. O snippet:

python

```python
# EXEMPLO 7
# PASSO 1: disable default docs
app = FastAPI(docs_url=None, redoc_url=None)

# if needed, define custom routes for documentation
@app.get("/docs-only-internally")
def internal_docs():
    # logic to serve the docs or redirect
    pass
```

Esse estilo permite controlar quem enxerga a doc e quando. Em projetos open source, o costume é deixá-la disponível como parte do serviço, ajudando a comunidade a consumir a API sem esforço. Em ambientes corporativos, a doc pode residir atrás de um proxy ou exigir login de administradores.

A adoção de um estilo padronizado de doc gera benefícios a toda a comunidade. Times distintos que mantêm

microserviços independentes podem empregar o mesmo formato de doc, definindo convenções para tags, descrições e modelos. Novos desenvolvedores se ambientam rapidamente. O usuário final de qualquer rota, seja um front-end React ou um parceiro via B2B, não precisa vasculhar wikis ou PDFs desatualizados, pois o painel sempre reflete o estado atual do código. Se a aplicação implementa versionamento de rotas, também é possível definir diferentes roots ou prefixos para v1, v2, e manter doc distinta para cada versão.

Há também a possibilidade de customizar o layout do Swagger UI, ajustando cores e logotipos, ou integrando com mecanismos de OAuth2. O FastAPI utiliza a lib swagger-ui-bundle, que pode ser configurada por parâmetros extras caso o projeto deseje um visual corporativo. Em alguns cenários, equipes injetam CSS ou scripts para personalizar a experiência. As atualizações recentes do framework permitem a substituição do gerador de doc nativo, se alguém preferir outra interface. Para a maioria das aplicações, o padrão atende muito bem.

O que se reflete nesses recursos é a preocupação do FastAPI em simplificar a manutenção e a adoção de boas práticas. Ao contrário de soluções que dependem de doc gerada manualmente, qualquer mudança em rotas, parâmetros, tipos ou modelos se propaga automaticamente na doc. O overhead de documentação manual e a chance de divergências desaparecem. A tipagem do Python e a verificação do Pydantic garantem que o que se exibe no Swagger é verdade, pois se algo estiver errado, o próprio framework recusa a requisição.

As melhores práticas incluem agrupar endpoints por funcionalidades usando tags coerentes, inserir sumários e descrições curtas de cada rota, especificar modelos de entrada e saída com classes Pydantic e exemplificar usos típicos. Quando surge a necessidade de padronizar nomenclaturas ou status codes, a doc embutida exibe tudo. Se a aplicação define

201 Created para uma rota, a doc indica esse status para a operação, eliminando confusões de "retorna 200 ou 201?" No caso de rotas que lançam exceções personalizadas com status 400, 404 ou 409, convém documentar explicitamente ou usar response_model e response codes, pois o OpenAPI se enriquece com essas informações.

Um panorama da doc final pode reunir rotas de login e logout sob a tag "auth," rotas de criação de items sob a tag "items," e rotas de consulta sob "inventory." A equipe de front-end navega rapidamente nessa organização e localiza a rota desejada, inspecionando os JSON de entrada e saída. Ao clicar no botão "Try it out," a interface carrega um JSON de exemplo (caso fornecido) e permite enviar a requisição ao servidor. O retorno aparece em formato JSON, com status code, cabeçalhos e corpo. Isso torna o desenvolvimento iterativo e diminui fricção entre times, pois qualquer discrepância de payload é identificada antes de escrever o front-end.

Outro cuidado é que a doc não substitui um bom design de APIs, pois se as rotas estiverem mal definidas ou a aplicação não seguir padrões HTTP, a doc apenas refletirá essas escolhas ruins. A vantagem do FastAPI é que, ao unir tipagem, Pydantic e doc automática, o desenvolvedor tende a pensar mais cuidadosamente sobre cada rota e o formato de dados. Se cada campo requer explicação e a doc exibe esse formato, a equipe percebe inconsistências ou redundâncias. Esse feedback imediato evita evoluções caóticas, pois qualquer modificação no schema se torna visível.

Há também a geração offline do arquivo OpenAPI, caso o time deseje exportar e usar em outras ferramentas. Ao acessar /openapi.json, o framework retorna o JSON que descreve a API. Ferramentas de CI ou doc offline podem consumir esse arquivo, gerando PDFs, clientes codegen ou docs estáticas. É viável integrar com scripts que convertem esse OpenAPI para outros formatos, enviando a doc para portais de dev ou plataformas

internas. Dessa forma, a doc interativa local e as necessidades corporativas de doc offline ficam em sincronia.

Uma recomendação adicional é inserir no design a coerência de nomenclatura de rotas e campos, pois quando o usuário examina /users, /items e /orders, deve perceber um padrão. Rotas como /users/{user_id}/orders e /users/{user_id}/profile exibem consistência e deixam a doc clara. Se a doc é gerada, mas cada rota tem nomes confusos ou parâmetros duplicados, a vantagem se perde. É fundamental planejar minimamente a estrutura para que a doc apareça organizada, com tags representando cada recurso ou contexto, e sumários definindo operações sem repetições. Ao se fazer isso, a doc do FastAPI alcança um nível profissional, parecendo algo que foi elaborado manualmente, mas, na realidade, é fruto da extração sistemática das definições do código.

Muitos profissionais afirmam que a doc do FastAPI é um recurso crucial na adoção do framework, pois alivia a equipe de tarefas braçais, evita enganos e gera confiança para quem usa a API. Com docs automáticas e interativas, a comunidade cresce rapidamente, pois novos usuários aprendem a API em minutos e podem iniciar provas de conceito sem instalar nada além do navegador. Esse efeito viral favorece integrações com front-ends, microserviços e até times de QA, que usam a doc para simular cenários de teste ou automações de load testing. Em 2025 e além, a tendência é que a demanda por rapidez e confiabilidade aumente, e a doc automática do FastAPI se encaixa perfeitamente nesses requisitos, unindo desenvolvimento e documentação em um único fluxo.

Algumas pessoas personalizam o swagger para inserir links da marca, disclaimers legais ou disclaimers de uso. É possível incluir um arquivo swagger_custom_init.js que adiciona scripts extras, ou fornecer parâmetros na inicialização do FastAPI, ajustando swagger_ui_parameters e swagger_ui_init_oauth. Esse grau de customização atende

necessidades de empresas que querem exibir logotipos ou exigir OAuth2 integrado no painel. O ponto central permanece: a doc é gerada a partir das rotas e dos modelos, minimizando lacunas de informação.

A adoção das duas interfaces (Swagger em /docs e Redoc em /redoc) também é comum, pois algumas equipes preferem a usabilidade do Redoc, enquanto outras gostam do estilo do Swagger. Caso não se queira uma das interfaces, é possível desabilitá-la com parâmetros docs_url ou redoc_url no constructor do FastAPI. Em soluções que desejam dashboards específicos, o dev pode definir rotas customizadas e servir HTML que carrega o Swagger UI ou Redoc de forma manual, indicando um JSON remoto. O leque de configurações se mostra muito flexível.

Em síntese, a documentação automática no FastAPI revolve ao redor do arquivo OpenAPI gerado pela análise de rotas, métodos HTTP, parâmetros de rota e query, além de classes Pydantic que descrevem corpos de requisição e respostas. Essa capacidade embutida libera os desenvolvedores de escrever especificações separadas, sincroniza doc e implementação, acelera onboarding de novos usuários e possibilita testar requisições no navegador. A personalização de título, descrição, contato, tags e exemplos enriquece a experiência, transformando a doc em algo agradável e completo, mesmo que o projeto seja grande. Conquistar esse resultado não exige configurações complexas, pois assim que o projeto é iniciado, /docs e /redoc já estão disponíveis. Com boas práticas de nomenclatura e estruturas de dados, a doc final se torna um diferencial competitivo, beneficiando a comunidade e as equipes de suporte.

CAPÍTULO 16. INTEGRAÇÃO COM BANCOS DE DADOS NO FASTAPI

O desenvolvimento de aplicações modernas exige uma integração eficiente com bancos de dados para armazenar, recuperar e manipular informações de maneira confiável. No contexto do FastAPI, o uso de um ORM (Object-Relational Mapping) como o SQLAlchemy é altamente recomendado, pois facilita a abstração da interação com o banco de dados, eliminando a necessidade de escrever consultas SQL diretamente. Além disso, a utilização de uma ferramenta de migração como Alembic permite manter a estrutura do banco de dados sincronizada com o código, garantindo que mudanças nos modelos sejam refletidas sem necessidade de alterações manuais.

O primeiro passo para a integração do FastAPI com bancos de dados envolve a configuração da conexão, a definição de modelos e a implementação de operações CRUD (Create, Read, Update, Delete). O SQLAlchemy fornece uma interface poderosa para gerenciar tabelas, colunas e relacionamentos de maneira estruturada, enquanto o FastAPI utiliza as funcionalidades do Pydantic para garantir que os dados recebidos e retornados pelas rotas estejam sempre no formato correto.

A configuração do banco de dados pode ser feita a partir da criação de um motor (engine) de conexão e da definição de sessões para interagir com o banco. Abaixo, um exemplo básico de configuração usando SQLite:

python

```
# EXEMPLO 1
# PASSO 1: Configuração da conexão com o banco de dados
from sqlalchemy import create_engine
from sqlalchemy.orm import sessionmaker

DATABASE_URL = "sqlite:///./banco.db"

engine = create_engine(
    DATABASE_URL,
    connect_args={"check_same_thread": False} # Necessário
para SQLite em ambiente de thread única
)
SessionLocal = sessionmaker(autocommit=False,
autoflush=False, bind=engine)
```

Para conectar a um banco de dados PostgreSQL ou MySQL, basta modificar a DATABASE_URL para o formato adequado, como:

python

```
DATABASE_URL = "postgresql://usuario:senha@localhost/
nome_do_banco"
```

A definição de modelos no SQLAlchemy segue um padrão estruturado. Abaixo, um exemplo de modelagem de uma tabela items:

python

```
# EXEMPLO 2
# PASSO 2: Definição de modelos SQLAlchemy
from sqlalchemy import Column, Integer, String, Boolean,
Float
from sqlalchemy.ext.declarative import declarative_base
```

```
Base = declarative_base()

class Item(Base):
    __tablename__ = "items"

    id = Column(Integer, primary_key=True, index=True)
    name = Column(String, index=True)
    price = Column(Float)
    description = Column(String, nullable=True)
    in_stock = Column(Boolean, default=True)
```

Com os modelos definidos, é necessário configurar as sessões do banco de dados dentro das rotas do FastAPI. Para isso, criamos um gerenciador de sessão para garantir que cada requisição utilize uma conexão separada:

python

```
# EXEMPLO 3
# PASSO 3: Gerenciador de sessão do banco de dados
from fastapi import Depends
from sqlalchemy.orm import Session

def get_db():
    db = SessionLocal()
    try:
        yield db
    finally:
        db.close()
```

Agora que o banco está configurado e os modelos foram criados, é possível implementar operações CRUD nas rotas da API. O FastAPI facilita essa integração ao utilizar o Pydantic para validar os dados recebidos e enviados. Abaixo, um exemplo de rota para criar um item:

python

```
# EXEMPLO 4
# PASSO 4: Rota para criação de item
from fastapi import FastAPI, HTTPException
from pydantic import BaseModel

app = FastAPI()

class ItemSchema(BaseModel):
    name: str
    price: float
    description: str | None = None

@app.post("/items/")
def create_item(item: ItemSchema, db: Session =
Depends(get_db)):
    db_item = Item(name=item.name, price=item.price,
description=item.description)
    db.add(db_item)
    db.commit()
    db.refresh(db_item)
    return db_item
```

A função create_item recebe um objeto ItemSchema, valida os dados automaticamente e os insere no banco de dados. O método commit() efetiva a transação e refresh(db_item) recarrega os dados do item recém-criado.

Para buscar um item por ID, a consulta pode ser feita da seguinte forma:

python

```
# EXEMPLO 5
# PASSO 5: Rota para obter item por ID
@app.get("/items/{item_id}")
def get_item(item_id: int, db: Session = Depends(get_db)):
    db_item = db.query(Item).filter(Item.id == item_id).first()
```

```
    if not db_item:
        raise HTTPException(status_code=404, detail="Item
não encontrado")
    return db_item
```

Caso o item solicitado não seja encontrado, a função retorna um erro HTTP 404.

A atualização de um item pode ser feita com a seguinte rota:

python

```
# EXEMPLO 6
# PASSO 6: Atualização de um item existente
@app.put("/items/{item_id}")
def update_item(item_id: int, item_data: ItemSchema, db:
Session = Depends(get_db)):
    db_item = db.query(Item).filter(Item.id == item_id).first()
    if not db_item:
        raise HTTPException(status_code=404, detail="Item
não encontrado")

    db_item.name = item_data.name
    db_item.price = item_data.price
    db_item.description = item_data.description
    db.commit()
    db.refresh(db_item)
    return db_item
```

A função update_item atualiza os valores do item no banco de dados, garantindo que a alteração seja refletida corretamente.

Para excluir um item, a seguinte rota pode ser utilizada:

python

```
# EXEMPLO 7
# PASSO 7: Exclusão de um item
```

```python
@app.delete("/items/{item_id}")
def delete_item(item_id: int, db: Session = Depends(get_db)):
    db_item = db.query(Item).filter(Item.id == item_id).first()
    if not db_item:
        raise HTTPException(status_code=404, detail="Item
não encontrado")

    db.delete(db_item)
    db.commit()
    return {"msg": "Item excluído com sucesso"}
```

Gerenciamento de Migrações com Alembic

Quando os modelos do banco de dados mudam, é necessário sincronizar essas alterações com a estrutura real do banco. Para isso, utilizamos o Alembic, que registra e aplica essas mudanças automaticamente.

Para iniciar o Alembic em um projeto, executamos:

bash

```
alembic init alembic
```

Isso cria uma estrutura de diretórios onde as versões das migrações são armazenadas. Para configurar corretamente, é necessário modificar o arquivo env.py, garantindo que ele reconheça os modelos definidos na aplicação.

Depois, ao fazer alterações em um modelo, geramos uma nova migração com:

bash

```
alembic revision --autogenerate -m "Alteração no modelo de Item"
```

E aplicamos a migração ao banco com:

bash

```
alembic upgrade head
```

Esse processo assegura que qualquer novo desenvolvedor ou ambiente possa recriar a estrutura do banco de dados sem erros.

A integração do FastAPI com bancos de dados utilizando SQLAlchemy e Alembic oferece uma solução completa para manipulação de dados em aplicações modernas. O uso de ORM facilita a criação e manutenção das tabelas, enquanto o FastAPI, combinado com o Pydantic, garante que os dados recebidos e retornados estejam sempre estruturados corretamente. A inclusão de ferramentas de migração como o Alembic simplifica a evolução do banco de dados sem necessidade de alterações manuais diretas.

Ao seguir esse fluxo de desenvolvimento, é possível criar APIs robustas, escaláveis e seguras, aproveitando o melhor da tecnologia para manipulação de dados. O uso de boas práticas como separação de responsabilidades, definição clara de modelos e rotas bem estruturadas contribui para a construção de sistemas eficientes e fáceis de manter, garantindo um alto padrão de qualidade no desenvolvimento de software.

CAPÍTULO 17. AUTENTICAÇÃO E SEGURANÇA EM FASTAPI

A criação de APIs seguras é um dos pilares para o desenvolvimento de sistemas confiáveis. Em projetos modernos, a implementação de autenticação robusta e mecanismos de controle de acesso se torna indispensável para proteger dados sensíveis e impedir que usuários não autorizados acessem recursos críticos. FastAPI, aliado a bibliotecas especializadas, oferece suporte completo para a implementação de sistemas de autenticação utilizando padrões como JWT e OAuth2, além de permitir o gerenciamento eficiente de tokens e sessões. A seguir, é apresentada uma abordagem detalhada para configurar e implementar esses recursos, acompanhada de trechos de código, exemplos práticos e dicas de segurança que garantem uma API preparada para os desafios do mercado em 2025.

O processo começa definindo as bases para a autenticação. Em muitos casos, a estratégia adotada envolve a utilização de tokens JWT para identificar usuários e garantir que cada requisição seja acompanhada de uma credencial válida. Para isso, é preciso instalar bibliotecas que facilitam a criação, assinatura e verificação de tokens. Por exemplo, a biblioteca PyJWT permite a manipulação de JSON Web Tokens de forma simples, integrando-se facilmente a FastAPI. Ao definir uma rota de login, as credenciais fornecidas pelo usuário são verificadas e, se válidas, um token é gerado contendo informações essenciais, como o ID do usuário e seu papel (role), que serão úteis para o controle de acesso posteriormente.

Segue um trecho ilustrativo para a geração de um token JWT, usando PyJWT:

python

```python
# Código para geração de token JWT
import jwt
from datetime import datetime, timedelta

SECRET_KEY = "uma_chave_supersecreta" # Essa chave deve ser forte e mantida em ambiente seguro
ALGORITHM = "HS256"
ACCESS_TOKEN_EXPIRE_MINUTES = 30

def create_access_token(data: dict) -> str:
    to_encode = data.copy()
    expire = datetime.utcnow() + timedelta(minutes=ACCESS_TOKEN_EXPIRE_MINUTES)
    to_encode.update({"exp": expire})
    token = jwt.encode(to_encode, SECRET_KEY, algorithm=ALGORITHM)
    return token
```

Na rota de login, as credenciais são verificadas; se estiverem corretas, a função acima gera um token que é retornado ao cliente. Esse token deve ser incluído em todas as requisições subsequentes, normalmente no cabeçalho Authorization como Bearer token. Para exemplificar, a rota de login pode ser definida da seguinte maneira:

python

```python
# Código para rota de login com JWT
from fastapi import FastAPI, HTTPException, Depends
from pydantic import BaseModel

app = FastAPI()
```

```python
class LoginData(BaseModel):
    username: str
    password: str

# Função hipotética que valida usuário e senha
def authenticate_user(username: str, password: str) -> dict |
None:
    # Logica de autenticação deve verificar o banco de dados ou
outro repositório
    if username == "admin" and password == "password":
        return {"user_id": 1, "role": "admin"}
    return None

@app.post("/login")
def login(data: LoginData):
    user = authenticate_user(data.username, data.password)
    if not user:
        raise HTTPException(status_code=401,
detail="Credenciais inválidas")
    token = create_access_token({"user_id": user["user_id"],
"role": user["role"]})
    return {"access_token": token, "token_type": "bearer"}
```

Ao efetuar o login, o cliente recebe um token que deve ser utilizado em requisições protegidas. A partir desse ponto, cada rota que exija autenticação pode ser protegida com dependências que validem a presença e a veracidade do token. FastAPI permite definir uma função de dependência que extrai o token do cabeçalho e o decodifica para recuperar os dados do usuário. A seguir, uma função de extração e verificação de token:

python

```python
# Código para dependência de verificação de token JWT
from fastapi import Security, HTTPException, status
```

```python
from fastapi.security import HTTPBearer,
HTTPAuthorizationCredentials

security = HTTPBearer()

def get_current_user(token: HTTPAuthorizationCredentials =
Security(security)) -> dict:
    try:
        payload = jwt.decode(token.credentials, SECRET_KEY,
algorithms=[ALGORITHM])
        return payload  # O payload deve conter informações
como user_id e role
    except jwt.PyJWTError:
        raise
HTTPException(status_code=status.HTTP_401_UNAUTHORI
ZED, detail="Token inválido ou expirado")
```

Rotas protegidas podem então usar essa dependência para garantir que o usuário esteja autenticado. Por exemplo, uma rota que retorna dados sensíveis pode ser definida assim:

python

```python
# Código para rota protegida que utiliza o token JWT
@app.get("/protected")
def protected_route(current_user: dict =
Depends(get_current_user)):
    return {"message": f"Olá, usuário {current_user['user_id']}
com papel {current_user['role']}."}
```

Além de JWT, OAuth2 é um padrão amplamente utilizado para delegação de acesso. FastAPI possui suporte nativo a OAuth2 com Password Flow, permitindo que a API se integre a provedores de identidade ou ofereça sua própria infraestrutura de autenticação. No fluxo de senha, o cliente envia suas credenciais e, se válidas, recebe um token. Em uma implementação com OAuth2, as dependências fornecidas pelo

FastAPI ajudam a construir o fluxo com poucas linhas de código.

Um exemplo de configuração com OAuth2 Password Flow utilizando o esquema Bearer pode ser estruturado da seguinte forma:

python

```python
# Código para configuração de OAuth2 com Password Flow
from fastapi.security import OAuth2PasswordBearer, OAuth2PasswordRequestForm

oauth2_scheme = OAuth2PasswordBearer(tokenUrl="/token")

@app.post("/token")
def login_for_access_token(form_data: OAuth2PasswordRequestForm = Depends()):
    user = authenticate_user(form_data.username, form_data.password)
    if not user:
        raise HTTPException(status_code=401, detail="Credenciais inválidas")
    token = create_access_token({"user_id": user["user_id"], "role": user["role"]})
    return {"access_token": token, "token_type": "bearer"}
```

No fluxo acima, a rota /token é o ponto onde o cliente envia as credenciais por meio de form data. O OAuth2PasswordBearer define um esquema de segurança que extrai o token das requisições subsequentes, funcionando de forma similar ao HTTPBearer mostrado anteriormente. Essa integração com OAuth2 torna o sistema flexível para diversas necessidades, incluindo integração com provedores externos ou implementação interna de autenticação robusta.

Gerenciamento de tokens e sessões é crucial para a manutenção de uma experiência de usuário consistente. Além

de gerar tokens para identificar os usuários, é importante implementar estratégias de renovação e revogação. O token JWT, por natureza, é auto-contido e possui um tempo de expiração definido. Uma vez expirado, o usuário precisa realizar login novamente ou utilizar um mecanismo de refresh token, que concede um novo access token sem a necessidade de repetir todo o processo de autenticação.

O gerenciamento de refresh tokens envolve criar um fluxo separado que armazena, de maneira segura, um refresh token associado ao usuário. Esse token tem uma validade maior e, quando enviado junto ao token expirado, permite a emissão de um novo access token. A implementação pode utilizar o mesmo mecanismo de geração de tokens, mas com tempos de expiração diferenciados. É fundamental que refresh tokens sejam armazenados em um repositório seguro, possivelmente em um banco de dados, e que seu uso seja limitado a operações específicas. Por exemplo, a rota de refresh pode ser construída assim:

python

```python
# Código para gerenciamento de refresh tokens
REFRESH_TOKEN_EXPIRE_DAYS = 7

def create_refresh_token(data: dict) -> str:
    to_encode = data.copy()
    expire = datetime.utcnow() +
timedelta(days=REFRESH_TOKEN_EXPIRE_DAYS)
    to_encode.update({"exp": expire})
    return jwt.encode(to_encode, SECRET_KEY,
algorithm=ALGORITHM)

@app.post("/refresh")
def refresh_token(refresh_token: str):
    try:
        payload = jwt.decode(refresh_token, SECRET_KEY,
```

```
algorithms=[ALGORITHM])
    new_token = create_access_token({"user_id":
payload["user_id"], "role": payload["role"]})
    return {"access_token": new_token, "token_type":
"bearer"}
  except jwt.PyJWTError:
    raise HTTPException(status_code=401, detail="Refresh
token inválido")
```

O fluxo de renovação de token permite que, quando o access token expira, o cliente envie o refresh token para obter um novo token válido. Esse processo deve ser seguro, com tokens revogados quando o usuário realiza logout ou muda suas credenciais. Além disso, o gerenciamento de tokens pode incluir o registro de atividades para identificar usos suspeitos e impedir que tokens comprometidos sejam utilizados para acesso indevido.

Controle de acesso e permissões se baseia em determinar o que cada usuário pode ou não acessar com base em seu papel ou grupo de pertença. Ao utilizar o token decodificado, o sistema pode verificar o valor de "role" ou outras informações contidas no payload para definir a autorização de cada rota. Um mecanismo simples envolve a criação de uma função dependente que verifica se o usuário possui a permissão necessária para executar uma ação. Um trecho de código exemplifica essa abordagem:

python

```
# Código para controle de acesso baseado em papel (role)
def require_role(required_role: str):
    def role_checker(current_user: dict =
Depends(get_current_user)):
        if current_user.get("role") != required_role:
            raise HTTPException(status_code=403,
detail="Acesso negado")
```

```
        return current_user
    return role_checker

@app.get("/admin")
def admin_area(current_user: dict =
Depends(require_role("admin"))):
    return {"message": f"Bem-vindo, administrador
{current_user.get('user_id')}"}
```

A função require_role recebe o papel necessário e retorna uma função que, ao ser usada como dependência, garante que o token contenha o papel correto. Se o usuário não possuir a permissão, o sistema responde com HTTP 403 Forbidden, bloqueando o acesso a recursos sensíveis. Essa abordagem pode ser expandida para aceitar múltiplos papéis, verificando se o papel do usuário está em uma lista de permissões válidas. Essa flexibilidade é crucial para sistemas com hierarquias complexas, onde diferentes níveis de acesso determinam quais endpoints podem ser acessados.

Estratégias de segurança para APIs envolvem diversas camadas de proteção que vão além da autenticação básica. A implementação de HTTPS é indispensável para proteger a transmissão de dados, impedindo que tokens ou credenciais sejam interceptados por agentes mal-intencionados. Configurar o servidor para utilizar TLS, forçar o uso de certificados válidos e definir cabeçalhos de segurança, como Strict-Transport-Security, ajudam a reduzir riscos. Em conjunto com isso, é fundamental definir cookies de sessão com flags Secure e HttpOnly, garantindo que informações sensíveis não possam ser acessadas por scripts do lado do cliente ou transmitidas em conexões não criptografadas.

A prevenção contra ataques de Cross-Site Request Forgery (CSRF) é outra preocupação importante. Embora a abordagem com JWT reduza algumas vulnerabilidades associadas ao CSRF, quando a aplicação utiliza cookies para armazenar tokens, é

necessário incluir mecanismos de verificação. A utilização de tokens CSRF, gerados e verificados pelo servidor, impede que requisições maliciosas sejam executadas em nome do usuário. A integração com bibliotecas que cuidam desse aspecto, ou a implementação manual de um sistema de verificação, torna a API mais resistente a esses tipos de ataques.

Proteção contra injeção de código e SQL Injection é garantida ao utilizar ORMs e consultas parametrizadas. O uso de SQLAlchemy, por exemplo, evita que dados enviados pelo usuário sejam interpretados como parte de uma consulta SQL, uma vez que os parâmetros são tratados de forma segura. Além disso, validar e sanitizar entradas, utilizando modelos Pydantic e validadores customizados, assegura que dados maliciosos não penetrem no sistema.

Outra camada de segurança envolve a limitação de taxa (rate limiting) e a proteção contra ataques de negação de serviço (DDoS). Configurar políticas de rate limiting evita que um único IP faça requisições em excesso, forçando a API a negar ou retardar requisições que excedam o limite estabelecido. Ferramentas e middlewares podem ser integrados à aplicação para monitorar a quantidade de requisições, registrando e bloqueando padrões suspeitos. A utilização de soluções de cache distribuído, como Redis, em conjunto com algoritmos de token bucket ou leaky bucket, possibilita implementar essas políticas de forma escalável.

Monitorar a atividade da API com logs e alertas é fundamental para a segurança. Integrar o sistema com plataformas de monitoramento, que alertam para padrões anormais de acesso, falhas de autenticação ou tentativas de acesso proibido, aumenta a capacidade de resposta a incidentes. Um log robusto, que registra o IP do solicitante, a rota acessada, a hora e o status da resposta, ajuda a identificar rapidamente pontos vulneráveis e a agir de forma preventiva. Configurar níveis de log (DEBUG, INFO, WARNING, ERROR, CRITICAL) e

direcionar os registros para um sistema centralizado melhora a visibilidade e o gerenciamento de incidentes.

A adoção de práticas de atualização e revisão contínua de dependências também faz parte de uma estratégia de segurança. Manter bibliotecas atualizadas garante que vulnerabilidades conhecidas sejam corrigidas, enquanto a auditoria regular do código e a aplicação de testes de segurança (como SAST e DAST) identificam falhas antes que elas possam ser exploradas. A verificação de integridade do ambiente, a revisão de configurações de firewall e a segmentação de rede são medidas que, embora externas ao código, complementam a segurança da API.

Uma abordagem interessante é a implementação de autenticação multifator (MFA) para operações sensíveis. Em sistemas onde a segurança é crítica, além da senha, o usuário pode ser solicitado a fornecer um código temporário gerado por um aplicativo ou enviado por SMS. Essa camada extra de verificação diminui significativamente o risco de acesso indevido, mesmo que a senha seja comprometida. A integração com bibliotecas que suportam TOTP (Time-based One-Time Password) ou soluções de SMS permite adicionar esse requisito com relativa facilidade.

Outra estratégia importante é a utilização de cabeçalhos de segurança e políticas de conteúdo (Content Security Policy, CSP). Configurar o servidor para enviar cabeçalhos que previnam ataques XSS (Cross-Site Scripting) e injeção de conteúdo ajuda a blindar a aplicação contra ataques que exploram a manipulação do conteúdo exibido no navegador. Cabeçalhos como X-Content-Type-Options, X-Frame-Options e X-XSS-Protection são configuráveis no nível do servidor ou via middleware e devem ser sempre aplicados em ambientes de produção.

A integração de mecanismos de logout forçado e gerenciamento de sessão é essencial para garantir que, ao final

da interação ou em casos de suspeita de comprometimento, as sessões sejam encerradas de forma segura. Rotas para logout que invalidam tokens, removem cookies e registram a ação no log de segurança permitem que o sistema mantenha um controle rigoroso sobre quem está acessando os recursos. A revogação de tokens, especialmente em sistemas que utilizam JWT, pode ser implementada através de um repositório de tokens revogados ou por meio de um mecanismo que invalide tokens antigos ao atualizar a senha do usuário.

Uma implementação prática para logout e revogação de sessão pode ser desenvolvida com a integração de um banco de dados ou cache para registrar tokens inativos, de modo que, se um token for utilizado após ser marcado como revogado, o acesso seja bloqueado automaticamente. Essa estratégia é útil em ambientes corporativos, onde a segurança dos dados é prioritária e qualquer acesso indevido pode ter consequências sérias.

A proteção das rotas por meio de dependências que verifiquem a autenticidade e as permissões do usuário, utilizando funções de verificação de token e checagem de papéis, consolida a estratégia de segurança. Ao definir funções que validem se o usuário possui o nível de acesso necessário para determinada operação, a API se torna mais resiliente a falhas de autorização. Essa lógica pode ser implementada em forma de dependência, utilizando o recurso Depends do FastAPI, que injeta a verificação antes da execução da rota. Um exemplo de função para verificação de permissões pode ser construído da seguinte maneira:

python

```python
# Código para verificação de permissão de acesso
from fastapi import Depends, HTTPException, status

def require_role(required_role: str):
    def role_checker(current_user: dict =
```

```
Depends(get_current_user)):
    if current_user.get("role") != required_role:
        raise
HTTPException(status_code=status.HTTP_403_FORBIDDEN,
detail="Acesso negado")
    return current_user
  return role_checker

@app.get("/dashboard")
def dashboard(current_user: dict =
Depends(require_role("admin"))):
    return {"message": f"Bem-vindo ao dashboard, usuário
{current_user.get('user_id')}"}
```

Essa dependência garante que apenas usuários com o papel "admin" possam acessar a rota /dashboard. Se o token do usuário não possuir essa informação, a requisição é bloqueada, reforçando o controle de acesso.

Para proteger a API contra ataques de negação de serviço (DDoS), implementar políticas de rate limiting e caching é fundamental. Utilizar middlewares ou serviços externos que monitorem a frequência de requisições por IP pode prevenir que usuários mal-intencionados sobrecarreguem o sistema. A configuração de limites, como número máximo de requisições por minuto, e a aplicação de técnicas de cache para respostas estáticas, contribuem para manter a API responsiva mesmo sob alta demanda.

Outro aspecto crítico envolve a configuração de CORS (Cross-Origin Resource Sharing). Se a API for consumida por aplicações web hospedadas em domínios diferentes, é necessário definir quais origens têm permissão para acessar os recursos. Configurar os cabeçalhos CORS corretamente impede que requisições indesejadas sejam realizadas a partir de sites não autorizados, aumentando a segurança geral do sistema. O FastAPI oferece um middleware para CORS que pode ser

configurado da seguinte forma:

python

```
# Configuração de CORS no FastAPI
from fastapi.middleware.cors import CORSMiddleware

app.add_middleware(
    CORSMiddleware,
    allow_origins=["https://www.seudominio.com"],
    allow_credentials=True,
    allow_methods=["*"],
    allow_headers=["*"],
)
```

Ao restringir as origens permitidas, o sistema assegura que apenas o domínio autorizado possa interagir com a API, reduzindo o risco de ataques via browsers.

Em ambientes onde a segurança é prioridade, a utilização de HSTS (HTTP Strict Transport Security) e a obrigatoriedade de HTTPS para todas as requisições garantem que os dados transmitidos sejam sempre criptografados. Configurar essas políticas no servidor web ou diretamente na aplicação evita que informações sensíveis sejam interceptadas ou modificadas durante a transmissão.

A integração com sistemas de monitoramento e auditoria também é vital para a segurança. Registrar cada tentativa de acesso, seja bem-sucedida ou não, permite que a equipe identifique padrões de comportamento suspeitos e reaja rapidamente a incidentes. Logs detalhados, que incluem informações como IP, user agent, rota acessada e tempo de resposta, podem ser enviados para sistemas de SIEM (Security Information and Event Management) para análise contínua. Essa prática ajuda a prevenir ataques e a manter a integridade do sistema.

Medidas adicionais, como a implementação de autenticação multifator (MFA), elevam ainda mais o nível de proteção. Em aplicações que lidam com dados altamente sensíveis, exigir que o usuário forneça um código temporário, gerado por um aplicativo autenticador ou enviado via SMS, além da senha, adiciona uma camada extra de segurança. Integrar o FastAPI com bibliotecas que suportem TOTP (Time-based One-Time Password) permite a criação de fluxos MFA sem complicações, reforçando a confiança na identidade dos usuários.

Outro aspecto importante é o gerenciamento de tokens. Em sistemas que utilizam JWT, tokens têm um tempo de expiração embutido. É recomendável implementar uma rota para renovação de tokens, onde o usuário envia um token expirado ou prestes a expirar e recebe um novo, sem precisar passar novamente por todo o processo de login. Essa estratégia melhora a experiência do usuário e mantém a segurança, pois permite revogar tokens antigos quando necessário, como em casos de mudança de senha ou suspeita de comprometimento.

A revogação de tokens pode ser gerenciada mantendo um registro de tokens invalidados em um banco de dados ou cache. Quando uma requisição chega, o sistema verifica se o token ainda está válido ou se foi revogado, bloqueando o acesso caso contrário. Esse mecanismo é especialmente importante em ambientes corporativos, onde a segurança deve ser mantida mesmo após a revogação de credenciais. Uma abordagem simples envolve criar uma tabela de tokens revogados e consultar essa tabela em cada requisição autenticada.

O uso de dependências para injetar a lógica de segurança em cada rota torna o código mais modular e testável. Ao centralizar a validação e a verificação de permissões em funções reutilizáveis, a aplicação reduz a duplicação de código e facilita futuras atualizações de políticas de segurança. Além disso, a configuração de middlewares que monitoram e limitam requisições, ajustam cabeçalhos e forçam conexões

seguras completa o conjunto de estratégias para proteger a API contra diversos tipos de ataques.

Para resumir, a integração de autenticação e segurança em FastAPI exige a implementação de sistemas de autenticação robustos, utilizando padrões como JWT e OAuth2, além de gerenciar tokens e sessões de forma segura. O controle de acesso baseado em funções e permissões, aliado a estratégias de proteção como HTTPS, CORS, rate limiting e monitoramento contínuo, constrói uma API resiliente contra ataques e vulnerabilidades. Cada trecho de código e cada dependência devem ser configurados para manter a integridade dos dados e a confiança dos usuários.

A seguir, um exemplo abrangente que demonstra a implementação completa de autenticação, gerenciamento de tokens, controle de acesso e aplicação de estratégias de segurança:

python

```python
# Código completo integrando autenticação com JWT, controle
de acesso e segurança
import jwt
from datetime import datetime, timedelta
from fastapi import FastAPI, HTTPException, Depends, status,
Security
from fastapi.security import OAuth2PasswordBearer,
OAuth2PasswordRequestForm, HTTPBearer,
HTTPAuthorizationCredentials
from pydantic import BaseModel, EmailStr
from typing import Optional

# Configurações básicas
SECRET_KEY = "uma_chave_supersecreta_para_o_projeto"
ALGORITHM = "HS256"
ACCESS_TOKEN_EXPIRE_MINUTES = 30
REFRESH_TOKEN_EXPIRE_DAYS = 7
```

```python
app = FastAPI(
    title="API Segura com FastAPI",
    description="API que demonstra autenticação, controle de
acesso e estratégias de segurança utilizando FastAPI",
    version="1.0.0"
)

# Modelos Pydantic para entrada e saída de dados
class User(BaseModel):
    user_id: int
    username: str
    email: EmailStr
    role: str

class Token(BaseModel):
    access_token: str
    token_type: str

class LoginData(BaseModel):
    username: str
    password: str

# Funções auxiliares para criação de tokens
def create_access_token(data: dict) -> str:
    to_encode = data.copy()
    expire = datetime.utcnow() +
timedelta(minutes=ACCESS_TOKEN_EXPIRE_MINUTES)
    to_encode.update({"exp": expire})
    return jwt.encode(to_encode, SECRET_KEY,
algorithm=ALGORITHM)

def create_refresh_token(data: dict) -> str:
    to_encode = data.copy()
    expire = datetime.utcnow() +
timedelta(days=REFRESH_TOKEN_EXPIRE_DAYS)
    to_encode.update({"exp": expire})
```

```python
    return jwt.encode(to_encode, SECRET_KEY,
algorithm=ALGORITHM)

# Função de autenticação simulada
def authenticate_user(username: str, password: str) ->
Optional[dict]:
    # Simulação: usuário admin com senha 'password'
    if username == "admin" and password == "password":
        return {"user_id": 1, "username": "admin", "email":
"admin@example.com", "role": "admin"}
    if username == "user" and password == "password":
        return {"user_id": 2, "username": "user", "email":
"user@example.com", "role": "user"}
    return None

# Configuração do OAuth2 para extração de tokens
oauth2_scheme = OAuth2PasswordBearer(tokenUrl="/token")
http_bearer = HTTPBearer()

# Dependência para obter o usuário atual a partir do token
def get_current_user(token: HTTPAuthorizationCredentials =
Security(http_bearer)) -> dict:
    try:
        payload = jwt.decode(token.credentials, SECRET_KEY,
algorithms=[ALGORITHM])
        return payload
    except jwt.PyJWTError:
        raise
HTTPException(status_code=status.HTTP_401_UNAUTHORI
ZED, detail="Token inválido ou expirado")

# Rota para login com OAuth2 Password Flow
@app.post("/token", response_model=Token,
tags=["Autenticação"])
def login_for_access_token(form_data:
OAuth2PasswordRequestForm = Depends()):
    user = authenticate_user(form_data.username,
```

```
form_data.password)
    if not user:
        raise HTTPException(status_code=401,
detail="Credenciais inválidas")
    access_token = create_access_token({"user_id":
user["user_id"], "role": user["role"]})
    refresh_token = create_refresh_token({"user_id":
user["user_id"], "role": user["role"]})
    return {"access_token": access_token, "token_type":
"bearer"}

# Rota para renovação de token
@app.post("/refresh", response_model=Token,
tags=["Autenticação"])
def refresh_access_token(refresh_token: str):
    try:
        payload = jwt.decode(refresh_token, SECRET_KEY,
algorithms=[ALGORITHM])
        new_access_token = create_access_token({"user_id":
payload["user_id"], "role": payload["role"]})
        return {"access_token": new_access_token, "token_type":
"bearer"}
    except jwt.PyJWTError:
        raise HTTPException(status_code=401, detail="Refresh
token inválido")

# Função para verificação de permissão com base no papel do
usuário
def require_role(required_role: str):
    def role_checker(current_user: dict =
Depends(get_current_user)):
        if current_user.get("role") != required_role:
            raise HTTPException(status_code=403,
detail="Acesso negado")
        return current_user
    return role_checker
```

```python
# Rota de exemplo protegida por autenticação
@app.get("/protected", tags=["Segurança"])
def protected_route(current_user: dict =
Depends(get_current_user)):
    return {"message": f"Olá, usuário {current_user['user_id']}
com papel {current_user['role']}"}

# Rota restrita para administradores
@app.get("/admin", tags=["Segurança"])
def admin_area(current_user: dict =
Depends(require_role("admin"))):
    return {"message": f"Bem-vindo, administrador
{current_user['user_id']}"}

# Rota para logout simulada (em sistemas com tokens JWT,
logout é geralmente gerenciado no cliente ou com revogação
de token)
@app.post("/logout", tags=["Autenticação"])
def logout(current_user: dict = Depends(get_current_user)):
    # Em implementações reais, o token pode ser adicionado a
uma lista de revogação
    return {"message": "Logout realizado com sucesso"}

# Exemplo de rota protegida com limitação de acesso e
verificação de CORS, HTTPS e headers de segurança
@app.get("/secure-data", tags=["Segurança"])
def get_secure_data(current_user: dict =
Depends(get_current_user)):
    return {"data": "Informações confidenciais disponíveis
apenas para usuários autenticados"}

# Implementação de middleware para logging de requisições,
útil para auditoria e monitoramento
@app.middleware("http")
async def log_requests(request, call_next):
    # Registro simples: caminho e horário de acesso
```

```python
    print(f"Requisição para {request.url.path} em
{datetime.utcnow().isoformat()}")
    response = await call_next(request)
    print(f"Resposta com status {response.status_code} para
{request.url.path}")
    return response

# Configurações de CORS para restringir origens permitidas
from fastapi.middleware.cors import CORSMiddleware

app.add_middleware(
    CORSMiddleware,
    allow_origins=["https://www.seudominio.com"],
    allow_credentials=True,
    allow_methods=["*"],
    allow_headers=["*"]
)

# Proteção adicional com cabeçalhos de segurança pode ser
configurada no servidor web ou via middleware customizado
@app.middleware("http")
async def add_security_headers(request, call_next):
    response = await call_next(request)
    response.headers["X-Content-Type-Options"] = "nosniff"
    response.headers["X-Frame-Options"] = "DENY"
    response.headers["X-XSS-Protection"] = "1; mode=block"
    return response

# Exemplo de proteção contra ataques de força bruta,
limitando o número de requisições (a lógica pode ser integrada
com Redis ou outro sistema de cache)
from fastapi_limiter import FastAPILimiter
from fastapi_limiter.depends import RateLimiter
import redis.asyncio as redis

@app.on_event("startup")
async def startup():
```

```python
    redis_client = redis.Redis(host="localhost", port=6379,
db=0, encoding="utf-8", decode_responses=True)
    await FastAPILimiter.init(redis_client)

@app.get("/limited",
dependencies=[Depends(RateLimiter(times=5, seconds=60))],
tags=["Segurança"])
def limited_endpoint():
    return {"message": "Você não ultrapassou o limite de
requisições."}

# Estratégias de monitoramento e auditoria podem incluir
integração com serviços externos
@app.get("/audit", tags=["Auditoria"])
def audit_logs(current_user: dict =
Depends(get_current_user)):
    # Essa rota simula o retorno de logs de acesso para o
usuário atual; em produção, os logs estariam em um sistema
centralizado
    return {"logs": f"Logs de acesso para o usuário
{current_user['user_id']}"}

# Rota para simulação de MFA (Multi-Factor Authentication)
from random import randint

@app.post("/mfa", tags=["Autenticação"])
def mfa_challenge(username: str):
    # Gera um código temporário para autenticação multifator
e simula o envio por SMS ou aplicativo
    mfa_code = randint(100000, 999999)
    # Em um sistema real, o código seria enviado via SMS ou
email
    return {"message": f"MFA code generated for {username}",
"mfa_code": mfa_code}
```

A implementação de autenticação e segurança com FastAPI

combina a robustez de JWT e OAuth2 com estratégias avançadas de controle de acesso e proteção contra ameaças. A utilização de middlewares para logging, a aplicação de cabeçalhos de segurança, a configuração de CORS e rate limiting, além do gerenciamento de tokens e sessões, formam um ecossistema completo que protege a API contra diversos tipos de ataques. A adoção de MFA e a possibilidade de integração com sistemas externos de auditoria elevam ainda mais o nível de segurança, preparando a aplicação para os desafios do ambiente digital atual. A arquitetura apresentada permite que desenvolvedores criem endpoints seguros, com respostas validadas e protegidas, garantindo que cada requisição seja monitorada, autenticada e autorizada de forma transparente. Essa abordagem integrada não só aumenta a confiabilidade e a performance, mas também promove um fluxo de desenvolvimento ágil e alinhado com as melhores práticas da indústria, fazendo com que a API se torne um componente confiável e resiliente dentro de qualquer ecossistema de serviços.

Ao centralizar as estratégias de segurança, as equipes podem focar no desenvolvimento de funcionalidades sem se preocupar com a integridade dos dados, sabendo que cada camada do sistema foi projetada para resistir a ataques e minimizar riscos. A documentação gerada automaticamente pelo FastAPI, aliada à implementação de dependências para verificação de tokens e permissões, fornece um panorama claro de como os recursos são protegidos. Dessa forma, tanto desenvolvedores quanto consumidores da API se beneficiam de um ambiente onde as informações estão seguras, as operações são auditadas e a experiência do usuário permanece consistente e confiável.

A combinação de autenticação robusta, gerenciamento de tokens, verificação de permissões e a implementação de políticas de segurança, como HTTPS, CORS e rate limiting, cria

uma infraestrutura preparada para atender desde aplicações simples até sistemas de missão crítica. O uso de JWT e OAuth2 garante a interoperabilidade com outros serviços e facilita a integração com provedores de identidade externos. A modularização do código, com a utilização de dependências e middlewares, torna o sistema altamente testável e de fácil manutenção, permitindo que atualizações e melhorias sejam implementadas sem riscos significativos de quebra de funcionalidade.

Monitoramento constante, tanto de acessos quanto de tentativas de ataque, é fundamental para identificar e responder rapidamente a incidentes de segurança. Integrar a API com ferramentas de SIEM e utilizar logs detalhados auxilia na detecção de padrões anormais e na tomada de medidas preventivas. Essa abordagem proativa, aliada à implementação de estratégias de autenticação multifator, garante que a aplicação esteja sempre um passo à frente de potenciais ameaças.

A capacidade de atualizar tokens e revogar sessões comprometidas protege a integridade do sistema mesmo em cenários de invasão parcial. A utilização de rotas de refresh, combinada com a gestão cuidadosa de refresh tokens e uma política rigorosa de expiração de tokens, impede que credenciais antigas permaneçam ativas por longos períodos, reduzindo o risco de acesso indevido. Cada aspecto do gerenciamento de tokens é cuidadosamente integrado ao fluxo de autenticação, proporcionando um ambiente onde a renovação de acesso acontece de forma transparente, sem comprometer a segurança dos dados.

Finalmente, a integração de autenticação e segurança em FastAPI demonstra que um sistema bem arquitetado pode pro

CAPÍTULO 18. DEPLOY E ESCALABILIDADE DE APLICAÇÕES COM FASTAPI

Preparar uma aplicação para produção exige cuidados que vão muito além da simples escrita do código. Em um ambiente de desenvolvimento, o foco principal é implementar funcionalidades e realizar testes; em produção, a atenção se volta para segurança, performance, confiabilidade e facilidade de manutenção. Para aplicações construídas com FastAPI, essas necessidades são atendidas por meio da configuração adequada do ambiente, utilização de servidores ASGI robustos, estratégias de deploy flexíveis e monitoramento constante do desempenho. Cada etapa deve ser planejada com rigor para que a aplicação possa escalar de forma eficiente e se adaptar a picos de acesso sem perder a qualidade do serviço.

Para começar, a preparação da aplicação para produção envolve configurar variáveis de ambiente essenciais, definir logs adequados, garantir que a aplicação opere em modo de produção (desativando o debug) e aplicar políticas de segurança como HTTPS. Utilizar um arquivo de configuração separado, onde informações sensíveis como chaves secretas e strings de conexão com bancos de dados estejam armazenadas de forma segura, é fundamental. Além disso, a aplicação deve ser empacotada de forma que o código-fonte e os recursos estáticos estejam organizados, facilitando futuras atualizações e a implantação em ambientes distintos.

Um arquivo de configuração pode ser estruturado utilizando bibliotecas como python-dotenv para carregar variáveis de

ambiente de um arquivo .env. Um exemplo de configuração seria:

python

```
# config.py
import os
from dotenv import load_dotenv

load_dotenv()

SECRET_KEY = os.getenv("SECRET_KEY")
DATABASE_URL = os.getenv("DATABASE_URL")
ENVIRONMENT = os.getenv("ENVIRONMENT", "production")
```

Essa prática assegura que dados sensíveis não estejam embutidos no código e podem ser facilmente alterados sem modificar o repositório principal.

Utilização de servidores ASGI (uvicorn, hypercorn) é o próximo passo para garantir que a aplicação seja executada com alta performance e escalabilidade. FastAPI é construído sobre o padrão ASGI, o que possibilita a criação de aplicações assíncronas capazes de lidar com múltiplas requisições de forma eficiente. Uvicorn é um servidor ASGI leve e rápido, enquanto Hypercorn oferece recursos adicionais, como suporte a HTTP/2. A escolha entre um e outro depende dos requisitos específicos do projeto. Uvicorn é frequentemente utilizado devido à sua simplicidade e excelente performance em cenários de alta concorrência.

A configuração de uvicorn para produção envolve definir parâmetros como número de workers, timeout e uso de SSL. Um comando típico para iniciar o servidor em produção com uvicorn pode ser:

bash

```
uvicorn main:app --host 0.0.0.0 --port 8000 --workers 4 --
```

```
timeout-keep-alive 75 --ssl-keyfile=/path/to/key.pem --ssl-
certfile=/path/to/cert.pem
```

Essa configuração distribui a carga entre 4 workers, mantendo conexões ativas por até 75 segundos, e força o uso de HTTPS com certificados SSL. Para ambientes que demandam alta disponibilidade, o uso de Hypercorn pode ser considerado, alterando apenas o comando de inicialização:

bash

```
hypercorn main:app --bind 0.0.0.0:8000 --workers 4 --
keep-alive 75 --keyfile /path/to/key.pem --certfile /path/to/
cert.pem
```

Essas opções garantem que a aplicação esteja preparada para lidar com grandes volumes de requisições, evitando gargalos e melhorando a experiência dos usuários.

Estratégias de deploy abrangem diversas abordagens, desde a criação de containers Docker até a utilização de serviços em nuvem e orquestração com Kubernetes. O Docker é amplamente utilizado para empacotar a aplicação, garantindo que ela rode de forma idêntica em qualquer ambiente, independentemente das configurações do sistema operacional ou das dependências instaladas. Um Dockerfile típico para uma aplicação FastAPI pode ser escrito da seguinte forma:

dockerfile

```
# EXEMPLO 1
FROM python:3.10-slim

ENV PYTHONDONTWRITEBYTECODE 1
ENV PYTHONUNBUFFERED 1

WORKDIR /app
```

```
COPY requirements.txt /app/
RUN pip install --upgrade pip && pip install -r
requirements.txt

COPY . /app/

CMD ["uvicorn", "main:app", "--host", "0.0.0.0", "--port", "8000"]
```

Esse Dockerfile define uma imagem baseada no Python 3.10-slim, copia o arquivo de requisitos e o restante do código, instalando as dependências e iniciando o servidor uvicorn. Em um ambiente de produção, recomenda-se utilizar imagens otimizadas, minimizando o tamanho e eliminando ferramentas de desenvolvimento desnecessárias.

A utilização de orquestradores como Kubernetes permite que a aplicação seja escalada horizontalmente, distribuída por múltiplos nós e gerenciada de forma resiliente. Configurar um deployment no Kubernetes envolve definir arquivos YAML que descrevem os pods, serviços, volumes e políticas de escalonamento. Um deployment básico para uma aplicação FastAPI pode ser estruturado assim:

yaml

```yaml
# deployment.yaml
apiVersion: apps/v1
kind: Deployment
metadata:
  name: fastapi-deployment
  labels:
    app: fastapi
spec:
  replicas: 3
  selector:
    matchLabels:
      app: fastapi
```

```yaml
template:
  metadata:
    labels:
      app: fastapi
  spec:
    containers:
      - name: fastapi-container
        image: sua_imagem_docker:latest
        ports:
          - containerPort: 8000
        resources:
          requests:
            cpu: "250m"
            memory: "256Mi"
          limits:
            cpu: "500m"
            memory: "512Mi"
        env:
          - name: SECRET_KEY
            valueFrom:
              secretKeyRef:
                name: fastapi-secrets
                key: secret_key
```

Esse deployment cria 3 réplicas da aplicação, garantindo que se uma instância falhar, outras assumam a carga. Configurações de recursos e variáveis de ambiente são definidas para manter a consistência e segurança. O serviço Kubernetes associado expõe a aplicação para fora do cluster, e políticas de autoscaling podem ser configuradas para ajustar o número de réplicas com base na carga.

Outra estratégia de deploy envolve plataformas em nuvem como AWS, Google Cloud ou Azure. Essas plataformas oferecem serviços gerenciados para containers, como AWS Fargate ou Google Cloud Run, que abstraem a infraestrutura

subjacente e facilitam o escalonamento automático. Por exemplo, utilizando AWS Fargate, a aplicação roda em containers sem a necessidade de gerenciar servidores, e o escalonamento é feito de acordo com a demanda, sem intervenção manual. Serviços como AWS Elastic Beanstalk também podem ser configurados para hospedar a aplicação FastAPI, integrando com balanceadores de carga, monitoramento e logs.

Monitoramento e escalabilidade são fundamentais para manter a aplicação saudável e responsiva. Ferramentas como Prometheus e Grafana podem ser integradas para coletar métricas em tempo real, como uso de CPU, memória, latência das requisições, número de conexões ativas e taxa de erro. Um middleware personalizado pode ser adicionado à aplicação para registrar essas métricas ou utilizar bibliotecas já existentes para integração com Prometheus. Um exemplo de como expor métricas em uma aplicação FastAPI pode ser:

python

```
# EXEMPLO 2
from fastapi import FastAPI
from prometheus_fastapi_instrumentator import
Instrumentator

app = FastAPI()
Instrumentator().instrument(app).expose(app)
```

Essa simples integração expõe métricas na rota /metrics, que podem ser coletadas por um servidor Prometheus para visualização em um dashboard Grafana. Analisar essas métricas ajuda a identificar gargalos, ajustar configurações de escalonamento e planejar recursos para atender a picos de acesso.

A escalabilidade horizontal é garantida ao rodar múltiplas réplicas da aplicação, conforme demonstrado em deploys

com Kubernetes ou serviços de containers em nuvem. Além disso, técnicas como cache de respostas utilizando Redis ou Memcached podem ser implementadas para reduzir a carga em partes da aplicação que não se alteram com frequência, como resultados de consultas pesadas ou informações estáticas. Configurar um cache distribuído melhora a latência e a performance, especialmente em cenários com alto volume de acesso. Integrar o FastAPI com Redis é simples, utilizando bibliotecas como aioredis para operações assíncronas:

python

```python
# EXEMPLO 3
import aioredis
from fastapi import FastAPI

app = FastAPI()

@app.on_event("startup")
async def startup():
    app.state.redis = await aioredis.from_url("redis://localhost:6379", decode_responses=True)

@app.on_event("shutdown")
async def shutdown():
    await app.state.redis.close()

@app.get("/cache")
async def get_cached_data():
    value = await app.state.redis.get("key")
    if not value:
        value = "dados atualizados"
        await app.state.redis.set("key", value, ex=60)  # Expira em 60 segundos
    return {"value": value}
```

Nesse fluxo, ao iniciar a aplicação, o Redis é conectado e

armazenado no objeto app.state. A rota /cache tenta recuperar um valor; se não encontrado, define um valor novo e configura o tempo de expiração. Essa técnica reduz a necessidade de fazer chamadas repetitivas a operações dispendiosas, como consultas ao banco de dados.

Garantir que a aplicação esteja preparada para um ambiente de alta demanda também envolve o uso de balanceadores de carga e sistemas de autoscaling. Em servidores tradicionais, um balanceador de carga distribui as requisições entre múltiplas instâncias da aplicação, garantindo que nenhuma instância fique sobrecarregada. Em ambientes de nuvem, serviços de autoscaling monitoram métricas e ajustam automaticamente o número de instâncias ativas, evitando downtime e melhorando a experiência do usuário. A configuração correta desses sistemas requer conhecimento dos padrões de acesso à API e dos recursos disponíveis, mas as vantagens em termos de performance e resiliência são significativas.

Além disso, é essencial empacotar a aplicação de forma que as dependências sejam gerenciadas e o ambiente seja replicável. Utilizar ferramentas como Docker e Docker Compose permite criar imagens imutáveis que podem ser executadas em qualquer ambiente compatível. Um Dockerfile bem escrito, como apresentado anteriormente, simplifica a implantação e garante que a aplicação esteja sempre rodando com as mesmas versões de bibliotecas e configurações, independentemente do ambiente de produção. Essa consistência evita surpresas e reduz a probabilidade de falhas devido a divergências entre desenvolvimento e produção.

Para equipes que operam em ambientes mais complexos, integrar a aplicação com ferramentas de CI/CD (Continuous Integration/Continuous Deployment) é fundamental. Pipelines de deploy automatizados garantem que, a cada commit, a aplicação seja testada, empacotada e implantada em ambientes de staging ou produção. Esses pipelines

podem incluir etapas de build, testes unitários, verificação de segurança e execução de migrações de banco de dados. Um fluxo de CI/CD bem estruturado reduz o tempo de deploy e aumenta a confiabilidade do sistema, pois cada etapa é monitorada e validada.

A escalabilidade da aplicação pode ser maximizada utilizando práticas de engenharia que visam a otimização do código, a minimização de chamadas redundantes e a utilização de técnicas assíncronas para operações de I/O. Embora FastAPI já seja projetado para aproveitar o padrão ASGI e rodar de forma assíncrona, o design das rotas e a utilização correta de dependências também influenciam na performance geral. Melhorar a eficiência das consultas ao banco de dados, por exemplo, pode reduzir a latência e a carga nas instâncias da aplicação. Além disso, configurar o uso de cache, otimizar a lógica interna e distribuir as tarefas em filas de processamento (como usando Celery) contribuem para que a aplicação se mantenha responsiva mesmo sob alta demanda.

A integração com ferramentas de monitoramento permite detectar pontos de falha e realizar ajustes proativos. Utilizar Prometheus para coletar métricas e Grafana para visualizar gráficos de uso de CPU, memória, latência e taxa de erros fornece informações valiosas para a equipe. Quando o sistema apresenta picos de acesso, a equipe pode ajustar o número de workers, aumentar a capacidade de recursos ou mesmo identificar qual endpoint precisa ser otimizado. Essa abordagem iterativa de monitoramento e ajuste garante que a aplicação se mantenha estável mesmo conforme o volume de requisições cresce.

A adoção de práticas de segurança no deploy também se faz necessária. Utilizar HTTPS é obrigatório para proteger a comunicação entre o cliente e o servidor, garantindo que tokens e dados sensíveis não sejam interceptados. Configurar certificados TLS corretamente, aplicar políticas de

segurança em nível de servidor e utilizar cabeçalhos HTTP que previnam ataques de XSS e injeção de código são medidas complementares que fortalecem a infraestrutura. Em ambientes de produção, a aplicação deve ser isolada em uma rede segura, com firewalls e políticas de acesso que limitem a exposição a ataques externos.

Ao empacotar a aplicação para produção, é importante que o ambiente seja idêntico ao de desenvolvimento para evitar conflitos. Contêineres Docker oferecem essa consistência, e a utilização de ferramentas como Kubernetes permite gerenciar clusters de contêineres de forma automatizada. Configurar volumes persistentes, secrets e configurações de rede no Kubernetes garante que a aplicação esteja sempre pronta para escalar conforme a demanda. A orquestração com Kubernetes também possibilita a implementação de políticas de reinício automático em caso de falhas, backup de dados e distribuição equilibrada de carga, mantendo a disponibilidade mesmo em cenários de falhas parciais.

Outra estratégia de deploy envolve o uso de plataformas serverless ou serviços gerenciados que abstraem a infraestrutura, como AWS Lambda (com API Gateway) ou Google Cloud Run. Essas soluções são ideais para aplicações que não exigem servidores dedicados e se beneficiam de escalonamento automático sem configuração manual. Embora a migração para ambientes serverless requeira ajustes na forma como a aplicação é empacotada e nas dependências, elas oferecem uma vantagem significativa em termos de custo e manutenção, especialmente para APIs com tráfego variável.

A implementação de testes automatizados e integração contínua é fundamental para garantir que o deploy ocorra sem surpresas. Pipelines que executam testes unitários, de integração e de performance antes de fazer o deploy ajudam a identificar regressões e falhas. A utilização de containers em ambientes de teste que simulam o ambiente de produção

permite validar se todas as configurações, variáveis de ambiente e conexões estão corretas. Além disso, estratégias de rollback devem estar em vigor para que, caso algo dê errado, a versão anterior da aplicação possa ser restaurada rapidamente, minimizando o downtime e a interrupção dos serviços.

Ao combinar todas essas práticas, a aplicação FastAPI se torna preparada para operar em ambientes de alta demanda, garantindo escalabilidade e performance. O uso de servidores ASGI como uvicorn e hypercorn permite que a aplicação se beneficie do padrão assíncrono, enquanto o empacotamento com Docker e a orquestração com Kubernetes asseguram que a aplicação se distribua de forma eficiente em múltiplos nós. O monitoramento constante com ferramentas de métricas e logs, aliado à implementação de políticas de segurança e à integração de testes automatizados, cria um ecossistema resiliente que responde rapidamente a incidentes e se adapta a picos de acesso sem comprometer a experiência do usuário.

A jornada para o deploy e escalabilidade envolve a criação de uma infraestrutura que permita o crescimento orgânico da aplicação. Cada camada, desde a configuração inicial e empacotamento até o monitoramento e ajuste dinâmico, deve ser tratada com rigor e atenção aos detalhes. A preparação para produção exige a eliminação de qualquer código de debug, a configuração de variáveis de ambiente seguras e a adoção de políticas de log que não expõem informações sensíveis. A utilização de servidores ASGI otimiza o gerenciamento de conexões simultâneas, enquanto a estratégia de deploy com Docker e Kubernetes possibilita que a aplicação escale horizontalmente de maneira automatizada e resiliente.

Para equipes que operam em ambientes de microserviços, a divisão de responsabilidades em diferentes contêineres e a utilização de balanceadores de carga asseguram que cada serviço possa ser escalado independentemente, atendendo à demanda sem criar gargalos. Essa abordagem modular

também facilita a manutenção, pois atualizações em um serviço não afetam os demais, e a implantação de novas versões se torna um processo contínuo e sem interrupções significativas.

A integração com serviços de monitoramento, como Prometheus e Grafana, torna possível visualizar a performance da aplicação em tempo real e ajustar os recursos conforme necessário. Coletar métricas detalhadas, como tempo de resposta, uso de CPU, consumo de memória e taxa de erro, permite que a equipe identifique rapidamente onde estão os gargalos e implemente melhorias. Essa visibilidade não apenas aumenta a confiabilidade da aplicação, mas também fornece dados valiosos para tomadas de decisão sobre futuras expansões ou otimizações de infraestrutura.

Em resumo, preparar uma aplicação FastAPI para produção e garantir sua escalabilidade envolve uma série de práticas integradas que vão desde a configuração inicial, a escolha de servidores ASGI, o empacotamento com Docker e a orquestração com Kubernetes, até a implementação de estratégias de monitoramento e segurança. Cada etapa do processo deve ser cuidadosamente planejada e executada para que a aplicação possa atender a altos volumes de acesso, responder rapidamente a incidentes e manter a integridade dos dados, tudo isso sem comprometer a experiência do usuário final.

Ao adotar uma abordagem robusta e escalável, as equipes de desenvolvimento não apenas melhoram a performance e a segurança da aplicação, mas também criam uma base sólida para futuras evoluções e integrações. A arquitetura construída com FastAPI, combinada com práticas modernas de deploy e escalabilidade, se torna uma solução ideal para enfrentar os desafios do ambiente digital em constante evolução, garantindo que a aplicação permaneça resiliente, segura e responsiva mesmo em cenários de alta demanda.

CAPÍTULO 19. TESTES E QUALIDADE DE CÓDIGO PARA APIS WEB

O desenvolvimento de aplicações web robustas requer práticas que vão além da codificação e entrega de funcionalidades. Testes automatizados e o cuidado com a qualidade do código formam a base para garantir que cada rota, regra de negócio e fluxo de dados se comporte corretamente, evitando regressões e problemas de manutenção. Em ambientes que utilizam Python e FastAPI, a adoção de bibliotecas como pytest torna o processo de criação e execução dos testes mais simples e eficaz, enquanto ferramentas de qualidade de código ajudam a identificar inconsistências, duplicações e possíveis vulnerabilidades.

A importância dos testes automatizados se torna clara quando se considera a velocidade de entrega e a complexidade de sistemas que evoluem constantemente. A cada nova feature, atualização de dependência ou refatoração, os riscos de quebrar funcionalidades existentes aumentam. Testes automatizados reduzem esse risco, possibilitando uma validação rápida em todos os níveis: testes unitários, testes de integração e testes de aceitação. Em uma equipe que pratica integração contínua, a cada commit, o conjunto de testes é executado em um pipeline, garantindo que qualquer problema seja detectado e corrigido imediatamente. Além disso, a documentação do comportamento esperado das rotas e regras de negócio pode ser inferida a partir dos próprios testes.

A configuração de ambientes de teste (pytest, etc.) em Python

costuma começar com a instalação do pytest:

bash

```
pip install pytest
```

Essa biblioteca busca automaticamente arquivos e funções que seguem convenções como test_arquivo.py e test_minha_funcao. Para projetos que utilizam FastAPI, é comum combinar pytest com outras extensões, como pytest-asyncio, para lidar com rotas e dependências assíncronas. Uma boa prática é criar uma estrutura de diretórios que organize o código e os testes de forma clara:

plaintext

```
my_fastapi_project/
    ├── app/
    │   ├── main.py
    │   ├── routers/
    │   ├── models/
    │   │   └── ...
    ├── tests/
    │   ├── test_items.py
    │   ├── test_users.py
    │   │   └── ...
    └── requirements.txt
```

Essa separação ajuda a manter a estrutura organizada, possibilitando que cada parte da aplicação tenha seus testes dedicados. Em ambientes que exigem dados de teste e configurações específicas, a inclusão de fixtures em pytest, definidas em conftest.py ou em arquivos específicos, pode fornecer instâncias de banco de dados temporárias, objetos de sessão e clientes HTTP. Um exemplo de fixture para criar um cliente HTTP:

python

```
# EXEMPLO 1
# PASSO 1: test conftest.py
import pytest
from fastapi.testclient import TestClient
from app.main import app

@pytest.fixture
def client():
    return TestClient(app)
```

O TestClient simula requisições HTTP para as rotas definidas na aplicação, permitindo testes de ponta a ponta sem precisar de um servidor real. Assim, é possível verificar rotas, parâmetros de entrada, respostas e até mesmo status codes. Em um arquivo de teste test_items.py, as funções podem se parecer com:

python

```
# EXEMPLO 2
# PASSO 2: test items
def test_create_item(client):
    data = {"name": "Laptop", "price": 1299.0}
    response = client.post("/items", json=data)
    assert response.status_code == 201
    result = response.json()
    assert "id" in result
    assert result["name"] == "Laptop"

def test_get_item(client):
    # Creating an item first
    create_resp = client.post("/items", json={"name": "Pen",
"price": 1.2})
    item_id = create_resp.json()["id"]
    # Retrieving the item
```

```
get_resp = client.get(f"/items/{item_id}")
assert get_resp.status_code == 200
fetched_item = get_resp.json()
assert fetched_item["price"] == 1.2
```

Essas funções exemplificam testes de integração, validando tanto a criação quanto a recuperação de itens. Caso a aplicação seja assíncrona, é possível utilizar pytest-asyncio e realizar testes async com a devida sintaxe e configuração.

Boas práticas de cobertura de código implicam em criar testes suficientes para garantir que cada ramificação lógica, rota e classe seja verificada. Ferramentas como coverage.py permitem mensurar quantitativamente quantas linhas ou ramos do código foram executados pelos testes. É comum integrar o coverage.py para gerar relatórios detalhados, assim:

bash

```
pip install coverage
coverage run -m pytest
coverage report
coverage html
```

Após a execução, coverage gera relatórios que indicam o percentual de cobertura e destacam linhas não testadas, o que ajuda a equipe a localizar pontos que precisam de testes adicionais. No entanto, a busca por 100% de cobertura não deve ser o único critério, pois a qualidade dos testes é mais importante do que a mera quantidade. Mesmo assim, manter um nível alto de cobertura reduz o risco de trechos não verificados, onde bugs podem se esconder.

Ferramentas para análise e integração contínua, como GitHub Actions, GitLab CI ou Jenkins, permitem que a cada push de código o pipeline de testes seja executado automaticamente. A configuração inclui stages que instalam dependências, rodam

os testes e geram relatórios de cobertura. Caso algum teste falhe ou a cobertura fique abaixo de um patamar mínimo estabelecido, o pipeline sinaliza erro, impedindo a mesclagem do código. Isso faz com que a equipe revise e corrija eventuais problemas antes de afetar a base principal do projeto. Uma pipeline de CI no GitLab poderia conter algo semelhante a:

yaml

```
# EXEMPLO 3
# PASSO 3: .gitlab-ci.yml

stages:
  - test

test-job:
  stage: test
  image: python:3.10
  script:
    - pip install -r requirements.txt
    - coverage run -m pytest
    - coverage report --fail-under=80
  artifacts:
    reports:
      junit: report.xml
    paths:
      - htmlcov/
```

Nesse arquivo, o pipeline define uma stage test, que executa o coverage e falha se a cobertura ficar abaixo de 80%. O artifacts registra relatórios XML (usados em integrações com outras ferramentas) e gera o diretório htmlcov contendo relatório navegável. Assim, qualquer membro da equipe pode verificar o que ocorreu na pipeline, analisando logs e relatórios sem necessidade de executar localmente.

Manter a qualidade do código envolve não só testes, mas

também linters e formatadores que padronizam a formatação, detectam importações não utilizadas e apontam possíveis más práticas. Ferramentas como flake8, black, isort e mypy podem ser integradas ao pipeline, garantindo que o estilo e a consistência sejam preservados. O flake8 indica problemas de sintaxe e estilo, o black formata automaticamente, o isort organiza importações e o mypy verifica tipagens estáticas no Python. Um fluxo de PRs, onde as alterações passam por verificação de código e testes, reforça a confiabilidade antes de a feature entrar em produção.

Outro ponto é a adoção de testes de segurança e performance. Ferramentas como locust e k6 podem simular cenários de carga, enviando milhares de requisições por segundo para avaliar a resiliência da API. Ao detectar limites de throughput, a equipe otimiza o código ou configura estratégias de escalabilidade. Testes de segurança, como o bandit, analisam o repositório em busca de vulnerabilidades comuns em Python, incluindo uso de funções inseguras, manipulação incorreta de dados sensíveis ou acesso indevido a APIs externas.

Muitos sistemas complexos, compostos por microsserviços, exigem testes de integração que validem como diferentes serviços se comunicam. Em tais cenários, é útil subir serviços dependentes em contêineres Docker nos pipelines de CI, usando docker-compose para orquestrar bancos de dados, filas de mensagens e a própria aplicação sob teste. Esse fluxo garante que as interações sejam exercitadas com o mesmo stack do ambiente real. Caso alguma migração de banco ou mudança em rotas quebrem o contrato, o pipeline falhará, indicando a regressão.

Outro tipo de verificação que enriquece a qualidade do projeto se baseia no teste de contrato, quando há front-ends ou consumidores de API que exigem uma interface estável. Contratos podem ser formalizados em documentos OpenAPI e verificados com pact testing ou outras ferramentas,

garantindo que a API retorne os campos e formatos esperados. Caso um endpoint remova um campo crucial, os testes de contrato detectam, impedindo a introdução de quebras silenciosas.

Durante a execução dos testes, é recomendável isolar recursos que possam causar efeitos colaterais, como bancos de dados de produção, APIs externas e sistemas de armazenamento. Configurar mocks ou stubs para substituir dependências externas impede que os testes sejam lentos, frágeis e afetem dados reais. Em Python, a biblioteca unittest.mock e o pytest monkeypatch são aliados frequentes nessa tarefa. Em rotas que chamam outros serviços, a criação de mocks evita que qualquer instabilidade externa interrompa o fluxo de verificação.

Em APIs web, os testes de aceitação ou end-to-end podem incluir cenários que reproduzem a jornada do usuário, realizando login, criação de registros, updates e buscas. Utilizar o TestClient do FastAPI ou ferramentas externas como Postman (Newman CLI) e Cypress ajuda a verificar se a API funciona corretamente em um ambiente próximo ao real. Esses testes são valiosos para detectar problemas de integração, erros de permissão ou fluxo confuso. Uma biblioteca Python, como pytest-bdd, possibilita escrever cenários em linguagem de negócio (Gherkin), criando testes mais próximos do vocabulário dos stakeholders.

A manutenção do conjunto de testes requer disciplina. Quando as rotas mudam, os testes precisam refletir o comportamento atualizado. Se um teste se torna obsoleto, é melhor removê-lo ou corrigi-lo para evitar falsos negativos ou positivos. Esse cuidado garante que o conjunto de testes permaneça relevante e confiável ao longo do ciclo de vida do projeto. Um time de desenvolvimento que vê valor nos testes e na qualidade de código tende a identificar problemas cedo, reduzindo o retrabalho e aprimorando a estabilidade geral.

A integração contínua se estende também a processos de revisão de código (code review), onde colegas examinam o que foi escrito antes de aprovar a mesclagem. Ferramentas como GitHub Actions e GitLab CI exibem os resultados dos testes e da análise de código na própria interface do pull request. Se a cobertura diminuiu, o pipeline falha ou sinaliza um alerta para que o autor do PR inclua testes adicionais. Se o linter encontra problemas graves, a correção se torna obrigatória. Esse ecossistema de automação torna o fluxo de desenvolvimento mais ágil e robusto, pois cada mudança passa por validação rigorosa sem depender exclusivamente de revisões manuais.

Outra boa prática envolve manter uma suíte de smoke tests, composta por testes rápidos que checam as funcionalidades críticas. Esses testes podem ser executados em poucos segundos, confirmando se as rotas principais estão operacionais, se o banco está acessível e se a autenticação funciona. Esse conjunto reduz a probabilidade de deploys quebrados chegarem ao usuário final. Em paralelo, testes mais completos podem ser executados em um pipeline noturno ou em ambientes de staging.

Em relação ao estilo de código, adotar formatadores automáticos como black e organizar as importações com isort assegura consistência. Essas ferramentas podem rodar localmente ou no pipeline de CI, falhando se detectarem divergências. Ao final, o projeto ganha padronização visual e elimina discussões subjetivas sobre estilo. Esse processo complementa o uso de linters (por exemplo, flake8, pylint) que apontam importações não usadas, variáveis não definidas e possíveis bugs de lógica. O mypy, por sua vez, destaca problemas de tipagem em Python, garantindo que as anotações de tipo se mantenham coerentes.

Um sistema de análise estática de código pode ser integrado para detectar ainda mais problemas. Ferramentas como SonarQube ou CodeClimate avaliam métricas de

complexidade, duplicação, possíveis vulnerabilidades e práticas de segurança. Essas plataformas geram pontuações que ajudam a equipe a acompanhar a evolução da qualidade do código e a decidir prioridades de refatoração. Metodologias como Clean Code e SOLID podem ser observadas ativamente, e a análise estática oferece alertas quando a complexidade ciclomática de um método cresce ou quando há trechos excessivamente aninhados.

Combinando testes automatizados, alta cobertura de código e análise contínua, o desenvolvimento de APIs web ganha solidez e previsibilidade. Erros são capturados antes de afetar o usuário final, a refatoração se torna segura e o time tem confiança para evoluir funcionalidades sem medo de regressões. Em 2025, a crescente demanda por entregas rápidas e resilientes torna esses pilares ainda mais fundamentais, já que sistemas escaláveis e distribuídos exigem confiabilidade em cada componente. Uma cultura de qualidade se consolida quando todos percebem que testes e boas práticas não retardam o desenvolvimento, mas o aceleram, evitando retrabalho e aumentando a satisfação do usuário.

É útil mencionar que, no cenário de desenvolvimento de APIs com FastAPI, a adoção de testes de contrato e validação do OpenAPI também se destaca. Se a aplicação gera um arquivo /openapi.json, é possível verificar se cada endpoint, modelo e parâmetro corresponde ao que o cliente ou outro serviço espera. Ferramentas de pact testing ou as próprias bibliotecas de teste customizadas podem consumir esse arquivo, garantindo que não haja divergências entre o que a rota anuncia e o que de fato aceita ou retorna.

Muitas aplicações complexas usam mocks para serviços externos, bancos de dados e até filas, a fim de acelerar a execução dos testes. No entanto, é fundamental manter testes de integração rodando em uma pipeline ou ambiente de staging, onde tudo é testado em conjunto. Esse equilíbrio

entre testes unitários (rápidos e focados em uma função ou classe) e testes de integração (mais lentos e abrangentes) gera uma cobertura de vários cenários, diminuindo a probabilidade de falhas passarem despercebidas. Em casos de sistemas com microsserviços, uma suite de testes de contrato e end-to-end garante que a interação entre serviços não sofra quebras silenciosas.

Um reflexo positivo da atenção à qualidade de código é a facilidade de onboarding de novos membros da equipe. Um repositório bem testado e que segue padrões de formatação e estilo reduz a curva de aprendizado, pois a base de código se mantém limpa e autoexplicativa. Quem começa a contribuir rapidamente entende a estrutura, sabe como rodar os testes e o que é esperado em termos de PRs. Em contrapartida, projetos sem testes e padronização sofrem com retrabalho, bugs recorrentes e dificuldades de evolução.

Outra prática recomendada para manter a qualidade envolve a adoção de feature branches e pull requests, onde cada mudança significativa passa pelo pipeline de CI, executa testes e pode receber revisões de colegas. Esse fluxo evita que code smells e problemas de lógica se acumulem na base principal, tornando a refatoração muito mais fácil e previsível. A implementação de etiquetagem no repositório, como "needs tests" ou "refactor required," ajuda a controlar a dívida técnica, endereçando pontos que precisam de atenção futura.

Um aspecto muitas vezes esquecido, mas relevante, é a criação de testes para cenários de erro e validação. Ao construir APIs com FastAPI, o uso de Pydantic valida automaticamente campos e tipos, mas é essencial testar como a aplicação reage a entradas incompletas, inválidas ou que excedem limites. Checar se a rota retorna status code 422 com o corpo de mensagem adequado assegura que os consumidores da API receberão feedback correto. Também é importante testar as exceções personalizadas e cenários de acesso não autorizado

ou rota inexistente, garantindo que a aplicação trate falhas de maneira consistente.

Investir tempo na escrita de testes para cada camada do sistema, da rota ao modelo de dados, passando por regras de negócio, é a chave para um pipeline de desenvolvimento sustentável. Quando a equipe inclui testes no fluxo diário, a probabilidade de regressões cai drasticamente, e a cada mudança a aplicação fica mais estável. A integração contínua e a análise de cobertura reforçam esse ciclo, indicando o que precisa de mais atenção. Esse ciclo virtuoso culmina em maior velocidade de entrega, pois corrige-se menos bugs após o deploy, libera-se menos hotfixes e o time não se afoga em problemas emergenciais.

Em casos em que a aplicação demanda escalabilidade, a performance também deve ser testada com rotas que simulam uso intensivo, consultando bancos de dados, interagindo com cache e orquestrando várias dependências. Testes de estresse e endurance detectam memory leaks ou pontos de contenção que não aparecem em rotinas de teste comuns. Ferramentas como locust e k6 podem integrar-se ao pipeline, executando cenários de carga e gerando relatórios de latência e throughput. A partir desses dados, a equipe toma decisões sobre refatorar consultas, ampliar hardware ou implementar cache.

O cuidado com a qualidade de código e as práticas de testes automatizados se reflete em sistemas que sobrevivem a grandes evoluções, sendo capazes de incorporar novas funcionalidades, corrigir problemas e manter alto grau de confiabilidade mesmo após anos de desenvolvimento. Implementar políticas de code review e gating merges (onde a pipeline impede a fusão de PRs que não atendem aos critérios de testes e cobertura) previne que o repositório entre em colapso de complexidade e bugs.

Em síntese, garantir testes e qualidade de código é um fator

indispensável para APIs construídas com FastAPI ou qualquer outro framework. A adoção de ambientes de teste configurados com pytest, a busca por uma cobertura de código significativa e a integração com ferramentas de análise e CI criam um ciclo virtuoso de desenvolvimento. Cada commit passa por validações rigorosas, e a aplicação evolui em segurança. O resultado é um código coeso, resiliente e transparente, onde cada rota tem seu comportamento especificado e verificado, cada exceção é tratada, cada regra de negócio é confirmada, e os consumidores podem confiar na estabilidade do serviço. Esse panorama se alinha às exigências de 2025 e além, em que a agilidade e a confiabilidade se tornam diferenciais cruciais para competir e inovar em um mercado em constante evolução.

CAPÍTULO 20. BOAS PRÁTICAS E PADRONIZAÇÕES DE CÓDIGO

Escrever código de forma consistente e padronizada não apenas facilita a manutenção, mas também melhora a legibilidade e reduz o risco de erros. A adoção de padrões estabelecidos, como o PEP 8, a prática de refatoração contínua e a utilização de ferramentas de análise estática são essenciais para garantir que o código seja compreensível, escalável e eficiente. Além disso, a implementação de integração e deploy contínuo (CI/CD) permite que a equipe de desenvolvimento automatize processos e mantenha um fluxo de trabalho robusto, minimizando falhas.

A **adoção de padrões** é um dos primeiros passos para estabelecer um código limpo e organizado. O PEP 8 é a convenção oficial para escrita de código Python, abrangendo desde regras de indentação até boas práticas para nomeação de variáveis e organização de imports. Uma das diretrizes mais básicas do PEP 8 é o uso de indentação de 4 espaços, garantindo uniformidade em toda a base de código:

python

```
# EXEMPLO 1
# PASSO 1: Código PEP 8
def calcular_total(preco_unitario, quantidade):
    total = preco_unitario * quantidade
    return total
```

Além da indentação, o PEP 8 define que as variáveis e funções devem ser nomeadas em **snake_case**, enquanto classes

utilizam **CamelCase**. Evitar nomes genéricos ou abreviações desnecessárias melhora a legibilidade do código:

python

```
# EXEMPLO 2
# PASSO 2: Nomeação de variáveis e funções
class Cliente:
    def __init__(self, nome, idade):
        self.nome = nome
        self.idade = idade
```

Organizar os imports corretamente também é um aspecto essencial. O PEP 8 recomenda separá-los em três grupos:

1. **Imports da biblioteca padrão**
2. **Imports de bibliotecas de terceiros**
3. **Imports internos do projeto**

A ordem correta evita confusões e facilita a leitura:

python

```
# EXEMPLO 3
# PASSO 3: Organização de imports
import os
import sys

import requests

from app.models import Usuario
```

As **técnicas de refatoração e manutenção** são fundamentais para manter o código eficiente à medida que a aplicação cresce. O princípio **DRY (Don't Repeat Yourself)** sugere que código duplicado deve ser eliminado sempre que possível, substituindo blocos redundantes por funções reutilizáveis.

Um código que repete lógica desnecessariamente:

python

```
# EXEMPLO 4
# PASSO 4: Código repetitivo (ruim)
preco_total = preco_unitario * quantidade
print(f"Total: {preco_total}")

desconto_total = desconto * quantidade
print(f"Desconto: {desconto_total}")
```

Pode ser refatorado para:

python

```
# EXEMPLO 5
# PASSO 5: Código otimizado com função
def calcular_valor(preco, quantidade):
    return preco * quantidade

print(f"Total: {calcular_valor(preco_unitario, quantidade)}")
print(f"Desconto: {calcular_valor(desconto, quantidade)}")
```

A decomposição de funções e a modularização também contribuem para a legibilidade e a escalabilidade. Manter funções pequenas e focadas em uma única responsabilidade melhora a testabilidade e reduz a complexidade.

A **integração e deploy contínuo (CI/CD)** são essenciais para a automação do ciclo de vida do desenvolvimento. Ferramentas como GitHub Actions, GitLab CI/CD e Jenkins garantem que testes sejam executados automaticamente a cada alteração no código, prevenindo a introdução de bugs antes do deploy. Um pipeline básico de CI/CD pode incluir as seguintes etapas:

1. **Instalação das dependências**
2. **Execução dos testes automatizados**
3. **Verificação de cobertura de código**
4. **Deploy automático caso todos os testes passem**

Um exemplo de pipeline de CI/CD utilizando GitHub Actions:

yaml

```
# EXEMPLO 6
# PASSO 6: Arquivo de pipeline no GitHub Actions
name: CI/CD Pipeline

on:
  push:
    branches:
      - main

jobs:
  build:
    runs-on: ubuntu-latest

    steps:
      - name: Checkout do repositório
        uses: actions/checkout@v3

      - name: Configuração do ambiente
        run: pip install -r requirements.txt

      - name: Execução dos testes
        run: pytest

      - name: Deploy automático
        if: success()
        run: ./deploy.sh
```

Esse pipeline verifica se os testes passam antes de realizar o deploy. Caso um erro seja detectado, a ação falha e o código não é enviado para produção.

A **utilização de ferramentas de análise estática** automatiza a verificação da qualidade do código, garantindo que padrões sejam seguidos e reduzindo o risco de problemas ocultos.

Ferramentas como **flake8, black e mypy** podem ser integradas ao pipeline de CI/CD para garantir que o código esteja bem formatado e livre de erros de tipagem.

O **flake8** detecta problemas como indentação incorreta, variáveis não utilizadas e más práticas:

bash

```
pip install flake8
flake8 meu_projeto/
```

O **black** formata automaticamente o código, garantindo padronização:

bash

```
pip install black
black meu_projeto/
```

O **mypy** analisa tipagem estática, detectando possíveis erros antes mesmo da execução:

bash

```
pip install mypy
mypy meu_projeto/
```

Ao integrar essas ferramentas ao CI/CD, qualquer problema no código é identificado antes que seja mesclado na branch principal.

Manter um código limpo e organizado não é apenas uma questão de estética, mas sim um fator determinante para a escalabilidade e manutenção da aplicação. Adotar padrões como o PEP 8, refatorar constantemente para evitar redundâncias e integrar ferramentas de qualidade no fluxo de trabalho são passos essenciais para garantir que o código permaneça compreensível, eficiente e seguro ao longo

do tempo. O uso de CI/CD, análise estática e formatação automatizada não apenas acelera o desenvolvimento, mas também reduz a probabilidade de erros chegarem ao ambiente de produção, tornando o processo de desenvolvimento mais previsível e confiável.

CAPÍTULO 21. DEBUGGING E MONITORAMENTO EM APLICAÇÕES WEB

O desenvolvimento de aplicações web robustas enfrenta desafios na identificação e correção de bugs, bem como na manutenção de desempenho ideal e na prevenção de interrupções inesperadas. Mesmo equipes experientes se deparam com situações onde a aplicação funciona perfeitamente em um ambiente, mas encontra problemas sutis em produção. A adoção de práticas de debugging efetivo, combinada a um monitoramento constante, torna-se fundamental para preservar a saúde do sistema. Técnicas avançadas de depuração permitem identificar gargalos, falhas silenciosas e intermitentes, enquanto ferramentas de logs e Application Performance Monitoring (APM) auxiliam na análise de performance e no rastreamento de incidentes.

A adoção de **técnicas avançadas de depuração** engloba desde a análise cuidadosa de logs até o uso de ferramentas de profiling que identificam funções ou trechos de código que consomem recursos desnecessariamente. Em Python, é comum utilizar breakpoints para inspecionar o estado da aplicação em momentos-chave, interrompendo a execução e verificando valores de variáveis. A adição do comando breakpoint() em pontos estratégicos do código ou o uso de depuradores no IDE (como PyCharm e Visual Studio Code) ajudam a descobrir inconsistências que não surgem em logs superficiais.

Um exemplo simples de uso de breakpoint em um trecho de rota:

python

```
# EXEMPLO 1
# PASSO 1: rota com breakpoint
from fastapi import FastAPI

app = FastAPI()

@app.get("/debug")
def debug_route():
    x = 10
    y = 20
    breakpoint()  # Execution will pause here in debugging
mode
    return {"result": x + y}
```

Ao rodar a aplicação em modo de debug, o depurador interrompe a execução no breakpoint, permitindo examinar o ambiente. Em ambientes de produção, a prática de inserir breakpoints ou print statements deve ser usada com cautela, pois pode revelar informações sensíveis ou prejudicar a performance. Ainda assim, a análise local ou em um staging environment com logs detalhados costuma ser essencial para reproduzir e corrigir erros complexos.

Outra abordagem valiosa em debugging é a **instrumentação** do código com contadores e métricas customizadas. Ao espalhar contadores ou anotações que registrem quantas vezes uma função é chamada, quanto tempo ela demora e quais parâmetros recebe, a equipe passa a ter dados para identificar comportamentos anômalos ou gargalos. Muitas bibliotecas de **observabilidade** facilitam esse processo, integrando os dados coletados a dashboards onde o time consegue enxergar picos de acesso ou funções que dominam o uso de CPU.

As técnicas de debugging remoto, utilizando bibliotecas como **debugpy** e ambientes de contêiner orquestrados, também

permitem conectar debuggers a instâncias em execução no servidor, examinando problemas que só aparecem em produção. Essa prática pode exigir configurações extras para garantir segurança. Uma rota de exemplo para ativar debugging remoto se integraria ao pipeline, mas geralmente deve ficar desativada em produção normal:

python

```
# EXEMPLO 2
# PASSO 2: trecho para debug remoto
import debugpy

def enable_remote_debug():
    # Listen on 0.0.0.0:5678
    debugpy.listen(("0.0.0.0", 5678))
    print("Remote debug listening on port 5678, awaiting attach...")
    debugpy.wait_for_client()
```

É imprescindível que o acesso a esse serviço seja restrito para evitar que invasores obtenham controle total da aplicação. Nesse cenário, ferramentas de debugging remoto podem ajudar a capturar a falha em um ambiente de staging que simule fielmente a produção.

Monitoramento de performance e logs é o segundo grande pilar. A coleta sistemática de logs simplifica o troubleshooting de incidentes e a análise de tendências. Em aplicações Python, a configuração de bibliotecas de logging é feita declarando níveis de log (DEBUG, INFO, WARNING, ERROR, CRITICAL), armazenando registros em arquivos ou enviando-os a serviços como Elasticsearch. Um trecho minimalista de configuração de logs:

python

```
# EXEMPLO 3
```

```python
# PASSO 3: configuração básica de logging
import logging

logging.basicConfig(
    level=logging.INFO,
    format='%(asctime)s [%(levelname)s] %(name)s: %(message)s'
)

logger = logging.getLogger(__name__)

def process_data(data):
    logger.info(f"Processing data: {data}")
    # ...
```

Na execução, cada log gera uma linha que inclui o nível, o nome do logger e a mensagem. Em ambientes complexos, logs são direcionados a plataformas de agregação e análise como **Graylog, Splunk ou Elastic Stack**, garantindo que a equipe possa filtrar e correlacionar eventos ao longo do tempo. Se um pico de erros 500 surge em um endpoint, é possível investigar facilmente o stack trace e ver o histórico de requisitantes, orientando ações de correção.

O monitoramento de performance se enriquece com **ferramentas de APM (Application Performance Monitoring)**, como **New Relic, Datadog, Sentry ou Prometheus**. Essas soluções coletam métricas de latência, uso de CPU e memória, contagem de requisições, taxa de erros e até rastreamento de transações. Em sistemas FastAPI, a instrumentação é direta, pois diversas bibliotecas suportam a interceptação de rotas. Isso viabiliza observar o tempo gasto em cada camada (banco de dados, cache, chamadas externas), identificando gargalos ou endpoints que demoram mais do que o normal. Um exemplo de integração com Prometheus:

python

```
# EXEMPLO 4
# PASSO 4: integração com Prometheus
from prometheus_fastapi_instrumentator import
Instrumentator
from fastapi import FastAPI

app = FastAPI()

Instrumentator().instrument(app).expose(app, endpoint="/
metrics")
```

Com isso, um endpoint /metrics é criado, expondo estatísticas de uso que podem ser coletadas por um servidor Prometheus e posteriormente exibidas em um dashboard Grafana. As métricas incluem tempo médio de resposta, número de requisições por rota, códigos de status retornados e outras informações valiosas. Em 2025, a adoção desse tipo de visibilidade se torna quase obrigatória para qualquer sistema que precise se manter competitivo e confiável.

Ferramentas de análise (APM, monitoramento remoto) também incluem soluções como Sentry, que captura exceções, gera alertas e fornece um histórico detalhado da falha, exibindo variáveis de ambiente, stack trace e até o usuário afetado. A integração da aplicação com Sentry é simples, bastando instalar a biblioteca e configurar:

python

```
# EXEMPLO 5
# PASSO 5: Integração básica com Sentry
import sentry_sdk
from fastapi import FastAPI
from sentry_sdk.integrations.asgi import
SentryAsgiMiddleware

sentry_sdk.init(dsn="https://chave_sentry@sentry.io/
```

```
projeto_id", traces_sample_rate=1.0)

app = FastAPI()
app.add_middleware(SentryAsgiMiddleware)
```

Qualquer exceção não tratada gera um registro em Sentry, com amplo detalhamento do contexto, facilitando a identificação da causa raiz e a priorização de correções. Isso reduz o tempo de resposta a incidentes, pois desenvolvedores recebem alertas por email ou canais de chat em tempo real.

Estratégias de resposta a incidentes são igualmente cruciais para lidar com falhas inevitáveis. Mesmo com testes abrangentes e bons processos, problemas surgem em produção. Um plano de resposta bem definido prevê passos concretos: identificar o problema, analisar logs ou APM, acionar equipes responsáveis, escalonar se necessário e manter stakeholders informados. Em alguns casos, a automação pode detectar picos de latência ou taxa de erros e iniciar processos de rollback, redirecionamento de tráfego ou autoscaling, garantindo a continuidade do serviço sem aguardar intervenção manual.

Um fluxo de incident management pode seguir a seguinte estrutura:

1. **Detecção:** Monitoramento ou logs detectam um aumento de erros ou latência.
2. **Notificação:** Ferramenta de alerta (PagerDuty, OpsGenie, etc.) aciona a equipe de plantão.
3. **Diagnóstico:** Engenheiros utilizam logs, APM e debugging remoto para localizar a causa raiz.
4. **Mitigação:** Se possível, rollback ou escalonamento de recursos alivia o impacto imediatamente.
5. **Correção:** Ajustes de configuração ou patches de código são implementados.
6. **Validação:** Novos testes e monitoramento

confirmam a resolução do problema.

7. **Retrospectiva:** Documenta-se o incidente e aperfeiçoa-se o processo para evitar recorrência.

A adoção de metodologias como **post-mortems** ajuda a extrair lições valiosas de cada incidente, aprimorando continuamente a robustez do sistema. Equipes maduras evitam apontar culpados e focam em correções sistêmicas, automatizações e melhorias no processo de detecção.

Em aplicações distribuídas baseadas em microserviços, o debugging e o monitoramento tornam-se ainda mais críticos. Cada serviço depende de vários outros, e problemas podem surgir em interfaces, timeouts e filas de mensagens. Ferramentas de tracing distribuído, como **Jaeger** ou **Zipkin**, permitem rastrear a jornada de cada requisição por diversos serviços, ajudando a localizar onde ocorrem atrasos ou falhas. Uma transação pode começar no gateway, passar pelo serviço A, acionar o serviço B e gravar algo no serviço C. Se um deles estiver respondendo lentamente, o tracing mostrará esse trecho como um gargalo. A configuração em Python pode usar bibliotecas como opentelemetry:

python

```
# EXEMPLO 6
# PASSO 6: Opentelemetry tracing
from opentelemetry import trace
from opentelemetry.sdk.resources import Resource
from opentelemetry.sdk.trace import TracerProvider
from opentelemetry.sdk.trace.export import
BatchSpanProcessor, ConsoleSpanExporter
from fastapi import FastAPI

resource = Resource(attributes={"service.name": "my-fastapi-service"})
provider = TracerProvider(resource=resource)
processor = BatchSpanProcessor(ConsoleSpanExporter())
```

```
provider.add_span_processor(processor)
trace.set_tracer_provider(provider)

app = FastAPI()

@app.get("/trace")
def trace_route():
    tracer = trace.get_tracer(__name__)
    with tracer.start_as_current_span("my-span"):
        return {"message": "Tracing example"}
```

Esse setup gera spans que podem ser enviados para um coletor de tracing remoto, como o Jaeger, permitindo visualizar o fluxo completo de requisições. Em cenários avançados, cada rota e cada chamada a serviços externos recebem spans, gerando um mapa visual de como a requisição se propaga. A equipe então pode identificar de imediato qual serviço precisa de otimização ou se algum está indisponível.

Desse modo, o debugging e o monitoramento assumem múltiplas camadas: logs locais, ferramentas de APM, tracing distribuído, métricas de performance e processos de incident management. Cada camada traz informações distintas, e a soma delas constrói uma visão holística da aplicação. A adoção de um pipeline de coleta e análise de logs, métricas e tracing permite que a equipe reaja rapidamente a qualquer comportamento anormal, minimizando os impactos para o usuário final.

Quando se fala em sistemas em 2025, a agilidade no desenvolvimento e a complexidade das arquiteturas exigem uma postura proativa de monitoramento. Não se trata apenas de resolver problemas depois que ocorrem, mas de prever situações de risco, implementar alerta preventivo para picos de uso ou degradação de performance. Ferramentas de Machine Learning para análise de logs podem detectar padrões atípicos e alertar antes de um incidente crítico acontecer. Embora

essa prática ainda esteja em evolução, grandes empresas já a utilizam para reduzir drasticamente seu tempo médio de resolução (MTTR).

Outro detalhe importante são os ambientes de staging e feature flags para debugging mais controlado. Ao ativar uma feature flag, a equipe libera determinada funcionalidade para um grupo pequeno de usuários ou até mesmo para si própria, analisando logs e dados de performance em tempo real. Se algo der errado, basta desativar a flag. Esse método evita a implantação de funcionalidades não testadas para toda a base de usuários, reduzindo drasticamente os incidentes de grande escala.

A interação entre times de desenvolvimento e operações, conhecida como DevOps, reforça a necessidade de colaboração constante. Engenheiros de software e SRE (Site Reliability Engineering) trabalham juntos para garantir que cada componente possa ser observado, debugado e escalado. O compartilhamento de dashboards e relatórios diários permite que todos se mantenham informados sobre a saúde do sistema. As cerimônias de revisão de logs, post-mortems e planejamento de capacidade tornam-se parte rotineira, garantindo um aprendizado coletivo contínuo.

Em última instância, o debugging e o monitoramento em aplicações web são processos dinâmicos, pois cada mudança de versão, cada aumento de usuários ou cada integração de serviço pode introduzir novos comportamentos. A adoção de pipelines de observabilidade e um mindset de depuração prática faz com que a equipe se antecipe a potenciais problemas, mantenha a qualidade sob controle e responda prontamente a qualquer falha. Essa mentalidade proativa e cuidadosamente planejada, aliada a ferramentas avançadas, permite que as aplicações sigam competitivas e confiáveis em um cenário de mercado cada vez mais exigente e acelerado.

Em resumo, práticas avançadas de depuração combinam

breakpoints, instrumentação e logs detalhados para desvendar falhas sutis. O monitoramento contínuo de performance, por meio de logs, métricas e APM, alerta a equipe sobre degradação ou anomalias, enquanto soluções de tracing distribuído esclarecem como as requisições atravessam microserviços. Ferramentas especializadas, como Sentry e Prometheus, simplificam o rastreamento de erros e a coleta de métricas. Tudo isso se complementa com estratégias de incident management, garantindo não apenas que a equipe identifique problemas rapidamente, mas também que possa mitigá-los e aprender com eles, refinando continuamente a resiliência do sistema.

CAPÍTULO 22. MICROSSERVIÇOS COM FLASK E FASTAPI

O modelo de microsserviços ganhou popularidade por facilitar a manutenção e a escalabilidade de sistemas web, permitindo que cada serviço seja desenvolvido, implantado e escalado de forma independente. Em 2025, o mercado busca arquiteturas mais modulares e resilientes, voltadas a entregas contínuas e rápidas. Frameworks em Python, como Flask e FastAPI, encaixam-se bem nesse contexto, pois permitem construir serviços leves e eficientes, cada um responsável por uma parte específica da aplicação. A adoção de uma arquitetura distribuída traz benefícios em termos de flexibilidade e isolamento de falhas, mas também introduz desafios na comunicação entre componentes, monitoramento e orquestração.

Os **conceitos e vantagens dos microsserviços** partem da ideia de dividir uma aplicação monolítica em diversos serviços menores, cada qual focado em um domínio funcional, como autenticação, processamento de pagamento, gerenciamento de catálogo ou envio de notificações. Em vez de um código central que concentra todas as regras de negócio, cria-se um ecossistema de serviços independentes que conversam por meio de protocolos simples, geralmente HTTP/REST ou mensageria. Cada microsserviço pode ser escrito em uma linguagem diferente, escalado individualmente conforme a demanda ou ter seu ciclo de vida de desenvolvimento separado, possibilitando que times atuem em paralelo sem impactar as demais partes do sistema.

O isolamento de falhas é outra vantagem, pois, se um serviço

específico tiver problemas ou indisponibilidade, o restante da aplicação pode continuar operando. Essa resiliência, no entanto, depende de camadas de comunicação tolerantes a erros, de balanceadores de carga e de práticas como circuit breakers. A abordagem de microsserviços também favorece que a equipe selecione a tecnologia ideal para cada parte do sistema, seja Flask ou FastAPI para rotas HTTP, bibliotecas de machine learning para processamento intensivo, ou mesmo linguagens distintas, desde que haja contratos de comunicação claros.

A **arquitetura distribuída e comunicação entre serviços** demanda padrões consistentes. Muitos times adotam RESTful APIs sobre HTTP, trocando dados em JSON ou Protobuf. Em cenários de alto volume, a mensageria com brokers como RabbitMQ, Kafka ou NATS se torna relevante, pois libera serviços de estarem sempre online ao mesmo tempo, operando de forma assíncrona e aumentando a escalabilidade. Em Python, frameworks como Flask e FastAPI são excelentes para construir serviços que expõem rotas, enquanto bibliotecas de mensageria permitem escalar comunicações. O gateway ou orchestrator que unifica as rotas e gerencia a descoberta de serviços também ganha importância. Esse gateway lida com roteamento condicional, autenticação centralizada e limites de requisições.

Uma solução comum é o uso de um **API Gateway**. Em algumas arquiteturas, esse gateway filtra requisições externas e as redireciona para o microsserviço correto. A aplicação de Flask ou FastAPI em cada microsserviço fica responsável apenas por rotas específicas do domínio. Por exemplo, um microsserviço de pagamentos oferece /payments e /refund, outro de usuários oferece /users e /profile, e assim por diante. O gateway se encarrega de unificar subcaminhos e gerenciar autenticação, tokens e rate limiting. Esse design previne que cada serviço precise reinventar toda a lógica de segurança.

Cada microsserviço define seu **contrato** de comunicação, normalmente usando OpenAPI (Swagger) ou Protobuf. Se a equipe padronizar no JSON com OpenAPI, a manutenção de documentação e testabilidade fica simplificada. É útil manter repositórios independentes para cada serviço ou monorepos contendo todas as partes do sistema com separações claras. As versões e o deploy seguem pipelines próprios, permitindo que apenas um serviço seja atualizado sem impactar o restante.

A **implementação de serviços independentes** com Flask e FastAPI se assemelha à criação de uma aplicação monolítica, mas com escopo muito menor. Cada serviço foca em um conjunto específico de rotas e regras de negócio. O primeiro passo, por exemplo, é criar um microsserviço de catálogo que gerencia produtos, e outro de pedidos que recebe requisições de criação de pedido. A comunicação entre eles pode ocorrer via REST ou fila, dependendo dos requisitos de consistência. Em 2025, o uso de *event-driven architecture* cresceu, pois simplifica a escalabilidade ao permitir que cada serviço gere eventos a que outros podem reagir.

Um microsserviço em FastAPI que gerencia produtos:

python

```
# EXEMPLO 1
# PASSO 1: microsserviço de catálogo
from fastapi import FastAPI, HTTPException

app = FastAPI()

products_db = [
    {"id": 1, "name": "Laptop", "price": 1200.00, "stock": 10},
    {"id": 2, "name": "Mouse", "price": 25.50, "stock": 100},
]

@app.get("/products")
def list_products():
```

```python
    return products_db

@app.get("/products/{product_id}")
def get_product(product_id: int):
    for product in products_db:
        if product["id"] == product_id:
            return product
    raise HTTPException(status_code=404, detail="Product not found")

@app.post("/products")
def create_product(name: str, price: float, stock: int):
    new_id = len(products_db) + 1
    product = {"id": new_id, "name": name, "price": price, "stock": stock}
    products_db.append(product)
    return product
```

Esse serviço de catálogo define rotas simples: listagem, busca e criação de produtos. Ele pode rodar isoladamente com uvicorn, respondendo em uma porta definida. Outro microsserviço, por exemplo, responsável por pedidos (orders), consumiria esse serviço de catálogo para verificar disponibilidade ou atualizar estoque. A comunicação pode ser via HTTP, chamando o endpoint /products ou /products/{id} e parseando JSON. Se a equipe optar por mensageria, o microsserviço de pedidos publicaria um evento de "OrderCreated" a que o serviço de catálogo reagiria, decrementando o estoque.

Um microsserviço de pedidos:

python

```python
# EXEMPLO 2
# PASSO 2: microsserviço de pedidos
from fastapi import FastAPI, HTTPException
import requests
```

```python
app = FastAPI()

orders_db = []

@app.post("/orders")
def create_order(product_id: int, quantity: int):
    product_service_url = "http://catalog:8000/products"  # suposto DNS do microsserviço de catálogo
    product_resp = requests.get(f"{product_service_url}/{product_id}")
    if product_resp.status_code != 200:
        raise HTTPException(status_code=404, detail="Product not found")

    product_data = product_resp.json()
    if product_data["stock"] < quantity:
        raise HTTPException(status_code=400, detail="Insufficient stock")

    # Lógica de criar pedido
    new_id = len(orders_db) + 1
    order = {
        "id": new_id,
        "product_id": product_data["id"],
        "quantity": quantity,
        "total": product_data["price"] * quantity
    }
    orders_db.append(order)

    # Atualizar estoque no microsserviço de catálogo
    # Em um design robusto, este update poderia ser feito via POST ou PUT
    # ou pela publicação de um evento "OrderCreated"
    # Aqui é exemplificado chamando rota associada
    product_data["stock"] -= quantity
    # essa rota de update não está no exemplo anterior, mas
```

```
poderia existir
    return order
```

Essa implementação mostra dois serviços interagindo via requisições HTTP. O microsserviço de pedidos chama a rota do catálogo para verificar o produto. Em ambientes de contêiner, DNS interno ou service discovery definem a URL (p.ex., "http://catalog:8000"). Esse estilo de integração é simples, mas a latência e possíveis falhas de rede precisam ser tratados. Em cenários de alta complexidade, a adoção de filas ou patterns como saga e circuit breaker se torna essencial.

Cada microsserviço roda seu próprio **banco de dados**, pois microsserviços não costumam compartilhar estruturas de forma acoplada. Essa independência é crucial para permitir escalabilidade e manter limites claros de responsabilidade. A orquestração dos containers desses serviços, incluindo load balancers, logs, monitoramento, se faz com Docker Compose ou Kubernetes, definindo cada serviço em seu deployment e usando rotas internas ou ingress controllers para expor endpoints.

Os **casos práticos e desafios comuns** de microsserviços aparecem na sincronização de dados, teste de integração e observabilidade. Se o serviço de pedidos atualiza o estoque no catálogo e o catálogo falhar no meio do processo, o sistema pode ficar em estado inconsistente. Nesse cenário, padrões de compensação (rollback) ou mensageria transacional auxiliam, exigindo design cuidadoso. O teste local de um microsserviço isolado é simples, mas garantir que o conjunto inteiro funcione requer cenários de teste de ponta a ponta ou contratuais, em que cada serviço define seu OpenAPI e as interações são simuladas. Em 2025, a automação desse fluxo é fundamental para evitar regressões.

Para lidar com logs em vários serviços, é comum centralizá-los em uma stack como **ELK (Elasticsearch, Logstash, Kibana)**

ou outra solução que agregue e facilite buscas. A mensuração de performance e taxas de erro em microsserviços se integra a sistemas de APM, gerando gráficos e alertas para cada componente. A adoção de tracing distribuído com **Jaeger ou Zipkin** facilita descobrir rotas lentas em cadeia de chamadas. Cada microsserviço deve expor métricas e logs que reflitam saúde, uso de CPU, memória e latência de requisições, tudo facilmente consolidado em um dashboard.

Em termos de segurança, cada microsserviço requer configurações de autenticação e autorização adequadas. Pode-se implementar um serviço de autenticação central (Auth Service) que emite tokens JWT, e cada microsserviço valida esse token nas requisições. Em aplicações Flask e FastAPI, é simples criar dependências ou middlewares que verificam tokens e papéis do usuário. Esse design evita duplicação de lógica e gera consistência no controle de acesso. Uma pitfall comum é não definir claramente as fronteiras do que cada microsserviço deve cuidar, resultando em acoplamentos ou duplicações, algo que contradiz a filosofia do microservice.

Outra questão é a padronização do estilo de mensagens. Se a equipe usa JSON, deve-se adotar convenções consistentes para nomenclatura de campos, codificações e status codes, garantindo que clientes e demais serviços entendam os dados. Caso seja adotado gRPC, a definição de Protobufs mantém a tipagem forte e remove ambiguidade. Entretanto, esse estilo exige um proxy HTTP ou SDKs especializados, que pode ser mais complexo dependendo do time.

Para orquestrar versões e evitar interrupções, a adoção de **blue-green deployments** ou **canary releases** assegura que novos releases sejam testados com parte do tráfego antes de atingir a totalidade dos usuários. Em um ecossistema de microsserviços, cada serviço pode ser atualizado separadamente, contanto que mantenha compatibilidade com suas interfaces (backwards compatibility). Ferramentas de CI/

CD e container registry integram esse fluxo, criando imagens Docker e testando-nas em pipelines.

A escalabilidade horizontal de cada serviço se torna simples quando se isola cada um em containers. Um dos grandes diferencias de microservices é a capacidade de alocar mais réplicas apenas para a parte do sistema que está sob pressão. Caso o microsserviço de pagamentos receba mais requisições, ele pode ser escalado de 3 para 10 réplicas, enquanto o serviço de catálogo permanece em 2 réplicas. O orquestrador (Kubernetes, ECS etc.) gerencia a distribuição do tráfego, e o autoscaling é guiado por métricas de CPU, latência ou throughput. Esse dimensionamento dinâmico evita desperdício de recursos, gerando economia e resiliente a picos sazonais.

Entretanto, a **complexidade de microsserviços** não é desprezível. Além dos múltiplos repositórios e do pipeline de CI/CD individual, a equipe tem que manter scripts de deploy para cada componente, gerenciar logs e rastreamento distribuído. A curva de aprendizado pode ser alta, especialmente se o time está migrando de um monolito para microservices. Inconsistências na modelagem de dados, contratos REST e manipulação de eventos podem resultar em falhas difíceis de rastrear. Assim, a adoção de microservices só se justifica em projetos onde a independência e o escalonamento diferenciado de partes do sistema tragam ganhos significativos em relação à manutenção de um monólito bem organizado.

Um **caso prático** comum: uma empresa de e-commerce que lida com catálogo de produtos, carrinho de compras, processamento de pagamentos e envio de emails. Cada serviço implementado com Flask ou FastAPI gerencia seu ciclo de desenvolvimento e pode ser versionado separadamente. O time de catálogo pode expandir a forma de exibir atributos de produtos sem afetar o time de carrinho, e este time pode

reestruturar o fluxo de checkout sem impactar o gateway de pagamentos, desde que respeitem o contrato de endpoints. Com esse design, a empresa se beneficia da autonomia dos times, escalonando somente o serviço de checkout em períodos de grande tráfego (por exemplo, Black Friday), mantendo custo sob controle.

No meio do caminho, surgem desafios. Se o serviço de catálogo e o serviço de carrinho divergem no formato de JSON ou nas rotas, a aplicação inteira se torna frágil. Adotar **contratos bem definidos** e testes de integração forma a base de um pipeline robusto. Quando a equipe de carrinho muda algo, executa testes contra o mock do serviço de catálogo e vice-versa, evitando que quebras silenciosas cheguem a produção. A orquestração, feita via Docker Compose em ambientes de desenvolvimento e Kubernetes em produção, simplifica a reprodução local do ecossistema.

A **resiliência** é outro tópico: quando um serviço depende de outro, se o serviço chamado ficar indisponível, a aplicação deve lidar com a situação graciosamente. Patterns como circuit breaker e fallback responses se tornam necessários. O circuit breaker monitora falhas e, se detecta repetidas tentativas sem sucesso, aborta chamadas por um tempo, evitando sobrecarregar o serviço falho e liberando recursos para outras rotas. O fallback pode fornecer dados cacheados ou degrade sem interromper toda a experiência do usuário.

A **observabilidade** garante a identificação de problemas em microsserviços. Cada serviço registra logs e métricas localmente, mas um sistema de agregação como ELK Stack (Elasticsearch, Logstash e Kibana) ou Splunk unifica essas informações, permitindo buscas e correlações. O tracing distribuído via Jaeger ou Zipkin rastreia requisições que transitam por diversos serviços. Assim, se um pedido falha na etapa de pagamento, é simples ver que a rota /checkout chamou /payments e em seguida /inventory, e notar se houve

erro 500 em /inventory, por exemplo. Sem esse tracing, a depuração seria muito mais complexa.

A **autenticação** centralizada também se destaca: em vez de cada serviço rodar sua lógica de login e tokens, define-se um Identity Provider (IdP) ou um microsserviço de autenticação e autorização que emite tokens JWT. Os demais serviços validam tokens e extrair papéis ou permissões do payload. Esse design evita duplicar a lógica de segurança. Ao mesmo tempo, é preciso cuidado com latência e a expiração de tokens. É comum utilizar gateways e caches para tokens em alta escala.

Nos **desafios comuns**, encontra-se a sobrecarga de rede, o dificultador de testes integrados, a necessidade de orquestração e a complexidade de logs distribuídos. É fundamental planejar a topologia de rede: cada microsserviço deve conhecer URLs ou endereços de discovery service, se for adotado. Os testes locais devem simular o ecossistema, criando contêineres para cada serviço e suas dependências. Os logs e traces precisam ser configurados para que a equipe não fique perdida ao investigar problemas. Sem esses cuidados, a adoção de microservices pode se tornar um pesadelo de debugging e orquestração.

Em 2025, a tendência de compor microservices com frameworks minimalistas como Flask e FastAPI permanece forte, pois a leveza e a simplicidade deles se encaixam bem com a proposta de cada serviço ser pequeno e focado. A adoção de FastAPI, em particular, traz vantagens em termos de tipagem e documentação automática, simplificando a construção de rotas e a comunicação com outros serviços. Usar Pydantic para validar dados entre serviços garante que se identifiquem problemas de compatibilidade rapidamente.

Outro tópico crescente é a adoção de **serverless**. Em vez de manter processos rodando continuamente, equipes criam funções disparadas por eventos ou requisições HTTP, escalando de zero a centenas de instâncias em segundos.

Flask e FastAPI podem ser adaptados a plataformas serverless, mas isso exige modificação no modo de empacotamento e na forma de lidar com rota e estado. Em microservices serverless, cada função é um componente isolado, e a orquestração cabe à nuvem. Esse estilo diminui a sobrecarga de gerenciar servidores, mas pode adicionar latência em cold starts e criar desafios de state management.

Por fim, a **observância de boas práticas** e o monitoramento da evolução do projeto garante que a arquitetura distribuída se mantenha sustentável. Microservices não devem ser uma justificativa para fragmentar excessivamente o sistema em dezenas de serviços triviais. O tamanho ideal de cada microservice depende do domínio e da equipe, e a adoção de semantical boundaries (bounded contexts) é altamente recomendada. Ao manter cada serviço bem definido e sem overlap de responsabilidades, a aplicação mantém coesão e minimiza a interdependência.

Em conclusão, a adoção de microsserviços com Flask e FastAPI é uma estratégia promissora para construir sistemas modulares, escaláveis e resilientes. Cada serviço se concentra em um domínio específico, podendo ser desenvolvido e implantado em ritmos diferentes. A comunicação pode ocorrer via HTTP ou mensageria, demandando padronização de formatos e manejo cuidadoso de falhas. O design bem executado oferece escalabilidade e agilidade, mas requer orquestração e monitoramento, bem como uma mentalidade de automação e DevOps. Ao final, as equipes que abraçam microsserviços e aplicam boas práticas de logs, tracing distribuído, CI/CD e governança de APIs colhem os benefícios de um sistema que evolui sem se tornar um monólito pesado, adaptando-se com rapidez às demandas do mercado em constante mudança.

CAPÍTULO 23.
ARQUITETURAS MODERNAS
DE APLICAÇÕES WEB

O desenvolvimento de aplicações web avançadas envolve a escolha de arquiteturas que suportem evolução rápida, escalabilidade e integração com serviços diversos. Em 2025, a heterogeneidade de plataformas, linguagens e infraestruturas demanda soluções cada vez mais flexíveis e modulares. Padrões como MVC e MVVM continuam relevantes, mas as práticas modernas também abrangem microsserviços, containers, orquestração em nuvem e integrações complexas. A adoção de um design arquitetural adequado impacta a capacidade do sistema de se adaptar às demandas de mercado, bem como de manter a qualidade, segurança e performance ao longo do tempo.

Os **padrões arquiteturais (MVC, MVVM, etc.)** surgiram como uma forma de organizar o código de modo que cada responsabilidade fique clara. O MVC (Model-View-Controller) historicamente se popularizou em frameworks como Rails e Django. Ele separa dados (Model), apresentação (View) e lógica de controle (Controller). Por outro lado, o MVVM (Model-View-ViewModel) se destaca em cenários de front-end, especialmente quando frameworks JavaScript, como Vue.js ou React (com Redux), adotam a ideia de separar a camada de dados da camada de visualização por meio de um ViewModel que gerencia o estado.

Para aplicações Python de grande porte, o MVC tradicional pode ser distribuído em módulos distintos. O Model se

relaciona a classes ou entidades do banco de dados, o Controller define rotas e lógica de negócio e a View pode ser substituída por templates (no caso de frameworks server-side) ou por uma API que serve dados a clientes front-end. Em arquiteturas modernas, esse separação nem sempre é tão estrita. Por exemplo, em microsserviços, cada serviço encapsula sua própria lógica de Model e Controller, sem necessariamente ter Views server-side, pois a exibição costuma ocorrer em front-ends desacoplados.

Em aplicações que combinam front-end dinâmico e back-end leve, o MVVM se aplica mais no front, com um framework JavaScript gerenciando o estado local. O back-end, por sua vez, expõe apenas rotas de API para manipular dados. Esse design aproveita a capacidade do JavaScript de fornecer interfaces ricas e responsivas, enquanto o servidor permanece focado em fornecer JSON e gerenciar persistência de dados. Em sistemas críticos, a escolha entre MVC e MVVM depende de fatores como volume de requisições, necessidade de real-time e tamanho da equipe. Nenhum padrão é universalmente superior; cada um traz vantagens em cenários específicos.

A **integração de serviços e escalabilidade** se torna crucial à medida que o sistema cresce e se conecta a APIs externas, soluções de pagamento, ferramentas de mensageria e outras camadas de back-end. Muitas aplicações web modernas são, na prática, hubs de integração, orquestrando dados entre diversas fontes. A escalabilidade horizontal, por meio de réplicas do servidor que atende às requisições HTTP, garante que picos de tráfego sejam absorvidos sem sobrecarregar uma única instância. Frameworks como Flask e FastAPI respondem bem em ambientes escalonados, já que podem rodar múltiplos workers gerenciados por servidores WSGI ou ASGI.

Contudo, a escalabilidade não se limita à camada HTTP. Muitos sistemas adotam filas (RabbitMQ, Kafka) para processar tarefas assíncronas, reduzindo a latência aparente para o usuário

e distribuindo a carga de trabalho entre múltiplos workers. Esse design compõe uma arquitetura orientada a eventos, facilitando a criação de pipelines de dados e a distribuição de processamento. O front-end ou um serviço de API assíncrona envia mensagens para a fila, e outros serviços, escritos em Python ou qualquer outra linguagem, consomem esses eventos e realizam tarefas, como geração de relatórios, envio de emails ou atualizações de estoque.

O **uso de containers e orquestração (Docker, Kubernetes)** mudou radicalmente a forma como aplicações web são implantadas e gerenciadas. Docker proporciona um empacotamento padronizado para cada serviço, contendo seu sistema operacional, bibliotecas e dependências. Esse contêiner pode ser executado em qualquer host compatível, garantindo repetibilidade e reduzindo conflitos de ambiente. Um Dockerfile típico para uma aplicação Python pode ser escrito assim:

dockerfile

```
# EXEMPLO 1
FROM python:3.10-slim

WORKDIR /app
COPY requirements.txt /app/
RUN pip install --no-cache-dir -r requirements.txt

COPY . /app

CMD ["python", "main.py"]
```

Esse contêiner encapsula a aplicação, permitindo que ela rode localmente, em servidores físicos ou na nuvem. Quando a aplicação se torna composta por múltiplos contêineres (banco de dados, cache, serviços de autenticação), o Docker Compose ou Kubernetes assumem a orquestração, definindo como cada contêiner se conecta e escala. No Docker Compose, um arquivo

YAML descreve cada serviço, suas portas e volumes:

yaml

```
# EXEMPLO 2
version: "3"
services:
  web:
    build: .
    ports:
      - "8000:8000"
    depends_on:
      - db
  db:
    image: postgres:14
    environment:
      POSTGRES_USER: user
      POSTGRES_PASSWORD: pass
```

Já no Kubernetes, os recursos se definem por meio de objetos como Deployments e Services, que gerenciam réplicas e roteamento de tráfego. O cluster Kubernetes pode rodar em provedores de nuvem, garantindo escalabilidade automática baseada em métricas de CPU ou latência. Em um Deploy, especificamos a imagem Docker e quantas réplicas queremos, enquanto um Service define como outras partes do cluster se comunicam com esse conjunto de pods.

A orquestração com Kubernetes, ECS (AWS) ou outro provedor de contêineres em 2025 se tornou padrão de fato, pois facilita atualizações contínuas, rollback, autoscaling e monitoramento integrado. Combinado a pipelines de CI/CD, a equipe pode liberar novas versões de forma transparente, redirecionando tráfego apenas após confirmar que tudo funciona, ou mesclando gradualmente para verificar erros.

A **comparação entre diferentes abordagens** pode ser resumida

nas categorias: monolito vs microsserviços, frameworks MVC vs MVVM, e containers vs máquinas virtuais tradicionais. Em um monolito, a aplicação concentra todas as funcionalidades em um único código e repositório, simplificando o desenvolvimento inicial e o deploy, mas dificultando a escalabilidade e a autonomia de equipes conforme o projeto cresce. Em microsserviços, cada parte do sistema é isolada, ganhando escalabilidade e independência, porém ao custo de maior complexidade de orquestração e comunicações distribuídas.

Quanto aos frameworks e padrões, MVC é mais tradicional em back-ends que renderizam páginas server-side, enquanto MVVM (ou MV*) se encaixa em front-ends complexos, separando estados e dados da exibição e permitindo reatividade. Entretanto, equipes híbridas adotam apensa RESTful, GraphQL ou websockets para entregar dados, enquanto a lógica de apresentação vive no front-end com React ou Vue. O que define a adoção de um ou outro padrão são as preferências da equipe, histórico do projeto e requisitos de interatividade e performance.

Ao comparar containers e máquinas virtuais, containers são mais leves, iniciam rapidamente e permitem empacotamento homogêneo das dependências, mas não oferecem o mesmo nível de isolamento que VMs, embora, na prática, esse isolamento seja suficiente para grande parte dos cenários. As VMs, por outro lado, são independentes no nível do sistema operacional, mas possuem overhead maior em termos de recursos e tempo de inicialização. Em 2025, a maioria dos serviços em nuvem e pipelines de DevOps gira em torno de containers e orquestração, pois simplificam a vida do desenvolvedor e permitem escala elástica.

Em cenários de alta complexidade, surgem variações. Arquiteturas serverless, oferecidas por plataformas como AWS Lambda ou Google Cloud Functions, abstraem a camada de

servidor por completo, escalando para zero e rodando somente quando eventos ocorrem. Comparando serverless a containers, o serverless elimina a gerência de orquestração e reduz custos para cargas event-driven, mas a latência de cold starts e as limitações de tempo de execução podem ser impeditivos para serviços que demandam resposta constante.

Outro aspecto a considerar é a adoção de**Service Mesh**, como Istio ou Linkerd, quando se trabalha com microsserviços rodando em Kubernetes. O Service Mesh introduz proxies sidecar em cada pod, gerenciando autenticação mútua, roteamento inteligente e telemetria de forma transparente. A vantagem é que funções de segurança e observabilidade são unificadas no mesh, sem poluir o código da aplicação. O downside é a complexidade adicional, pois gerenciar e configurar Istio exige conhecer CRDs (Custom Resource Definitions) e configurações avançadas.

Algumas equipes optam por **arquiteturas baseadas em eventos** ou **CQRS (Command Query Responsibility Segregation)** para domínios complexos. O primeiro caso descentraliza o fluxo, cada serviço reage a eventos que surgem em um broker como Kafka, o que facilita a integração e a extensibilidade. A desvantagem é a eventual consistência e a possibilidade de perda de mensagens se o broker não for configurado corretamente. CQRS separa leituras e escritas em modelos distintos, permitindo alta performance em consultas, mas exigindo pipelines de sincronia. Em sistemas Python, frameworks que suportem esse design são menos comuns, então a implementação é customizada, baseando-se em bibliotecas de persistência e orquestração de eventos.

As arquiteturas que combinam containers, microsserviços e MVC/MVVM são bastante flexíveis. Por exemplo, um time que cria um front-end React (MV*) consome APIs de um microsserviço desenvolvido com FastAPI que segue um padrão de rotas sem renderização de templates. Outro microsserviço,

focado em relatórios, pode usar Flask para expor rotas CSV, enquanto um terceiro manipula tarefas assíncronas em Celery. Todos rodam em contêineres, orquestrados pelo Docker Compose localmente e pelo Kubernetes em produção. Cada contêiner define seu escalonamento e pipeline de CI/CD.

No que se refere à escalabilidade, a adoção de caching e shards de banco de dados ou NoSQL pode ser necessária conforme o sistema cresce. Em 2025, a abordagem poliglota para dados é comum: um microsserviço usa Postgres para transações e outro armazena logs em Elasticsearch ou objetos em S3. O gateway ou front-end agrega tudo, e a aplicação exibe insights complexos. A orquestração garante que cada componente esteja saudável, e se um travar, as rotas do gateway que dependem dele podem retornar fallback ou dizer que o serviço está indisponível, sem derrubar o resto.

É importante notar que, apesar da diversidade de arquiteturas modernas, planejar e documentar cada decisão se torna essencial para evitar um caos. Práticas de Domain-Driven Design (DDD) e a definição de bounded contexts ajudam a delimitar a responsabilidade de cada microserviço ou módulo. A adoção de logs distribuídos, tracing e telemetria centralizada garante que, se algo falhar, a equipe localize rapidamente a fonte do problema. O time deve orquestrar deploys e versionamento de APIs, garantindo compatibilidade ou uso de blue-green / canary releases para permitir rollback seguro caso surjam bugs.

No final, a escolha da arquitetura correta depende de diversos fatores: tamanho do time, volume esperado de acessos, necessidade de flexibilidade em tecnologias, orçamento para manutenção de infraestrutura e urgência no time to market. Microsserviços e containers não são bala de prata: eles resolvem certos problemas, mas adicionam outros. Frameworks MVC monolíticos trazem simplicidade inicial, mas podem se tornar difíceis de manter conforme o projeto

cresce ou quando múltiplos times atuam simultaneamente. A evolução do ecossistema de 2025 oferece muitas ferramentas, mas requer que a equipe avalie com cuidado as implicações de cada decisão.

Em resumo, arquiteturas modernas de aplicações web se caracterizam pela adoção de padrões estabelecidos (MVC, MVVM, etc.), integração entre diversos serviços e escalabilidade facilitada pelo uso de containers e orquestradores como Docker e Kubernetes. A comparação entre diferentes abordagens mostra que não existe uma única solução perfeita: monólitos podem ser fáceis de começar, mas microsserviços favorecem a independência e a escalabilidade. Ao mesmo tempo, a escolha entre MVC ou MVVM depende do tipo de aplicação – se server-side ou client-side – e do nível de complexidade esperado. As ferramentas de containerização e orquestração possibilitam que aplicações cresçam sem impactar severamente a performance, mas exigem um pipeline de CI/CD robusto e práticas de observabilidade, com logs e métricas centralizadas.

O movimento em direção a arquiteturas distribuídas e baseadas em eventos reforça a necessidade de design coerente, que garanta a integração harmoniosa de todos os serviços e módulos. Equipes que adotam esse modelo tiram proveito de lançamentos independentes, escalabilidade específica de componentes e atualizações rápidas sem afetar a aplicação inteira. Entretanto, a multiplicidade de serviços exige governança cuidadosa: logs, segurança, versionamento de APIs e consistent data management se tornam questões essenciais, resolvidas por boas práticas e ferramentas de mercado.

Ao final, a escolha de Flask ou FastAPI como base para um microserviço – ou a decisão de manter partes do sistema em um monólito MVC – é ditada pelas necessidades do domínio, pelo ritmo de desenvolvimento e pelas preferências da equipe. Em 2025, o ecossistema Python oferece soluções

para todos esses cenários, desde frameworks minimalistas até orquestração de alta complexidade em nuvem. A verdadeira vantagem competitiva está na capacidade de escolher a arquitetura certa no momento certo, equilibrando simplicidade, escalabilidade e manutenção de longo prazo.

CAPÍTULO 24. INTEGRAÇÃO COM FRONTEND E CONSUMO DE APIS

A integração entre backend e frontend é um dos pilares das aplicações web modernas. Enquanto o backend gerencia regras de negócio, segurança e persistência de dados, o frontend é responsável por exibir e manipular essas informações de forma interativa. A comunicação entre essas duas camadas ocorre por meio de APIs, utilizando padrões como REST e GraphQL. Tecnologias como React, Vue.js e Angular são amplamente utilizadas para consumo dessas APIs, permitindo a criação de interfaces dinâmicas e eficientes.

A separação entre frontend e backend proporciona vantagens significativas, como maior modularidade e escalabilidade. Um backend desenvolvido em Flask ou FastAPI pode servir diferentes clientes, incluindo aplicações web, mobile e até sistemas embarcados. Essa abordagem facilita a manutenção e evolução do sistema, pois cada camada pode ser desenvolvida e implantada de forma independente.

A **configuração de CORS (Cross-Origin Resource Sharing)** é um aspecto fundamental para garantir a comunicação segura entre diferentes domínios. Sem essa configuração, navegadores modernos bloqueiam requisições entre origens distintas como medida de segurança. Frameworks como Flask e FastAPI oferecem suporte nativo a CORS por meio de bibliotecas especializadas.

Abaixo, um exemplo de configuração de CORS em um backend FastAPI:

python

```python
# EXEMPLO 1: Configuração de CORS no FastAPI
from fastapi import FastAPI
from fastapi.middleware.cors import CORSMiddleware

app = FastAPI()

app.add_middleware(
    CORSMiddleware,
    allow_origins=["*"], # Lista de origens permitidas
    allow_credentials=True,
    allow_methods=["GET", "POST", "PUT", "DELETE"],
    allow_headers=["*"],
)

@app.get("/data")
def get_data():
    return {"message": "API acessível pelo frontend"}
```

O parâmetro allow_origins define quais domínios podem acessar a API. No ambiente de produção, é recomendável restringir essa lista para evitar vulnerabilidades.

No Flask, a configuração de CORS pode ser feita com a extensão Flask-CORS:

python

```python
# EXEMPLO 2: Configuração de CORS no Flask
from flask import Flask, jsonify
from flask_cors import CORS

app = Flask(__name__)
CORS(app)  # Habilita CORS para todas as rotas

@app.route("/data")
def get_data():
```

```
return jsonify({"message": "API acessível pelo frontend"})
```

A ativação do CORS permite que aplicações frontend consumam os endpoints do backend sem restrições impostas pelo navegador.

Consumo de APIs com Frameworks JavaScript

No frontend, o consumo de APIs pode ser feito por diversas bibliotecas e frameworks. Fetch API e Axios são as abordagens mais comuns para interagir com serviços REST.

Uso do Fetch API para consumir uma API FastAPI:

javascript

```javascript
// EXEMPLO 3: Consumindo API com Fetch API
fetch("http://localhost:8000/data")
  .then(response => response.json())
  .then(data => console.log(data))
  .catch(error => console.error("Erro ao buscar dados:", error));
```

Uso do Axios para consumir uma API Flask:

javascript

```javascript
// EXEMPLO 4: Consumindo API com Axios
axios.get("http://localhost:5000/data")
  .then(response => console.log(response.data))
  .catch(error => console.error("Erro ao buscar dados:", error));
```

Axios facilita a manipulação de respostas, tratamento de erros e configuração de cabeçalhos HTTP.

Autenticação e Segurança na Comunicação

A integração segura entre frontend e backend envolve autenticação de usuários e proteção de dados. O uso de tokens JWT (JSON Web Token) é uma prática amplamente adotada

para autenticação baseada em tokens.

Gerando e validando JWT no FastAPI:

python

```python
# EXEMPLO 5: Autenticação com JWT no FastAPI
from fastapi import FastAPI, Depends, HTTPException
from fastapi.security import OAuth2PasswordBearer
import jwt

app = FastAPI()
oauth2_scheme = OAuth2PasswordBearer(tokenUrl="token")

SECRET_KEY = "supersecretkey"

def verify_token(token: str = Depends(oauth2_scheme)):
    try:
        payload = jwt.decode(token, SECRET_KEY,
algorithms=["HS256"])
        return payload
    except jwt.ExpiredSignatureError:
        raise HTTPException(status_code=401, detail="Token
expirado")
    except jwt.InvalidTokenError:
        raise HTTPException(status_code=401, detail="Token
inválido")

@app.get("/protected")
def protected_route(user_data: dict = Depends(verify_token)):
    return {"message": "Acesso autorizado", "user": user_data}
```

Essa implementação protege rotas, permitindo acesso apenas a usuários autenticados com um token válido.

No frontend, o JWT pode ser armazenado no **localStorage** ou **sessionStorage**, sendo enviado nas requisições subsequentes:

javascript

```javascript
// EXEMPLO 6: Enviando JWT no Axios
const token = localStorage.getItem("token");

axios.get("http://localhost:8000/protected", {
  headers: { Authorization: `Bearer ${token}` }
})
  .then(response => console.log(response.data))
  .catch(error => console.error("Acesso negado:", error));
```

O uso de tokens elimina a necessidade de sessões persistentes no servidor, tornando a autenticação mais escalável.

Exemplo Prático de Integração

Uma aplicação real pode conter um formulário no frontend para autenticação do usuário e um backend que valida credenciais e retorna um token JWT.

Frontend (React)
javascript

```javascript
// EXEMPLO 7: Formulário de Login em React
import React, { useState } from "react";
import axios from "axios";

function Login() {
  const [email, setEmail] = useState("");
  const [password, setPassword] = useState("");

  const handleLogin = async () => {
    try {
      const response = await axios.post("http://localhost:8000/token", {
        email,
        password,
      });
      localStorage.setItem("token", response.data.token);
```

```
    alert("Login bem-sucedido!");
  } catch (error) {
    alert("Erro ao fazer login");
  }
};

  return (
    <div>
      <h2>Login</h2>
      <input type="text" placeholder="E-mail" onChange={(e)
=> setEmail(e.target.value)} />
      <input type="password" placeholder="Senha"
onChange={(e) => setPassword(e.target.value)} />
      <button onClick={handleLogin}>Entrar</button>
    </div>
  );
}

export default Login;
```

Backend (FastAPI)
python

```python
# EXEMPLO 8: Autenticação com JWT e FastAPI
from fastapi import FastAPI, HTTPException
import jwt
import datetime

app = FastAPI()

SECRET_KEY = "supersecretkey"

@app.post("/token")
def generate_token(email: str, password: str):
    if email == "admin@example.com" and password ==
"password":
        expiration = datetime.datetime.utcnow() +
```

```
datetime.timedelta(hours=1)
    token = jwt.encode({"sub": email, "exp": expiration},
SECRET_KEY, algorithm="HS256")
    return {"token": token}
  raise HTTPException(status_code=401, detail="Credenciais
inválidas")
```

Essa implementação permite que um usuário faça login pelo frontend, receba um token JWT e o utilize para acessar rotas protegidas.

A integração entre frontend e backend é um aspecto central do desenvolvimento web. APIs REST e GraphQL permitem que diferentes plataformas consumam os mesmos serviços, garantindo reutilização e escalabilidade. O uso de frameworks modernos facilita o consumo dessas APIs, enquanto práticas de segurança como CORS e autenticação JWT garantem comunicação segura.

O avanço das tecnologias web exige que desenvolvedores compreendam não apenas a criação de APIs, mas também as melhores formas de consumi-las e protegê-las. A escolha da arquitetura correta, o uso adequado de tokens e a integração eficiente entre os serviços são fatores determinantes para a construção de aplicações robustas e seguras.

CAPÍTULO 25. CASOS DE USO REAIS E ESTUDOS DE CASO

A aplicação prática de frameworks como Flask e FastAPI no desenvolvimento de soluções web tem impactado significativamente diversas indústrias. De startups a grandes corporações, empresas estão adotando essas tecnologias para criar APIs escaláveis, microsserviços eficientes e aplicações de alto desempenho. Analisar projetos reais permite compreender como essas ferramentas são utilizadas para resolver problemas concretos, otimizando processos e impulsionando inovação.

Projetos de Sucesso com Flask e FastAPI

Empresas que adotaram Flask e FastAPI tiveram ganhos expressivos em performance, escalabilidade e simplicidade de desenvolvimento. Grandes plataformas como Netflix, Uber e Airbnb utilizam Python no backend, aproveitando a flexibilidade da linguagem para manipulação de dados, aprendizado de máquina e comunicação entre serviços.

Netflix: Microsserviços e APIs com Python

A Netflix é um dos exemplos mais notáveis do uso de Python para backend. Embora tenha adotado diversas linguagens e frameworks, Python se tornou essencial para automação, análise de dados e microsserviços. Flask foi utilizado na criação de APIs internas e no suporte a serviços de recomendação de conteúdo.

Um dos desafios enfrentados pela Netflix foi garantir a comunicação eficiente entre milhares de microsserviços. Para isso, a empresa adotou **FastAPI** em alguns serviços

críticos, explorando sua capacidade de lidar com chamadas assíncronas e validação de dados eficiente.

Um exemplo simplificado de como um serviço de recomendação pode ser implementado em **FastAPI**:

python

```
# EXEMPLO 1: API de Recomendação com FastAPI
from fastapi import FastAPI
import random

app = FastAPI()

recommendations = {
    "user_1": ["Stranger Things", "Breaking Bad", "The Witcher"],
    "user_2": ["Black Mirror", "Dark", "Narcos"],
}

@app.get("/recommend/{user_id}")
def get_recommendations(user_id: str):
    return {"recommendations":
recommendations.get(user_id, ["Sem recomendações
disponíveis"])}
```

Esse serviço pode ser facilmente integrado ao frontend da Netflix ou a outros sistemas internos. A escolha de FastAPI garantiu à empresa tempos de resposta reduzidos, validando JSON de forma automática e utilizando a tipagem de dados de maneira eficiente.

Uber: Processamento de Dados em Tempo Real

A Uber enfrentava desafios relacionados ao **processamento em tempo real de milhões de requisições**. A necessidade de responder rapidamente a eventos como chamadas de motoristas e cálculo de tarifas fez com que a empresa adotasse arquiteturas distribuídas, baseadas em Python e sistemas de mensagens como Kafka.

Flask foi utilizado inicialmente para construir APIs internas de gerenciamento de motoristas e cálculo de rotas. Com o crescimento da plataforma, FastAPI começou a ser empregado em serviços assíncronos, permitindo lidar com grandes volumes de requisições sem comprometer a latência.

Um exemplo de API utilizada para calcular tarifas pode ser visto abaixo:

python

```
# EXEMPLO 2: API de Cálculo de Tarifas com FastAPI
from fastapi import FastAPI
from pydantic import BaseModel

app = FastAPI()

class RideRequest(BaseModel):
    distance_km: float
    time_minutes: float
    surge_multiplier: float

@app.post("/calculate_fare")
def calculate_fare(request: RideRequest):
    base_fare = 5.00
    cost_per_km = 2.50
    cost_per_minute = 0.50
    fare = (base_fare + (request.distance_km * cost_per_km) + (request.time_minutes * cost_per_minute)) * request.surge_multiplier
    return {"fare": round(fare, 2)}
```

A integração desse serviço com aplicações móveis e sistemas de despacho garantiu à Uber um modelo altamente escalável e responsivo.

Airbnb: Gerenciamento de Reservas com Flask

O Airbnb necessitava de uma arquitetura que suportasse **altas cargas de tráfego**, garantindo que milhões de usuários pudessem pesquisar e reservar acomodações de forma simultânea. Flask foi escolhido para diversos serviços internos, especialmente para a comunicação entre sistemas de busca e pagamentos.

Um serviço essencial no Airbnb é a disponibilidade de imóveis para reservas. Esse sistema pode ser modelado com Flask da seguinte forma:

python

```python
# EXEMPLO 3: API de Disponibilidade de Imóveis com Flask
from flask import Flask, request, jsonify

app = Flask(__name__)

listings = {
    "101": {"city": "São Paulo", "available": True},
    "102": {"city": "Rio de Janeiro", "available": False},
}

@app.route("/availability/<listing_id>", methods=["GET"])
def check_availability(listing_id):
    listing = listings.get(listing_id, None)
    if listing:
        return jsonify({"available": listing["available"]})
    return jsonify({"error": "Imóvel não encontrado"}), 404
```

Esse endpoint permite que sistemas de busca consultem rapidamente a disponibilidade de imóveis. O Airbnb investiu na otimização de APIs REST, utilizando cache e bancos de dados distribuídos para garantir alta performance.

Lições Aprendidas e Desafios Enfrentados

O uso de Flask e FastAPI em sistemas de grande escala trouxe

benefícios e desafios. Algumas lições extraídas de projetos reais incluem:

1. **Flask é excelente para aplicações menores e APIs leves**, enquanto FastAPI se destaca em sistemas assíncronos e de alto desempenho.
2. **A validação de dados com Pydantic no FastAPI reduz erros e aumenta a confiabilidade da API**.
3. **A escalabilidade pode ser aprimorada com containers e orquestração Kubernetes**.
4. **APIs devem ser bem documentadas** para facilitar a integração com outras equipes.

Um dos maiores desafios foi garantir que **APIs continuassem performáticas à medida que o tráfego crescia**. Estratégias como **cacheamento com Redis**, balanceamento de carga e otimizações no banco de dados foram essenciais para o sucesso das implementações.

Impacto Real das Tecnologias na Indústria

A evolução do desenvolvimento web com Flask e FastAPI transformou diversos setores. Empresas de **fintech** utilizam FastAPI para validar transações em tempo real, enquanto serviços de streaming dependem de Flask para distribuir conteúdo de maneira eficiente.

A indústria de **e-commerce** se beneficiou da criação de APIs escaláveis para gerenciar carrinhos de compras e estoques em tempo real. Um exemplo de serviço para gerenciamento de carrinhos pode ser implementado com FastAPI:

python

```
# EXEMPLO 4: API de Carrinho de Compras com FastAPI
from fastapi import FastAPI, HTTPException
from pydantic import BaseModel

app = FastAPI()
```

```
cart = {}

class CartItem(BaseModel):
    product_id: str
    quantity: int

@app.post("/add_to_cart")
def add_to_cart(item: CartItem):
    if item.product_id in cart:
        cart[item.product_id]["quantity"] += item.quantity
    else:
        cart[item.product_id] = {"quantity": item.quantity}
    return {"message": "Item adicionado ao carrinho", "cart":
cart}
```

Esse tipo de API é amplamente utilizado por plataformas de varejo para oferecer experiências personalizadas aos usuários.

Flask e FastAPI são ferramentas fundamentais no desenvolvimento de aplicações web modernas. Empresas líderes adotaram essas tecnologias para construir serviços escaláveis e eficientes. O estudo de casos reais evidencia que:

- **Flask é ideal para APIs simples e aplicações menores**, enquanto FastAPI se destaca em **APIs assíncronas e de alta performance**.
- A validação de dados e a documentação automática do FastAPI aceleram o desenvolvimento.
- O uso de containers e microsserviços melhora a escalabilidade.
- A integração com bancos de dados e técnicas de cache garantem resposta rápida.

Os desafios enfrentados no crescimento de plataformas exigiram otimizações de performance, balanceamento de carga e segurança aprimorada. O impacto real de Flask

e FastAPI na indústria continua a crescer, impulsionando inovação e permitindo a criação de soluções cada vez mais robustas e eficientes.

CAPÍTULO 26. OTIMIZAÇÃO DE PERFORMANCE EM APLICAÇÕES WEB

A performance de uma aplicação web influencia diretamente a experiência do usuário e a eficiência do sistema. Aplicações que carregam rapidamente e respondem com baixa latência retêm mais usuários, reduzem custos de infraestrutura e garantem escalabilidade. Técnicas como otimização de código, uso eficiente de banco de dados, implementação de cache e distribuição de conteúdo via CDN são estratégias essenciais para alcançar alta performance.

A otimização começa desde a arquitetura do sistema até a implementação do código. Aplicações desenvolvidas com Flask e FastAPI podem ser aprimoradas utilizando técnicas modernas de processamento assíncrono, compactação de respostas e indexação de banco de dados. Além disso, o monitoramento contínuo permite identificar gargalos e tomar ações corretivas.

Técnicas de Otimização de Código e Consultas

Um dos principais fatores que afetam o desempenho de uma aplicação web é a eficiência do código. Funções que processam grandes volumes de dados, consultas mal estruturadas ao banco de dados e bloqueios desnecessários podem degradar a performance.

Otimização de Código no Flask e FastAPI

A organização do código e o uso eficiente de processamento assíncrono podem reduzir a latência da API. No Flask,

que opera de forma síncrona, é essencial evitar operações bloqueantes no thread principal. No FastAPI, aproveitando o suporte assíncrono, operações que envolvem requisições a bancos de dados ou chamadas externas podem ser executadas com async e await.

python

```python
# EXEMPLO 1: Melhorando performance com async no FastAPI
from fastapi import FastAPI
import httpx

app = FastAPI()

async def fetch_data():
    async with httpx.AsyncClient() as client:
        response = await client.get("https://api.exemplo.com/data")
        return response.json()

@app.get("/data")
async def get_data():
    data = await fetch_data()
    return {"fetched_data": data}
```

A vantagem de async é que outras requisições podem ser processadas enquanto a API aguarda a resposta do servidor externo. Isso evita que o aplicativo fique bloqueado, permitindo maior eficiência no uso dos recursos disponíveis.

Otimização de Consultas no Banco de Dados

O banco de dados pode ser um dos principais gargalos de performance. Consultas mal estruturadas podem aumentar o tempo de resposta, consumindo mais recursos do servidor.

Indexação adequada e **uso eficiente de queries** são fundamentais.

sql

```
-- EXEMPLO 2: Criando um índice para otimizar buscas
CREATE INDEX idx_users_email ON users(email);
```

O uso de ORMs como SQLAlchemy permite otimizar consultas evitando SELECT *, que traz dados desnecessários.

python

```
# EXEMPLO 3: Consultas otimizadas com SQLAlchemy
from sqlalchemy.orm import Session
from models import User

def get_user_by_email(db: Session, email: str):
    return db.query(User.id, User.name).filter(User.email ==
email).first()
```

Ao especificar apenas os campos necessários (id, name), a quantidade de dados transferidos é reduzida, melhorando o desempenho.

Implementação de Cache e Uso de CDN

O cache reduz a necessidade de consultas repetitivas ao banco de dados, armazenando respostas temporariamente. Flask e FastAPI podem utilizar Redis para armazenar dados frequentemente acessados, melhorando a velocidade de resposta.

python

```
# EXEMPLO 4: Cache de resposta com Redis no FastAPI
import redis
from fastapi import FastAPI

app = FastAPI()
cache = redis.Redis(host="localhost", port=6379,
decode_responses=True)
```

```python
@app.get("/data/{item_id}")
def get_data(item_id: str):
    cached_data = cache.get(item_id)
    if cached_data:
        return {"cached": True, "data": cached_data}

    data = f"Resultado processado para {item_id}"
    cache.setex(item_id, 60, data)  # Cache válido por 60 segundos
    return {"cached": False, "data": data}
```

Além do cache interno, **Content Delivery Networks (CDNs)** como Cloudflare e Amazon CloudFront distribuem conteúdos estáticos globalmente, reduzindo a latência de carregamento.

nginx

```nginx
# EXEMPLO 5: Configuração de NGINX para uso de CDN
location /static/ {
    root /var/www/html;
    expires 30d;
    add_header Cache-Control "public, max-age=2592000";
}
```

Essa configuração permite que navegadores armazenem arquivos estáticos localmente, reduzindo requisições desnecessárias.

Monitoramento e Análise de Métricas

Acompanhar métricas em tempo real ajuda a identificar problemas antes que afetem os usuários. Ferramentas como **Prometheus e Grafana** fornecem monitoramento detalhado, enquanto logs estruturados facilitam a depuração de erros.

No FastAPI, é possível integrar middleware para coletar estatísticas sobre tempo de resposta e taxa de erro.

python

```python
# EXEMPLO 6: Middleware de monitoramento no FastAPI
from fastapi import FastAPI, Request
import time

app = FastAPI()

@app.middleware("http")
async def log_request_time(request: Request, call_next):
    start_time = time.time()
    response = await call_next(request)
    process_time = time.time() - start_time
    print(f"Request {request.url} demorou {process_time:.2f} s")
    return response
```

Esse middleware registra o tempo de execução de cada requisição, auxiliando na identificação de endpoints lentos.

Ferramentas para Melhoria Contínua

A otimização da performance é um processo contínuo. O uso de **profilers, teste de carga** e **ajustes finos** são fundamentais para manter o sistema eficiente.

- **Locust**: ferramenta para simular múltiplas requisições e medir o impacto no servidor.
- **New Relic**: análise de tempo de resposta e gargalos na aplicação.
- **Blackfire**: profiler para identificar trechos de código que impactam o desempenho.

O Locust pode ser utilizado para simular carga e verificar a resposta do servidor:

python

```python
# EXEMPLO 7: Teste de carga com Locust
```

```
from locust import HttpUser, task

class WebsiteTest(HttpUser):
    @task
    def test_index(self):
        self.client.get("/")
```

Executando locust -f test.py, é possível analisar como a API responde a milhares de requisições simultâneas.

A otimização de performance envolve técnicas variadas que vão desde a organização do código até a infraestrutura do sistema.

- Consultas ao banco devem ser otimizadas com índices e queries eficientes.
- O cache reduz a necessidade de recomputar dados frequentemente acessados.
- A distribuição de conteúdo via CDN melhora o carregamento de arquivos estáticos.
- Monitoramento contínuo permite identificar problemas antes que impactem a experiência do usuário.

A aplicação dessas estratégias garante sistemas rápidos, escaláveis e confiáveis, prontos para atender a alta demanda sem perda de eficiência.

CAPÍTULO 27. GERENCIAMENTO DE DEPENDÊNCIAS E AMBIENTES VIRTUAIS

A construção de aplicações web modernas exige um gerenciamento eficiente de dependências para garantir estabilidade, segurança e reprodutibilidade do ambiente de desenvolvimento. O uso de ambientes virtuais e ferramentas como pipenv e poetry permite manter pacotes organizados, evitar conflitos entre versões e garantir que aplicações sejam executadas em qualquer máquina sem dependências indesejadas.

Ambientes virtuais criam um espaço isolado onde pacotes são instalados separadamente do sistema operacional, permitindo que diferentes projetos utilizem versões distintas de bibliotecas sem interferência. Ferramentas modernas também possibilitam a resolução automática de dependências, facilitando a manutenção do código.

Criação e Manutenção de Ambientes Isolados

Python fornece o módulo venv, que permite a criação de ambientes virtuais diretamente na linha de comando. Para criar um ambiente virtual em um projeto, utilize o seguinte comando:

bash

```
# Criando um ambiente virtual
python -m venv venv
```

Esse comando gera uma pasta venv dentro do diretório do

projeto, contendo uma cópia isolada do interpretador Python. Para ativar o ambiente virtual:

Linux/macOS:
bash

source venv/bin/activate

Windows:
bash

venv\Scripts\activate

Após ativar o ambiente, qualquer instalação de pacotes será feita exclusivamente dentro dele, sem afetar o sistema.

Para desativar o ambiente virtual e retornar ao ambiente global do sistema:

bash

deactivate

Uso de pipenv para Gerenciamento de Dependências

O pipenv é uma alternativa moderna ao venv, combinando um gerenciador de ambientes virtuais com um sistema avançado de gerenciamento de pacotes. Ele utiliza um arquivo Pipfile para armazenar as dependências do projeto, garantindo consistência entre instalações em diferentes máquinas.

A instalação do pipenv pode ser feita com pip:

bash

pip install pipenv

Para criar um ambiente virtual e instalar dependências:

bash

pipenv install

Para adicionar pacotes específicos ao projeto:

bash

pipenv install requests

O pipenv armazena as versões dos pacotes no Pipfile.lock, garantindo que todas as instalações futuras utilizem exatamente as mesmas versões, evitando inconsistências entre ambientes de desenvolvimento e produção.

Gerenciamento de Dependências com poetry

O poetry é outra ferramenta avançada que simplifica o gerenciamento de pacotes e versões. Ele permite a instalação e atualização de bibliotecas de forma eficiente, utilizando um arquivo pyproject.toml para registrar as configurações do projeto.

Para instalar o poetry:

bash

pip install poetry

Para iniciar um novo projeto e configurar suas dependências:

bash

```
poetry init
poetry add fastapi
```

Uma das vantagens do poetry é a capacidade de travar versões de pacotes automaticamente, evitando conflitos e garantindo que diferentes desenvolvedores utilizem exatamente as

mesmas versões.

Controle de Versões e Atualização de Pacotes

Manter as dependências atualizadas é essencial para garantir segurança e compatibilidade com novas versões de frameworks. O pip permite verificar quais pacotes estão desatualizados:

bash

```
pip list --outdated
```

Para atualizar um pacote específico:

bash

```
pip install --upgrade nome_do_pacote
```

No pipenv, a atualização de pacotes é feita com:

bash

```
pipenv update nome_do_pacote
```

Já no poetry, o comando equivalente é:

bash

```
poetry update nome_do_pacote
```

O uso de **arquivos de requisitos** (requirements.txt) também facilita a instalação rápida de todas as dependências de um projeto. Para gerar um arquivo de requisitos:

bash

```
pip freeze > requirements.txt
```

Para instalar todas as dependências listadas no arquivo:

bash

```
pip install -r requirements.txt
```

Estratégias para Evitar Conflitos e Bugs

Dependências conflitantes podem causar falhas inesperadas na aplicação. Algumas boas práticas ajudam a minimizar esses problemas:

- **Sempre utilizar ambientes virtuais** para evitar interferências entre projetos.
- **Especificar versões de pacotes** no requirements.txt, Pipfile ou pyproject.toml para garantir reprodutibilidade.
- **Testar atualizações de pacotes** antes de aplicá-las em produção, evitando incompatibilidades.
- **Utilizar ferramentas de auditoria** como pip-audit para verificar pacotes com vulnerabilidades conhecidas.

bash

```
pip install pip-audit
pip-audit
```

Essa abordagem ajuda a identificar bibliotecas desatualizadas ou com falhas de segurança, garantindo um ambiente confiável para desenvolvimento.

O gerenciamento eficiente de dependências e ambientes virtuais é um pilar fundamental para o desenvolvimento de aplicações robustas e escaláveis. Ferramentas como venv, pipenv e poetry oferecem métodos seguros e organizados para instalar e atualizar pacotes, evitando conflitos e garantindo que aplicações sejam executadas de forma consistente em diferentes ambientes.

O uso dessas práticas possibilita maior estabilidade no

código, facilitando a colaboração entre desenvolvedores e a manutenção de projetos de longo prazo. A implementação de controles rigorosos sobre dependências reduz falhas inesperadas e melhora a segurança da aplicação.

CAPÍTULO 28. FERRAMENTAS E BIBLIOTECAS COMPLEMENTARES

A eficiência no desenvolvimento de aplicações web com Flask e FastAPI pode ser aprimorada com o uso de bibliotecas e ferramentas complementares. O ecossistema Python oferece uma variedade de pacotes para lidar com comunicação HTTP, filas de tarefas assíncronas, monitoramento, profiling e integração com serviços externos. Conhecer e utilizar esses recursos permite desenvolver aplicações mais robustas, escaláveis e eficientes.

Bibliotecas Úteis para Desenvolvimento

Python possui um vasto conjunto de bibliotecas que facilitam a implementação de diversas funcionalidades em APIs e aplicações web. Algumas das mais utilizadas incluem:

- **requests**: envio de requisições HTTP de forma simples e eficiente.
- **httpx**: alternativa assíncrona ao requests, ideal para FastAPI.
- **celery**: processamento assíncrono e gerenciamento de filas de tarefas.
- **apscheduler**: agendamento de tarefas recorrentes.
- **loguru**: gerenciamento avançado de logs.
- **pydantic**: validação e estruturação de dados em FastAPI.

Cada uma dessas bibliotecas desempenha um papel fundamental na melhoria da produtividade e na criação de aplicações otimizadas.

Uso do requests para Requisições HTTP

O requests é amplamente utilizado para consumo de APIs e integração com serviços externos.

python

```python
# EXEMPLO 1: Consumo de API com requests
import requests

response = requests.get("https://api.exemplo.com/data")

if response.status_code == 200:
    data = response.json()
    print(data)
else:
    print("Erro ao buscar dados")
```

Para aplicações assíncronas, o httpx é uma alternativa mais eficiente.

python

```python
# EXEMPLO 2: Requisição assíncrona com httpx
import httpx
import asyncio

async def fetch_data():
    async with httpx.AsyncClient() as client:
        response = await client.get("https://api.exemplo.com/data")
        return response.json()

asyncio.run(fetch_data())
```

Processamento Assíncrono com celery

O celery é uma solução popular para processamento de tarefas assíncronas, permitindo que operações demoradas sejam

executadas em segundo plano sem bloquear a aplicação.

python

```
# EXEMPLO 3: Configuração básica do Celery
from celery import Celery

app = Celery("tasks", broker="redis://localhost:6379/0")

@app.task
def add(x, y):
    return x + y
```

Essa estrutura permite que tarefas sejam enfileiradas e processadas de maneira eficiente, garantindo escalabilidade.

Agendamento de Tarefas com apscheduler

O apscheduler possibilita a execução de tarefas automáticas em horários pré-definidos, como backups e notificações.

python

```
# EXEMPLO 4: Agendando tarefas recorrentes
from apscheduler.schedulers.background import
BackgroundScheduler
import time

def tarefa():
    print("Tarefa executada")

scheduler = BackgroundScheduler()
scheduler.add_job(tarefa, "interval", seconds=10)
scheduler.start()

try:
    while True:
        time.sleep(2)
except (KeyboardInterrupt, SystemExit):
```

```
scheduler.shutdown()
```

Esse mecanismo é útil para processos que devem ser executados periodicamente sem intervenção manual.

Integração com Serviços Externos e APIs de Terceiros

APIs externas são amplamente utilizadas para integração com serviços como pagamentos, notificações e análise de dados.

Integração com a API do Stripe

Plataformas de pagamento como Stripe oferecem APIs REST para processar transações de forma segura.

python

```python
# EXEMPLO 5: Integração com API do Stripe
import stripe

stripe.api_key = "sua_chave_secreta"

payment_intent = stripe.PaymentIntent.create(
    amount=5000,
    currency="usd",
    payment_method_types=["card"],
)

print(payment_intent)
```

Essa integração permite que pagamentos sejam processados sem necessidade de um sistema bancário complexo.

Ferramentas de Debugging e Profiling

O profiling de código ajuda a identificar gargalos de desempenho e otimizar a execução de APIs.

Uso do loguru para Monitoramento de Logs

O loguru é uma biblioteca que aprimora o sistema de logs,

oferecendo uma sintaxe simplificada e melhor estruturação das mensagens.

python

```
# EXEMPLO 6: Configuração de logs com Loguru
from loguru import logger

logger.add("app.log", format="{time} {level} {message}",
level="INFO")

logger.info("Aplicação iniciada")
logger.error("Erro crítico detectado")
```

Os logs são essenciais para diagnóstico de falhas e monitoramento do comportamento da aplicação.

Profiling de Código com cProfile

O cProfile pode ser utilizado para medir o tempo de execução de funções, identificando pontos que precisam de otimização.

python

```
# EXEMPLO 7: Profiling de código com cProfile
import cProfile

def process_data():
    result = sum(range(1000000))
    return result

cProfile.run("process_data()")
```

Essa abordagem permite ajustes estratégicos para melhorar a eficiência do código.

Exemplos Práticos de Aplicação Complementar

Bibliotecas e ferramentas complementares podem ser combinadas para criar soluções robustas.

Exemplo: API Assíncrona com Processamento em Segundo Plano

Essa API usa FastAPI, Celery e Redis para processar tarefas em segundo plano.

python

```python
# EXEMPLO 8: FastAPI com Celery para processamento
assíncrono
from fastapi import FastAPI
from celery import Celery

app = FastAPI()
celery_app = Celery("tasks", broker="redis://
localhost:6379/0")

@celery_app.task
def process_data(data):
    return {"processed_data": data.upper()}

@app.post("/submit_task/")
def submit_task(data: str):
    task = process_data.delay(data)
    return {"task_id": task.id}
```

Com essa implementação, a API aceita requisições e processa os dados sem bloquear a execução do sistema.

O uso de ferramentas e bibliotecas complementares no desenvolvimento web com Flask e FastAPI amplia as possibilidades e facilita a criação de aplicações mais performáticas, escaláveis e seguras.

A integração eficiente com APIs externas, o processamento assíncrono e a implementação de logs estruturados otimizam a manutenção e garantem melhor experiência para usuários

e desenvolvedores. Com a escolha certa de bibliotecas, é possível reduzir o tempo de desenvolvimento e aumentar a confiabilidade das aplicações.

CAPÍTULO 29. TENDÊNCIAS E INOVAÇÕES NO DESENVOLVIMENTO WEB COM PYTHON

O desenvolvimento web está em constante evolução, impulsionado pelo surgimento de novas tecnologias, frameworks e padrões arquiteturais. Python, sendo uma das linguagens mais versáteis e amplamente adotadas, continua a desempenhar um papel fundamental nesse cenário, especialmente com o avanço da inteligência artificial, automação e microsserviços. Frameworks como FastAPI e Flask estão cada vez mais populares devido à sua flexibilidade, suporte a APIs modernas e eficiência no processamento assíncrono.

As inovações no setor incluem o uso de inteligência artificial na otimização de aplicações, o crescimento do desenvolvimento serverless, a adoção de arquiteturas baseadas em microsserviços e o uso de tecnologias low-code/no-code para aceleração do desenvolvimento. Além disso, a evolução das práticas DevOps e a integração contínua de ferramentas de observabilidade estão moldando o futuro das aplicações web.

Novas Tecnologias e Frameworks Emergentes

Os frameworks de desenvolvimento estão cada vez mais focados em performance, escalabilidade e compatibilidade com padrões modernos da web. Algumas das tendências mais impactantes incluem:

- **FastAPI como padrão para APIs de alta performance:**

devido ao seu suporte nativo a operações assíncronas e validação automática de dados.

- **Django 4+ e a evolução de suas funcionalidades**: continua sendo um dos principais frameworks para desenvolvimento full-stack, agora com suporte aprimorado a WebSockets e componentes assíncronos.
- **BentoML e a integração de machine learning em aplicações web**: um framework que permite a implantação rápida de modelos de machine learning para APIs e serviços web.
- **Refinamento dos frameworks serverless como Zappa**: facilitando o deploy de aplicações Python diretamente em serviços como AWS Lambda.

A arquitetura serverless e os microsserviços têm se destacado como abordagens eficientes para escalabilidade e manutenção de aplicações distribuídas.

Exemplo: Uso de FastAPI para Microsserviços Assíncronos

A programação assíncrona e a capacidade de processar múltiplas requisições simultaneamente tornaram o FastAPI a escolha ideal para aplicações baseadas em microsserviços.

python

```python
# EXEMPLO 1: Serviço assíncrono em FastAPI para consulta de
usuários
from fastapi import FastAPI
import httpx

app = FastAPI()

async def fetch_user(user_id: int):
    async with httpx.AsyncClient() as client:
        response = await client.get(f"https://api.example.com/
users/{user_id}")
        return response.json()
```

```python
@app.get("/user/{user_id}")
async def get_user(user_id: int):
    user_data = await fetch_user(user_id)
    return {"user": user_data}
```

Esse modelo permite que a API execute chamadas externas sem bloquear outras requisições, garantindo maior eficiência.

Impacto da Inteligência Artificial e Machine Learning

A inteligência artificial está redefinindo a forma como as aplicações web funcionam, permitindo automação de processos, análise de dados em tempo real e personalização dinâmica de conteúdos.

Entre os avanços mais notáveis está a integração de **modelos de aprendizado de máquina** diretamente em APIs, permitindo a criação de sistemas mais inteligentes.

Exemplo: API de Machine Learning com FastAPI e scikit-learn

O uso de FastAPI combinado com bibliotecas como scikit-learn permite expor modelos preditivos diretamente como endpoints de uma aplicação web.

python

```python
# EXEMPLO 2: API de Machine Learning para previsão de
preços
from fastapi import FastAPI
import pickle
import numpy as np

app = FastAPI()

# Carregando modelo previamente treinado
with open("modelo_precos.pkl", "rb") as file:
    modelo = pickle.load(file)
```

```
@app.get("/predict/")
def predict(valor: float, tamanho: float):
    dados = np.array([[valor, tamanho]])
    predicao = modelo.predict(dados)
    return {"preco_estimado": predicao[0]}
```

Essa API pode ser integrada a sistemas de precificação dinâmica, otimizando a experiência do usuário com respostas em tempo real.

Evolução das Práticas de Desenvolvimento

O desenvolvimento web tem se tornado mais modular e ágil, com novas práticas sendo incorporadas para garantir maior eficiência e segurança. Algumas tendências incluem:

- **Arquitetura baseada em eventos**: uso de filas e mensagens assíncronas para desacoplar componentes e melhorar a escalabilidade.
- **Infraestrutura como código (IaC)**: utilização de ferramentas como Terraform e Ansible para gerenciar servidores e serviços cloud de maneira automatizada.
- **Integração contínua e entrega contínua (CI/CD)**: ferramentas como GitHub Actions e GitLab CI/CD facilitam a automação de testes e deploys.

A abordagem baseada em eventos é particularmente útil para aplicações distribuídas.

Exemplo: Comunicação Assíncrona entre Microsserviços com Kafka

A utilização de mensageria com Apache Kafka permite que microsserviços se comuniquem de forma eficiente sem depender diretamente uns dos outros.

python

```
# EXEMPLO 3: Publicação de mensagens em um tópico Kafka
```

```
from kafka import KafkaProducer
import json

producer = KafkaProducer(
    bootstrap_servers="localhost:9092",
    value_serializer=lambda v: json.dumps(v).encode("utf-8"),
)

mensagem = {"evento": "novo_pedido", "id_pedido": 12345}
producer.send("pedidos", mensagem)
```

Esse modelo reduz a dependência direta entre serviços, melhorando a resiliência da aplicação.

Perspectivas Futuras e Oportunidades

O futuro do desenvolvimento web com Python será moldado por tecnologias emergentes, incluindo:

- **Uso crescente de WebAssembly (Wasm)**: permitindo que Python seja executado diretamente no navegador.
- **Automação avançada com inteligência artificial**: bots, chatbots e assistentes virtuais mais sofisticados.
- **Expansão de arquiteturas serverless**: aplicações mais leves e escaláveis.
- **Adoção de novos padrões de segurança e privacidade**: melhoria no tratamento de dados sensíveis.

A evolução das ferramentas e o avanço da infraestrutura baseada em cloud continuarão permitindo que aplicações sejam desenvolvidas e escaladas com eficiência.

O desenvolvimento web com Python continuará evoluindo com a introdução de novas tecnologias, frameworks e padrões arquiteturais. A inteligência artificial, os microsserviços, a programação assíncrona e as arquiteturas serverless são tendências que moldarão o futuro das aplicações,

proporcionando maior eficiência, escalabilidade e segurança.

O domínio dessas tecnologias abre oportunidades significativas para desenvolvedores e empresas, permitindo a construção de soluções inovadoras e preparadas para os desafios do futuro.

CAPÍTULO 30. ESTRATÉGIAS PARA MANUTENÇÃO E EVOLUÇÃO DE PROJETOS WEB

Manter e evoluir um projeto web exige planejamento, organização e aplicação de boas práticas de desenvolvimento. A longevidade de uma aplicação depende da capacidade de adaptação a novas tecnologias, da manutenção contínua do código e da documentação clara para garantir que diferentes desenvolvedores possam entender e aprimorar o sistema ao longo do tempo.

O sucesso de um projeto web não está apenas em seu lançamento, mas na forma como ele se mantém eficiente e relevante com o passar dos anos. Refatoração, atualização de dependências, otimização de código e monitoramento constante são estratégias fundamentais para garantir que a aplicação continue operando de forma estável e segura.

Planejamento de Longo Prazo e Gestão de Projetos

O desenvolvimento de software deve ser tratado como um ciclo contínuo, onde cada fase inclui melhorias, correções e otimizações. A aplicação de metodologias ágeis e práticas de DevOps facilita a manutenção e evolução de sistemas.

Uma abordagem eficaz para manter projetos organizados é dividir as tarefas em ciclos curtos, como sprints, permitindo entregas incrementais.

Exemplo: Organização de Tarefas com GitHub Projects

O uso de ferramentas de gerenciamento de projetos ajuda a acompanhar o progresso de tarefas e otimizar o fluxo de

desenvolvimento.

yaml

```yaml
# EXEMPLO 1: Arquivo de configuração do GitHub Projects
name: Desenvolvimento Contínuo
columns:
  - name: Backlog
  - name: Em Progresso
  - name: Revisão
  - name: Concluído
```

Esse modelo organiza as demandas e permite visualizar o estágio de cada tarefa dentro do ciclo de desenvolvimento.

Técnicas para Refatoração e Atualização Contínua

A refatoração é essencial para manter a qualidade do código e melhorar sua eficiência. Código legado pode se tornar um problema se não for revisado periodicamente.

A atualização de bibliotecas e frameworks também é fundamental para garantir segurança e compatibilidade com novas versões.

Exemplo: Identificação de Código Obsoleto

A utilização de ferramentas como pylint e flake8 ajuda a identificar padrões de código que precisam ser corrigidos.

bash

```bash
pip install pylint flake8
pylint meu_projeto/
flake8 meu_projeto/
```

Essas ferramentas analisam o código e apontam trechos que precisam ser refatorados para melhorar a legibilidade e eficiência.

Refatoração com Padrões de Código

A organização do código e a remoção de repetições desnecessárias tornam o sistema mais modular e fácil de manter.

python

```
# EXEMPLO 2: Melhorando a legibilidade e reutilização do
código
def process_user_data(user_id, action):
    user = get_user_from_db(user_id)
    if action == "activate":
        user.activate()
    elif action == "deactivate":
        user.deactivate()
    user.save()
```

Esse modelo reduz código redundante e facilita futuras modificações.

Documentação, Treinamento e Transferência de Conhecimento

A documentação é um dos aspectos mais negligenciados, mas também um dos mais importantes. Projetos sem documentação clara tornam-se difíceis de manter e expandir.

Utilizar ferramentas de documentação automatizada facilita o compartilhamento de informações entre os membros da equipe.

Gerando Documentação com FastAPI

FastAPI oferece suporte nativo à geração automática de documentação interativa.

python

```
# EXEMPLO 3: Geração automática de documentação com
```

```python
FastAPI
from fastapi import FastAPI

app = FastAPI(title="Minha API", description="Documentação
gerada automaticamente")

@app.get("/items/{item_id}")
def read_item(item_id: int):
    return {"item_id": item_id}
```

A documentação interativa pode ser acessada através do Swagger UI, facilitando o entendimento da API.

Uso de README e Wikis para Manutenção de Projetos

Criar um arquivo README.md detalhado ajuda novos desenvolvedores a entenderem a estrutura do projeto.

markdown

```markdown
# Meu Projeto
Este é um projeto desenvolvido com FastAPI para
gerenciamento de usuários.
## Requisitos
- Python 3.10+
- FastAPI
- Uvicorn
## Instalação
```bash
pip install -r requirements.txt
uvicorn main:app --reload
```

pgsql

Esse formato garante que qualquer pessoa que acessar o repositório possa entender e utilizar o código rapidamente.

**Planejamento de Escalabilidade e Adaptação às
```

Mudanças**

A escalabilidade de um projeto depende da capacidade de adaptação a novos desafios e do uso eficiente de recursos computacionais.

Adoção de containers, arquitetura baseada em microsserviços e o uso de filas assíncronas são estratégias que garantem melhor desempenho.

Uso de Docker para Escalabilidade

O Docker permite empacotar aplicações e suas dependências de forma padronizada, facilitando a escalabilidade.

```dockerfile
# EXEMPLO 4: Dockerfile para aplicação FastAPI
FROM python:3.10
WORKDIR /app
COPY requirements.txt .
RUN pip install --no-cache-dir -r requirements.txt
COPY . .
CMD ["uvicorn", "main:app", "--host", "0.0.0.0", "--port", "8000"]
```

Esse modelo garante que a aplicação seja executada de forma consistente em diferentes ambientes.

Monitoramento com Prometheus e Grafana

Manter um sistema escalável envolve a coleta e análise de métricas para antecipar problemas.

yaml

```yaml
# EXEMPLO 5: Configuração básica do Prometheus para monitoramento
global:
  scrape_interval: 15s
```

```
scrape_configs:
 - job_name: "fastapi_app"
   static_configs:
     - targets: ["localhost:8000"]
```

Essa abordagem permite visualizar métricas de performance em tempo real, garantindo melhor tomada de decisão.

A manutenção e evolução de projetos web exigem planejamento contínuo, adoção de boas práticas de desenvolvimento e ferramentas que garantam eficiência e segurança.

A implementação de estratégias de refatoração, automação de deploy, documentação e monitoramento facilita a gestão de aplicações no longo prazo, garantindo que elas continuem estáveis, seguras e escaláveis. Com a abordagem certa, qualquer projeto pode ser mantido e aprimorado de forma eficiente, sem comprometer sua performance ou segurança.

CONCLUSÃO FINAL

O desenvolvimento web em Python vivenciou uma evolução notável ao longo dos anos e, em 2025, tornou-se uma das principais escolhas para a criação de APIs, microsserviços e aplicações de alta performance. A grande variedade de ferramentas e frameworks disponíveis traz flexibilidade e agilidade para equipes de todos os tamanhos, abrindo espaço para inovações e abordagens modernas. A jornada proposta percorreu cada ponto essencial para concretizar projetos robustos, seguros e escaláveis, abordando desde conceitos básicos de HTTP até práticas avançadas de automação e microsserviços.

A **reflexão sobre a evolução do desenvolvimento web com Python** revela que a linguagem consolidou seu espaço em diversas indústrias, suportando aplicações corporativas, plataformas de streaming, serviços financeiros e sistemas de e-commerce. A comunidade Python tem sido ativa em produzir bibliotecas e frameworks que aceleram o processo de criação de APIs e sites dinâmicos. A emergência de arquiteturas baseadas em eventos, a popularização de contêineres e o uso de ferramentas de automação e DevOps ampliaram ainda mais o escopo. Nesse cenário, Flask e FastAPI se destacam como alternativas poderosas para desenvolvimento backend, seja em aplicações pequenas ou sistemas distribuídos de larga escala.

O percurso desta obra foi dividido em trinta capítulos, cada um cobrindo aspectos fundamentais ou especializados do desenvolvimento web em Python. A seguir, uma recapitulação fluida:

Capítulo 1. Introdução ao Desenvolvimento Web com

Python apresentou o contexto histórico e a evolução do desenvolvimento web, destacando o papel de Python na transformação digital. O capítulo explorou a visão geral de frameworks como Flask e FastAPI, além de traçar os objetivos e a estrutura do livro, preparando o terreno para os passos seguintes.

Capítulo 2. Configuração do Ambiente de Desenvolvimento abordou a instalação do Python, o uso de gerenciadores de pacotes e a configuração de ambientes virtuais. A escolha de IDEs e editores, bem como as práticas iniciais de setup, tornam mais eficiente o trabalho de todo desenvolvedor. O capítulo reforçou a importância de organizar o ambiente para evitar conflitos de versões e agilizar o desenvolvimento.

Capítulo 3. Fundamentos de Python para Web serviu como revisão dos conceitos básicos da linguagem, incluindo estruturas de controle, manipulação de dados e organização de módulos. A importância de seguir padrões de codificação e manter legibilidade garante que o código se mantenha claro, mesmo em equipes grandes e projetos que durem muitos anos.

Capítulo 4. Conceitos de HTTP e APIs RESTful examinou o protocolo HTTP, métodos como GET e POST, códigos de status e princípios de REST. A comparação com outras arquiteturas de API esclareceu por que REST é tão popular e ofereceu insights sobre como projetar interfaces limpas e consistentes para consumo interno ou externo.

Capítulo 5. Introdução ao Flask apresentou a história e a filosofia do microframework, mostrando suas vantagens em termos de simplicidade e flexibilidade. A instalação, os primeiros passos e a estrutura básica de uma aplicação Flask demonstraram como construir APIs e rotas rapidamente, além de enfatizar a importância de manter a aplicação organizada.

Capítulo 6. Estrutura e Roteamento no Flask explorou detalhes de configuração e definição de rotas, além de mostrar como usar decorators para mapear endpoints. Também

discutiu parâmetros dinâmicos e organização modular, essenciais para projetos que crescem ao longo do tempo. A boa arquitetura de roteamento facilita a manutenção e a evolução das funcionalidades.

Capítulo 7. Templates e Renderização com Jinja2 explicou os fundamentos do mecanismo de template Jinja2, a criação e organização de templates HTML e técnicas de herança e inclusão. A capacidade de produzir páginas dinâmicas e gerenciar layouts complexos com herança de templates tornou o fluxo de trabalho mais eficiente. Esse capítulo incluiu exemplos práticos de renderização e de como manter o código limpo.

Capítulo 8. Trabalhando com Formulários e Validação abordou a criação, processamento e validação de formulários, mostrando extensões como Flask-WTF. A exibição de mensagens de erro e as melhores práticas de captação de dados aumentam a segurança e previnem problemas de qualidade ao lidar com informações enviadas pelos usuários.

Capítulo 9. Integração com Bancos de Dados no Flask descreveu a forma de usar SQLAlchemy e seu ORM para configurar conexões, modelar dados e executar operações CRUD. Também tratou de migrações e versionamento de esquemas, reforçando a importância de manter o controle das mudanças estruturais no banco ao longo do tempo, garantindo consistência entre desenvolvimento e produção.

Capítulo 10. Autenticação e Autorização em Flask apresentou métodos de login, gerenciamento de sessões e uso de extensões para segurança, como Flask-Login. Foram discutidos controle de acesso e permissões, além de estratégias para proteger dados sensíveis. Esse capítulo realçou a necessidade de implementar camadas sólidas de segurança para aplicações que manipulam informações de usuários.

Capítulo 11. Erros Comuns e Troubleshooting no Flask trouxe técnicas de diagnóstico de problemas, debugging e registro de

logs. As dicas para otimização de performance incluíram dicas de como identificar conflitos e resolver erros de dependência que podem surgir. Esse capítulo enfatizou as práticas de logging e as ferramentas que auxiliam o desenvolvedor em ambientes de teste e produção.

Capítulo 12. Introdução ao FastAPI iniciou a transição para um framework mais moderno, com foco em assíncrono. A filosofia e os diferenciais do FastAPI ficaram claros, assim como a instalação e configuração inicial. Houve uma comparação com Flask, mostrando vantagens e aplicações típicas para cada abordagem. A estrutura básica de uma aplicação FastAPI demonstrou como criar rotas e endpoints de maneira simples e intuitiva.

Capítulo 13. Criando APIs com FastAPI abordou detalhadamente a definição e criação de endpoints, o fluxo de requisições e respostas, além de parâmetros de rota e query strings. Foram apresentados exemplos práticos de API, sempre seguindo o modelo assíncrono do framework e destacando a produtividade e eficiência que ele proporciona.

Capítulo 14. Tipagem e Validação com Pydantic focou nos recursos de Pydantic para criação de modelos de dados e validação automática em FastAPI. O benefício da tipagem estática trouxe maior confiabilidade, evitando erros de digitação e inconsistência de dados. Também foram exibidos casos práticos de aplicação em cenários reais, reforçando como a tipagem pode melhorar a qualidade do desenvolvimento.

Capítulo 15. Documentação Automática com FastAPI explicou como gerar documentação interativa com Swagger e Redoc. A customização de rotas e a importância da documentação para a comunidade de desenvolvedores recebeu destaque. Foram discutidos exemplos de boas práticas no uso e na extensão desses recursos, tornando as APIs de fácil consumo por times internos e externos.

Capítulo 16. Integração com Bancos de Dados no FastAPI

mostrou como configurar e utilizar ORM com SQLAlchemy em um ambiente FastAPI, facilitando operações CRUD e mantendo migrações e sincronização de modelos. Foram apresentados exemplos de consultas e manipulações de dados, além de estratégias de migração para manter o schema atualizado.

Capítulo 17. Autenticação e Segurança em FastAPI discutiu a implementação de sistemas de autenticação e autorização robustos, além do gerenciamento de tokens JWT e OAuth2. Foram mostradas estratégias para controle de acesso, segurança de APIs e o uso de permissões e políticas de segurança. Esse capítulo enfatizou a necessidade de proteger dados sensíveis e garantir que endpoints sejam acessados apenas por usuários autorizados.

Capítulo 18. Deploy e Escalabilidade de Aplicações com FastAPI descreveu a preparação de aplicações para produção, a utilização de servidores ASGI (uvicorn e hypercorn), bem como estratégias de deploy em containers e na nuvem. A necessidade de monitoramento e escalabilidade ficou clara, com menções a orquestradores de contêineres e boas práticas de CI/CD. Esse capítulo reforçou a importância de um pipeline de automação para lidar com atualizações e crescimento de tráfego.

Capítulo 19. Testes e Qualidade de Código para APIs Web explorou a relevância dos testes automatizados, configuração de ambientes de teste (pytest, etc.), a busca por alta cobertura de código e ferramentas de análise para integração contínua. A qualidade de código reflete diretamente na capacidade de evolução do projeto, já que as rotinas de teste asseguram que novas funcionalidades não gerem regressões.

Capítulo 20. Boas Práticas e Padronizações de Código tratou da adoção de padrões como PEP 8, refatoração e manutenção sistemática do código. A integração e deploy contínuo (CI/CD), assim como o uso de ferramentas de análise estática, mantêm a equipe informada sobre problemas de estilo, complexidade e possíveis vulnerabilidades. A padronização é

fundamental para que o trabalho se mantenha consistente, independentemente de quantos desenvolvedores atuem no projeto.

Capítulo 21. Debugging e Monitoramento em Aplicações Web abordou técnicas de depuração avançadas, monitoramento de performance e logs, bem como o uso de APM e estratégias de resposta a incidentes. O monitoramento contínuo de métricas e a análise detalhada de logs reduzem o tempo para detectar e corrigir problemas, aumentando a confiabilidade das aplicações.

Capítulo 22. Microsserviços com Flask e FastAPI mergulhou nos conceitos e vantagens dessa arquitetura distribuída, mostrando a comunicação entre serviços, a implementação de serviços independentes e casos práticos. Os desafios de orquestração e observabilidade em microsserviços também foram discutidos, ressaltando a importância de um design coerente e ferramentas de tracing distribuído para entender a jornada das requisições.

Capítulo 23. Arquiteturas Modernas de Aplicações Web apresentou padrões como MVC, MVVM e microsserviços, discutindo o uso de containers e orquestração com Docker e Kubernetes. A comparação entre diferentes abordagens, seja um monólito tradicional ou serviços distribuídos, enfatizou a escolha criteriosa baseada nos requisitos de cada projeto e no perfil da equipe.

Capítulo 24. Integração com Frontend e Consumo de APIs falou sobre a comunicação entre backend e frontend, mostrando conceitos de CORS, consumo de APIs em frameworks JavaScript e segurança na troca de informações. A possibilidade de front-ends desacoplados e escaláveis, combinados a backends robustos, amplia o alcance das soluções e facilita a colaboração de equipes especializadas em cada área.

Capítulo 25. Casos de Uso Reais e Estudos de Caso exibiu

exemplos de sucesso com Flask e FastAPI, explorando desafios enfrentados e as soluções adotadas para lidar com alta demanda e complexidade de negócios. O impacto real dessas tecnologias na indústria reforçou a relevância de Python no desenvolvimento web, mostrando que projetos escaláveis podem ser construídos com essas ferramentas.

Capítulo 26. Otimização de Performance em Aplicações Web tratou de técnicas avançadas de otimização de código e consultas, implementação de cache e uso de CDNs. O monitoramento e análise de métricas, além de ferramentas de melhoria contínua, garantem que aplicações mantenham boa performance mesmo sob picos de tráfego. Essa prática é essencial para ambientes competitivos em que cada milissegundo pode fazer diferença na experiência do usuário.

Capítulo 27. Gerenciamento de Dependências e Ambientes Virtuais abordou ferramentas como pipenv e poetry, destacando a importância de manter ambientes isolados e livres de conflitos de versão. A manutenção contínua de pacotes atualizados e a adoção de boas práticas de versionamento são cruciais para evitar bugs e preservar a confiabilidade do projeto ao longo do tempo.

Capítulo 28. Ferramentas e Bibliotecas Complementares mostrou pacotes úteis, como requests, celery, e técnicas de debugging e profiling. A integração com serviços externos e APIs de terceiros se torna mais simples quando o desenvolvedor conhece as bibliotecas adequadas para lidar com requisições HTTP, filas assíncronas e monitoramento de performance. Esse conjunto de ferramentas possibilita a criação de soluções mais completas e eficientes.

Capítulo 29. Tendências e Inovações no Desenvolvimento Web com Python discutiu as tecnologias emergentes, o impacto de inteligência artificial e machine learning, além da evolução contínua das práticas de desenvolvimento. Em 2025, Python se mantém relevante justamente por acompanhar

essas mudanças e oferecer suporte a diversas frentes, como microsserviços, serverless e automação.

Capítulo 30. Estratégias para Manutenção e Evolução de Projetos Web finalizou com reflexões sobre planejamento de longo prazo, refatoração, documentação, treinamento e escalabilidade. O preparo para lidar com mudanças tecnológicas e de mercado garante que o projeto permaneça viável e produtivo, sem comprometer sua base de código nem sua capacidade de crescer.

Ao longo desses capítulos, surgiram temas como a criação de aplicações Flask simples e o uso de FastAPI para construir APIs de alta performance, a organização de rotas, a estruturação de formulários e a validação de dados, o uso de bancos de dados relacionais e a aplicação de migrações, a proteção das rotas com login e tokens JWT, a migração para deploy em contêineres e escalabilidade via Kubernetes, bem como a integração com front-ends sofisticados e a adoção de boas práticas de performance. Cada tópico complementa o anterior, formando um arcabouço sólido para quem deseja dominar o desenvolvimento web em Python de forma completa.

Essa abrangência mostra que não basta conhecer o básico de Python ou um framework. O sucesso de uma aplicação demanda entender protocolos, modelagem de dados, segurança, testes automatizados, logs e monitoramento, estratégias de caching e escalabilidade. Em um mundo onde as tecnologias evoluem rapidamente, a capacidade de se adaptar e aprender novos conceitos é essencial. O uso de containers, por exemplo, se tornou praticamente padrão em equipes modernas, assim como a adoção de CI/CD para garantir entregas frequentes e confiáveis.

A cada capítulo, o leitor pôde se aprofundar em áreas cruciais do desenvolvimento web, conhecendo ferramentas e bibliotecas que simplificam tarefas cotidianas. O grande diferencial de Python é a soma da curva de aprendizado

amigável com a variedade de recursos disponíveis, que cobrem desde a construção de microsserviços até a integração de machine learning. O futuro indica a consolidação de arquiteturas distribuídas, a incorporação de IA para otimizar processos e a automação ainda maior de rotinas de deploy e monitoramento.

O direcionamento para estudos e práticas futuras contempla a aplicação dos conhecimentos adquiridos. Projetos que exijam alta performance podem se beneficiar do uso intensivo de corotinas, caching e de um bom design de rotas RESTful ou GraphQL. Por outro lado, soluções voltadas a manipulações de dados ou relatórios podem aproveitar bibliotecas de data science, integrando-as ao Flask ou FastAPI para gerar APIs analíticas. Com a profusão de fornecedores de cloud, o desenvolvedor tem à disposição ambientes serverless, contêineres gerenciados e orquestração robusta. Testes e monitoramento se mantêm como prioridade, garantindo que as inovações não quebrem funcionalidades.

A criação de aplicações seguras e escaláveis, a partir dos fundamentos explorados, leva a oportunidades variadas no mercado. Seja em fintechs que precisam de rotas ultra-seguras, plataformas de e-commerce que demandam alta disponibilidade ou startups que valorizam a velocidade de entrega de MVPs, Python e seus frameworks de desenvolvimento web oferecem a base ideal. Com a adoção de pipelines de CI/CD, logs centralizados, tracing distribuído e autoscaling, o time passa a ter maior confiança na robustez do sistema.

Este conteúdo consolida as principais técnicas, ferramentas e conceitos para a construção, manutenção e evolução de projetos web em Python. Esperamos que cada leitor, seja iniciante ou profissional experiente, encontre aqui um guia prático e inspirador para seguir aprimorando suas habilidades, inovando e criando soluções de impacto. A jornada do

desenvolvimento web é dinâmica e repleta de desafios, mas também de oportunidades para transformar ideias em produtos e serviços que beneficiem pessoas e organizações.

Cordialmente,
 Diego Rodrigues & Equipe!